현장 체험

역사 드라마로 읽는 성경

역사 드라마로 읽는 성경 3

지은이 | 류모세
초판 발행 | 2012년 3월 16일
14쇄 | 2021년 9월 7일
등록번호 | 제1988-000080호
등록된 곳 | 서울특별시 용산구 서빙고로65길 38
발행처 | 사단법인 두란노서원
영업부 | 2078-3352 FAX 080-749-3705
출판부 | 2078-3331

책 값은 뒤표지에 있습니다.
ISBN 978-89-531-1726-6 03230

편집부에서 독자의 의견을 기다립니다.
tpress@duranno.com http://www.Duranno.com

두란노서원은 바울 사도가 3차 전도여행 때 에베소에서 성령 받은 제자들을 따로 세워 하나님의 말씀으로 양육하던 장소입니다. 사도행전 19장 8-20절의 정신에 따라 첫째 목회자를 돕는 사역과 평신도를 훈련시키는 사역, 둘째 세계선교(TIM)와 문서선교(단행본 · 잡지) 사역, 셋째 예수문화 및 경배와 찬양 사역, 그리고 가정 · 상담 사역 등을 감당하고 있습니다. 1980년 12월 22일에 창립된 두란노서원은 주님 오실 때까지 이 사역들을 계속할 것입니다.

역 사 가　뚫 린 다 ,　성 경 이　보 인 다

역사 드라마로 읽는 성경

현장 체험

류모세

3부

주전 753-331년

(분열왕국 시대 4기~페르시아 시대)

두란노

차 례

Part 18 세계 제국들의 격돌과 풍랑 그리고 유다의 멸망

바벨론 시대: 유다 멸망과 바벨론 포로기 | 주전 605~539년

Part 19 위대한 정복자와 포로의 귀환

페르시아 시대: 포로 귀환기 | 주전 539~331년

류모세 선교사가 이스라엘에서 인도해 온 명 강의 '현장체험 성경일독학교'가 《역사 드라마로 읽는 성경》이라는 멋진 책으로 나왔다. 이 책은 '근동 역사, 성서 지리, 성서 고고학을 통으로 묶어 그야말로 역사 드라마처럼 읽는 성경 이야기'다. 어렵기만 했던 성경이 이제부터 역사와 지리를 넘나드는 익사이팅한 탐험처럼 읽힐 것이다.

• **고명진** | 수원중앙침례교회 담임목사

성경을 일독하는 데《역사 드라마로 읽는 성경》처럼 현장감 있게 도움을 줄 수 있는 참고서적은 드물다. 성경을 근동 역사, 지리, 고고학을 통해 자상하게 한 걸음씩 인도해 주어 성경 말씀이 눈앞에서 4차원적으로 살아나는 것처럼 느껴질 것이다.

• **김상복** | 횃불트리니티신대원대학교 총장, 할렐루야교회 원로목사

'성경'은 인류 구원을 향한 원대한 계획이 계시된 '영적'인 책이지만 '역사적'인 책이기도 하다. 성경이 어려운 이유 가운데 하나는 역사, 지리, 문화적 배경 지식은 무시한 채 영적이거나 자의적으로만 해석하려는 데 있다. 이 책은 성경을 박진감 넘치고 입체적으로 읽을 수 있는 멋진 열쇠를 선물할 것이다. 이 책을 통해 성경에 대한 이해와 친근감이 크게 업그레이드되길 바란다.

• 김유수 | 월광교회 담임목사

최근 성경일독을 위한 여러 종류의 책이 출간되었다. 그중에 눈에 번쩍 띄는 책이 이번에 나온 류모세 선교사의 《역사 드라마로 읽는 성경》이다. 이 책은 자신이 이스라엘에서 연구하고 체험한 근동 역사, 지리, 고고학에 대한 지식을 바탕으로 좀처럼 읽기 어려운 성경을 통으로 묶어 역사 소설처럼 누구라도 재미있게 읽을 수 있도록 만들었다. 그러기에 신자, 불신자를 불문하고 관심을 끌 만한 책이라고 생각된다. 독자 여러분이 이 책을 통해 박진감 넘치는 은혜의 현장 속으로 들어가 주님을 만나는 체험을 하길 축원한다.

• 문봉주 | 《성경의 맥을 잡아라》 저자

류모세 선교사의 《역사 드라마로 읽는 성경》은 성경의 땅 이스라엘에서의 삶과 경험, 그리고 묵상이 없으면 도저히 태어날 수 없는 그야말로 새로운 차원의 성경일독 안내서다. 이 책을 읽는 독자들은 류모세 선교사의 안내를 통해 스펙터클한 성경의 역사와 현장 속으로 들어가는 흥분과 감격을 느끼게 될 것이다.

• 이동원 | 지구촌교회 원로목사

빈말이 아니고, 정말 좋은 책이다. 나도 많이 배워야겠다. 《어? 성경이 읽어지네!》가 초등학교 수준이라면, 이 책은 더 디테일한 정보가 많은, 지성인들의 입맛에 딱 맞는 책이다. 《어? 성경이 읽어지네!》를 읽고 나서 그 다음 단계로 이 책을 읽으면 너무너무 잘 연결이 되고 유익할 것이다. 이런 좋은 책이 자꾸 나오는 것을 보니 진리로 승부하는 강한 계절이 도래할 것 같다.

• 이애실 | 생터성경사역원 대표

류모세 선교사의 신간《역사 드라마로 읽는 성경》은 말씀에 대한 깊은 사랑과 선교에 대한 뜨거운 열정이 함께 만나 이루어진 작품이다. 끊임없는 연구와 신선한 통찰력으로 완성된 이 책은 성경연구와 통독의 새로운 역사를 펼치기에 부족함이 없을 것이다.

• 이재훈 | 온누리교회 담임목사

'성경' 하면 '꼭 읽기는 해야 하는데 어려워 선뜻 손이 가지 않는 책, 몇 번 읽으려 시도해 보지만 몇 글자 읽으면 잠이 오는 책'이라는 선입견이 가득하다. 이 책은 크리스천들의 오랜 고민을 해결해 준다. 마치 드라마 작가처럼 성경의 배경이 되는 역사와 지리와 성경의 주요한 흐름을 다이내믹하게 퓨전해서 풀어냈다. 구약성경을 이렇게 흥미진진한 역사 스토리로 풀어낼 수 있다는 사실에 그저 놀랄 뿐이다.

• 이찬수 | 분당우리교회 담임목사

유진 피터슨의 《메시지》는 성경을 '시장(市場)의 언어'로 풀어낸 역작이다. 이어령 전 문화부 장관도 《빵만으로는 살 수 없다》에서 시장의 언어를 강조했다. 성경을 '우리만의 리그'에만 머물게 할 수 없다. 세상과 공감하며 소통하게 해야 한다. 류모세 선교사의 《역사 드라마로 읽는 성경》의 키워드도 소통과 공감이다. 이 책은 '세상과 소통하는 성경 이야기'라고 할 수 있다. 딱딱한 구약성경을 말랑하며 홍미진진한 역사 스토리로 풀어낸 저자의 내공이 돋보인다.

• **이태형** | 〈국민일보〉 종교국 선임기자, 《배부르리라》, 《아직, 끝나지 않았다》 저자

성경을 읽을 때는 하나님의 마음을 잘 읽어야 한다. 하나님 말씀의 목적과 의도가 무엇인지 잘 깨달아야 그 말씀의 핵심을 알 수 있다. 그러기 위해 성경의 역사적 배경과 지리, 문화와 풍습은 하나님의 말씀을 제대로 알 수 있는 귀한 도구다. 이번 책을 통하여 우리 모두가 하나님께서 왜 우리에게 그런 말씀을 하셨는지를 알아가는 귀한 기회가 되길 소망한다.

• **홍민기** | 호산나교회 담임목사, 브리지임팩트사역원 대표

일러두기

· 왕은 생몰년도가 아닌 재위기간을 표시했습니다.
· 다이어그램에서의 연도는 모두 주전 연도입니다.
· 지도에서 ★은 현대 도시입니다.

ASIA

Part 16

아듀, 역사의 무대에서 사라진 북이스라엘

분열왕국 시대 4기: 앗시리아 정복 시대

주전 753~722년

이번 장에서 다루고자 하는 시기는 분열왕국 시대 4기에 해당하는 앗시리아 정복 시대다. 남북단절 시대에 이스라엘 분열왕국의 역사는 한마디로 '시작은 미약했지만 그 끝은 창대해진' 역사라고 할 수 있다.

아람과 앗시리아로부터 굴욕과 속박을 감내하던 이스라엘은 후반부로 가면서 여로보암 2세(북)-웃시야(남)의 통치기를 통해 무섭게 도약할 수 있었다. 영민하고 게다가 장수하기까지 한 두 왕의 통치기는 과거 이스라엘의 최고 전성기였던 다윗-솔로몬(주전 10세기)의 통치기를 그대로 재현하는 듯했다. 하지만 이것은 촛불이 꺼지기 직전의 마지막 불꽃놀이에 불과했고, 지중해변에 접한 소국들은 신앗시리아 제국이 제2기를 맞아 본격적인 영토 확장과 제국주의 노선을 추구하면서 추풍낙엽처럼 떨어져 나갔다.

이번 장에서는 '대왕'이라고 불러도 아깝지 않은 여로보암 2세가 죽는 주전 753년을 기점으로 북이스라엘이 앗시리아에 최종적으로 멸망당하는 주전 722년까지의 시간을 다루고자 한다. 여로보암 2세의 죽음을 기점으로 북이스라엘의 역사는 한순간에 누그러질 줄 모르는 재난의 이야기로 바뀐다.

다시금 무섭게 발흥한 앗시리아의 침략으로 인해 이스라엘 전 역사에서 가장 중대한 위협에 직면한 이스라엘은 그즈음 안으로 곪아 터진 병들이 밖으로 터져 나오면서 거의 무정부 상태나 다름없는 혼란기를 지나고 있었다. 그리고 30여 년의 세월이 흐른 뒤 북이스라엘은 근동의 지도에서 사라지고 말았다. 이 시기에 근동 국가들과 이스라엘의 남북 왕조의 상황은 다음과 같이 전개된다.

메소포타미아: 신앗시리아와 우라르투 왕국의 거침없는 질주

앗시리아: 위대한 팽창기 신앗시리아 시대 2기

주전 8세기 초반에 앗시리아는 해외 원정 능력을 상실했고 내부적으로는 왕이 행사할 권력이 지방 관료들에게 찬탈당하면서 어려운 시기를 보내야 했다. 더욱이 북방에는 새롭게 강국으로 부상한 우라르투 왕국의 팽창으로 인해 제국의 존립마저 위태로운 지경에까지 이르렀다.

주전 762~759년에 고대 수도였던 앗수르를 포함해 여러 도시들에서 동시다발적으로 반란이 일어났고, 이로 인해 앗시리아 제국은 그즈음 운명을 달리할 뻔했다. 하지만 이런 상황은 주전 745년에 디글랏빌레셀 3세가 즉위하면서 기적적으로 역전되기 시작했다. 성경에는 '불'(왕하 15:19)로 등장하는 디글랏빌레셀 3세의 통치는 근동 국가의 어느 누구도 그 영향에서 벗어날 수 없는 새로운 제국주의 시대가 도래했음을 알렸다. 디글랏빌레셀 3세부터 차례로 등장한 여섯 명의 왕들은 하나같이 강하고 유능한 군주들이었다. 위대한 팽창기로 불리는 신앗시리아 시대 2기를 이끌던 여섯 군주의 이름은 다음과 같다.

◆◆◆

신앗시리아 시대 2기의 군주들

디글랏빌레셀 3세(주전 745~727년)
살만에셀 5세(주전 727~722년)
사르곤 2세(주전 722~705년)
산헤립(주전 705~681년)
에살핫돈(주전 681~669년)
앗수르바니팔 2세(주전 669~627년)

신앗시리아 시대 2기는 디글랏빌레셀 3세의 즉위와 함께 시작되는데, 이로써 '본격적인 영토 확장과 제국주의 노선 확립'이라는 신앗시리아 시대 2기의 대외 정책이 수립되었다.

힘으로 윽박질러서 조공을 받아 냈지만 조금이라도 앗시리아의 중앙 정부가 약화되는 징조만 보이면 이내 조공을 거부하고 반란을 일으켜 온 속국의 문제를 근본적으로 해결하기 위해 디글랏빌레셀 3세는 새로운 대외 정책을 추진했다. 이른바 영토 확장과 제국주의 노선이었다. 앗시리아의 새로운 대외 정책을 이해하려면 중세 앗시리아 시대부터 앗시리아인들에게 전해져 내려온 이념, 즉 두 종류의 영토에 대한 분명한 구분을 알아야 한다. 이것은 '앗시리아 땅'과 '앗시리아의 멍에 아래 있는 땅'에 대한 구분이다. 두 종류의 땅에 대한 앗시리아인들의 고정된 사고는 다음과 같다.

앗시리아 땅

'앗시리아 본토' 또는 '앗시리아 심장부'라고도 불리는 앗시리아 땅은 수도 앗수르를 중심으로 자그로스 산맥과 유프라테스 강 사이에 위치한 핵심 지역을 가리킨다. 이 지역은 민족신인 앗수르 신의 통제 아래 하나로 통합된 사회를 이루었다.

앗시리아의 멍에 아래 있는 땅

앗시리아 본토 주변에 있는 이 지역은 명목상 독립국의 지위를 유지했다. 하지만 해마다 지역 특산물을 앗시리아 중앙정부에 조공으로 바쳐야 할 의무가 있었다. 한편 이곳에서는 앗수르 신에 대한 숭배가 강요되지는 않았다.

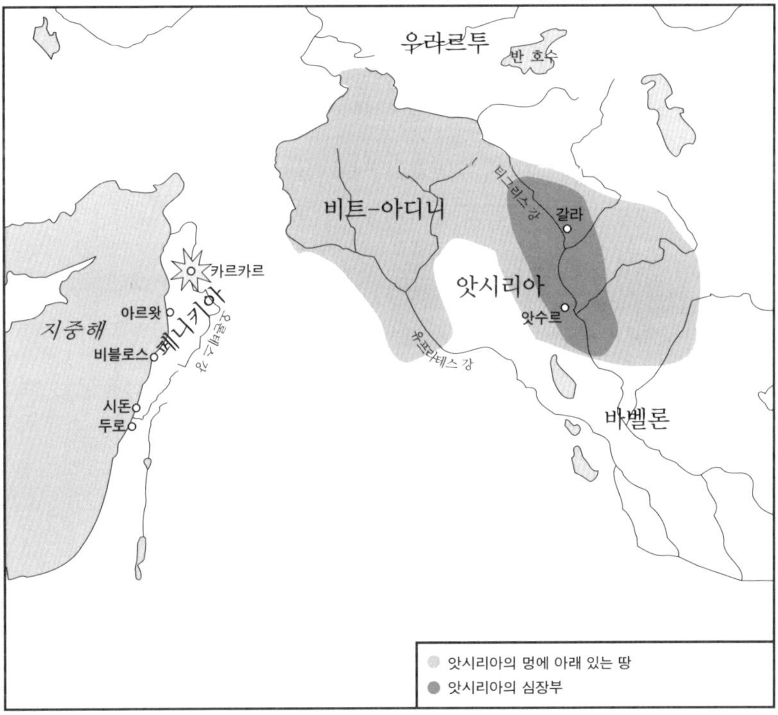

• 신앗시리아 시대의 영토

이렇게 두 종류의 땅에 대한 확실한 구분은 제국 팽창의 1기인 주전 9세기까지는 앗시리아의 왕들이 영토 확장에 대한 야망이 없었음을 보여준다. 하지만 주전 745년 디글랏빌레셀 3세의 등장과 함께 시작된 신앗시리아 시대 2기는 중세 앗시리아 시대 이래 유지되어 오던 국경의 개념을 초월해 영속적인 영토 확장 정책으로 특징지어진다.

영토 확장과 제국주의 노선을 표방한 디글랏빌레셀 3세의 정책은 그의 후계자들에게도 그대로 계승되었다. 디글랏빌레셀 3세는 앗시리아 국민만으로 구성된 의무병제를 바꾸어, 정복민을 보병으로 이용하고 앗시리아인들을 기병과 전차병의 핵심 전력으로 사용하는 직업 상비군제로 전환했다. 그는 주전 9세기의 선왕들처럼 유프라테스 강을 건너는 원정을 시도했지만 그 강 건너 지역에 대한 정책은 근본적으로 바꾸었다. 군소 왕국을 압박해 조공을 받아 내는 대신 그들의 존재 자체를 점차 말살했으며 그 영토를 제국의 속주 체제로 통합시켰기 때문이다. 디글랏빌레셀 3세가 추진한 영토 확장과 제국주의 노선은 다음 세 가지 단계를 따라 실시되었다.

첫째, 토착 왕들이 해마다 조공을 가져옴으로써 왕위를 그대로 유지하는 '속국'들이다.

둘째, 앗시리아가 제국에 충성할 수 있는 토착인을 꼭두각시 왕으로 세운 '괴뢰국'들이다.

셋째, 앗시리아가 파견한 총독을 통해 직접 통치를 받는 앗시리아의 '속주'들이다. 이때 토착민들을 멀리 쫓아내고 다른 지역에서 끌고 온 포로들을 그곳에 이주시킴으로써 민족주의적 열정을 꺾어 놓았다.

이들은 먼저 1단계에서 시작해 불순종이나 반란이 있을 때 다음 단계로 차례로 넘어갔고 최종적으로는 앗시리아 제국의 영토로 완전히 통합해 버렸다.

이번 장에서는 북이스라엘이 멸망하는 주전 722년까지를 다루기 때문에 여기서는 디글랏빌레셀 3세와 살만에셀 5세에 집중하여 설명하고자 한다.

디글랏빌레셀 3세 주전 745~727년

앗시리아 역사에서 진정으로 제국을 창건한 인물은 매우 활기차고 유능한 통치자였던 디글랏빌레셀 3세였다. 그는 왕권을 장악하자마자 남쪽 바벨론과 북쪽 우라르투 왕국에 대항해 앗시리아의 세력을 재천명하고, 또한 서쪽에서는 앗시리아의 잠재력을 실현하는 과업에 착수했다. 디글랏빌레셀 3세는 소요가 그치지 않던 바벨론 지역을 평정한 뒤 스스로 바벨론의 왕위를 차지하고 '풀루'(Pulu, 성경에서는 '불', 왕하 15:19)라는 이름으로 통치했다. 사르두리 2세의 통치기에 전성기를 맞은 우라르투 왕국과도 정면충돌을 피하지 않은 디글랏빌레셀 3세는 그들을 격퇴하고 수도를 포위 공격하기도 했다. 영토가 축소된 우라르투는 이후 더 이상 앗시리아의 위협이 되지 못했다. 그밖에도 앗시리아는 북부 이란의 메대인들에 대해서도 군사 작전을 감행해 멀리 카스피 해 부근까지 진격해 추방시켰다.

특히 우리가 주목할 부분은 이스라엘 땅을 포함한 서부 원정이다. 디글랏빌레셀 3세는 주전 743년과 그 후 여러 차례 군사 작전을 감행해 시리아 지역을 공략했다. 처음에 그는 서부 연합군을 이끌던 '야우디'(아마도 유다)의 아즈리야우(아마도 웃시야)의 저항을 받았다. 학자들은 이때 서부 연합군을 이끈 지도자가 남유다의 웃시야 왕이라고 추정한다. 늦어도 주전 738년에 디글랏빌레셀 3세는 하맛, 두로, 비블로스, 다메섹으로부터 조공을 받은 것으로 보인다.

이후 디글랏빌레셀 3세는 앗시리아를 막아 내기 위한 아람(르신)-북이스라엘(베가) 동맹이 결성되자 주전 734~732년에 서부 출정을 재차 감행했다. 이 출정은 성경에서 자세히 기록하고 있기 때문에 뒤에서 자세하게 설명하고자 한다. 이 원정으로 아람은 멸망하고 북이스라엘은 수도 사마리아를 중심으로 한 사마리아 산지를 제외하고 나머지 영토를 모두 앗시리아에게 빼앗기게 된다.

살만에셀 5세 주전 727~722년

살만에셀 5세는 북이스라엘 왕국을 멸망시켰다. 북이스라엘의 마지막 왕 호세아는 처음에는 살만에셀 5세에게 조공을 바치다가 이집트 왕과 동맹을 맺고 앗시리아를 배반했다. 이에 살만에셀 5세는 이스라엘의 수도 사마리아를 3년간 포위 공격하고 호세아 왕과 백성을 사로잡아 갔다. 하지만 살만에셀 5세는 포위 공격 도중에 죽고 후계자인 사르곤 2세가 주전 722년 12월 사마리아를 함락시키게 된다.

우라르투 왕국 주전 860~585년: 무시할 수도 정복할 수도 없는 존재

이 무렵 앗시리아의 북쪽, 아나톨리아의 동쪽에는 고대 근동에서 가장 수수께끼 같으면서도 무시할 수 없는 우라르투 왕국이 부상했다. 우라르투는 한때 그 지역에서 가장 힘 있는 국가였지만 우라르투 역사를 연대기적으로 재구성하기란 여간 어렵지 않다. 현존하는 자료는 모두 앗시리아 문헌에 기초하는데 주로 앗시리아와의 전투 상황에서만 우라르투의 왕들이 간헐적으로 등장하기 때문이다.

본래 반(Van) 호수를 근거지 삼아 세력을 확장하던 우라르투 왕국은 영토의 대부분이 높은 산맥과 계곡으로 이루어져 있었다. 이런 험준한 지형은 오히려 외부의 침략으로부터 왕국을 지켜 주는 든든한 보호막이 되었는데, 이들은 곳곳에 산악 요새 시스템을 구축했고 이를 통해 주변의 농업 평지를 통제하고 그 지역을 관통하는 무역로를 지배하며 항구적인 수입의 원천으로 삼았다.

우라르투 왕국을 통일하여 새 왕조를 창건한 왕은 사르두리 1세(주전 834~828년)란 이름으로 살만에셀 3세의 비문에 최초로 등장한다. 사르두리 1세는 놀라운 팽창주의 정책을 펼치며 영토를 확장해 나갔는데, 이것은 주전 9세기 후반부터 8세기 중반까지 앗시리아가 본격적인 쇠퇴기로 접어들었기 때문에 가능했다. 주전 8세기 중엽에 사르두리 2세(주전 753~735년)의 영도 아래 국력이 절정에 달한 우라르투 왕국은 비슷한 시기에 등장해 신앗시리아 제국의 2기를 연 디글랏빌레셀 3세(주전 745~727년)와의 충돌이 불가피하게 되었다. 디글랏빌레셀 3세는 우라르투와 수차례 전쟁을 하며 그들을 국경 바깥으로 축출하는 데 성공했고, 사르곤 2세는 자그로스 산맥을 넘어 진군을 거듭함으로써 마침내 우라르투 왕국의 기반 자체를 와해시켰다.

앗시리아는 북쪽에 위협적인 적인 우라르투 왕국이 상존하고 있었지만 결정적으로 그들을 정복할 수도, 또 그럴 의지도 없었다. 그 후 우라르투 왕국의 운명은 북쪽에서 내려온 민족(아마도 키메르족)에 의해 결정된 것으로 보인다.

우라르투 왕들의 연표를 개략적으로 정리하면 다음과 같다.

1. 초기의 왕들

아라무(주전 858~844년): 나이리족을 통일함

루티프리(주전 844~834년)

2. 부흥기

사르두리 1세(주전 834~828년): 도읍을 투쉬파로 옮기고 요새화함

이쉬푸이니스(주전 828~810년)

메누아스(주전 810~785년)

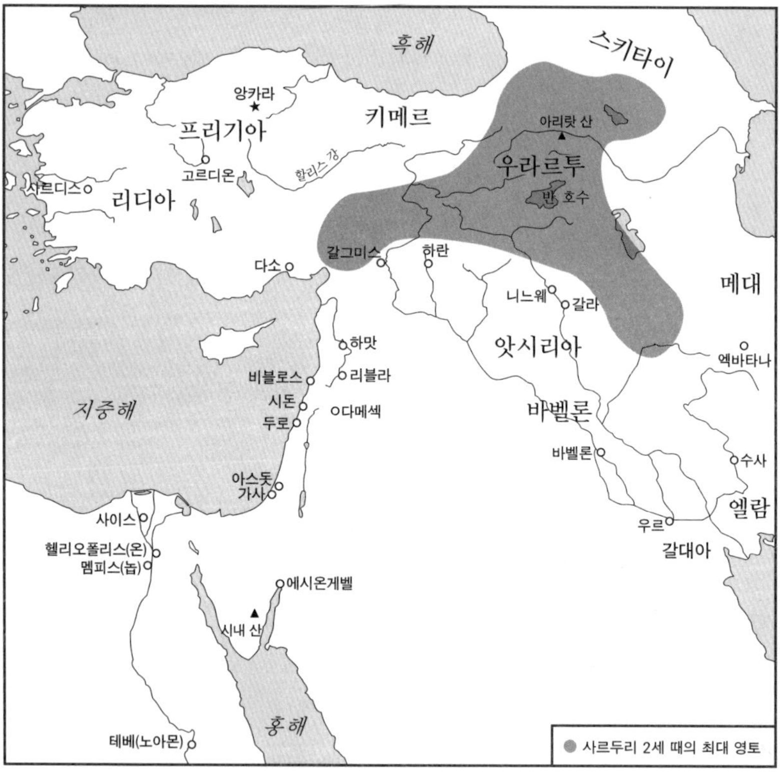

• 주전 7세기의 왕국들

아르기쉬티스 1세(주전 785~753년)

사르두리 2세(주전 753~735년): 영토를 최대로 확장시킴. 우라르투 왕국의 전성기

루사스 1세(주전735~714년): 앗시리아와 키메르족의 공격을 받고 쇠퇴기로 접어듦

3. 쇠퇴기

아르기쉬티스 2세(주전 714~680년)

루사스 2세(주전 680~639년)

사르두리 3세(주전 639~635년)

에르메나(주전 635~629년)

루사스 3세(주전 629~590년)

사르두리 4세(주전 615~598년)

루사스 4세(주전 598~590년)

이집트: 무기력한 23~24왕조

이 시기 이집트의 역사는 무력한 23~24왕조가 계속 이어진다.

북이스라엘:
멸망을 향해 치닫는 살룸~호세아 왕

여로보암 2세가 죽고 왕국이 멸망할 때까지 31년의 짧은 시기 동안 북이스라엘에는 다섯 가문에서 나온 여섯 명의 왕들이 왕좌를 차지했지만 불행히도 대부분 암살로 생을 마감했다. 앗시리아가 전 역사에서 가장 위력을 떨치고 있을 때 북이스라엘은 거의 무정부 상태의 혼란을 겪고 있었는데, 이 정도라면 왕국의 멸망은 불가피했고 단지 그 시기가 언제인가만 남아 있었다고 해도 과언이 아니다.

살룸 주전 752년, 왕하 15:13-15

스가랴를 암살하고 왕이 된 살룸은 북이스라엘의 6대 왕조를 세웠지만 고작 한 달간 통치하고 므나헴에게 암살당했다.

므나헴 주전 752~742년, 왕하 15:16-22

살룸을 죽이고 북이스라엘 7대 왕조를 세운 므나헴은 10년간 왕국을 통치했다. 살룸을 죽일 당시 므나헴은 '디르사'에서 왔다고 기록되어 있는데(왕하 15:14), 그는 아마도 여로보암 2세의 임명으로 디르사에서 권력을 잡고 있었던 것으로 사료된다. 그렇다면 살룸을 죽인 것은 단지 왕권을 잡으려는 개인적인 야망뿐 아니라 스가랴의 죽음에 대해 복수를 하려는 뜻도 있었을 것이다. 왕이 된 후 딥사에 올라가 많은 사람을 죽인 것을 보면 그 성 사람들이 그의 모반을 반대했을 가능성이 있다(왕하 15:16). 주전 743년 그의 통치 기간에 앗시리아 디글랏빌레셀 3세의 원정이 있었는데, 므나헴은 이때 1,000달란트를 바침으로써 위기를 모면했다. 므나헴은 부자들에게 각각 50세겔씩 징수하여 이 돈을 마련했다. 당시는 공물 수납으로 겨우 왕위를 지킬 수 있었지만, 이후 북이스라엘은 앗시리아의 봉신국으로 떨어지고 만다.

브가히야 주전 742~740년, 왕하 15:23-26

므나헴이 죽자 그의 아들 브가히야가 즉위하지만 고작 2년을 통치한 후 군대장관 베가의 손에 암살당한다.

베가 주전 752~732년, 왕하 15:27-31

브가히야를 죽이고 북이스라엘 8대 왕조를 세운 베가는 20년간 왕국을 다스렸다. 하지만 베가의 통치 기간 20년은 이전의 므나헴과 브가히야의 통치 기간을 포함한 것으로 사료된다. 베가의 마지막 해는 주전 732년인데, 그러면 20년 통치의 시작은 주전 752년, 곧 므나헴이 즉위한 해가 되는 것이다. 결국 베가의 단독 통치는 8년이 되는데, 베가는 요단 강 건너편 길르앗 땅에서 므나헴과 브가히야를 대적하며 이미 그 땅을 다스려 오다가 충분한 세력을 얻은 후에 50명의 길르앗 사람들과 함께 요단 강을 건너와 브가히야를 죽이고 왕위를 차지했을 것이다.

특히 므나헴이 인두세를 징수해 앗시리아 왕에게 자진해서 은 1,000달란트의 공물을 바친 사건으로 인해 이스라엘 국내에서는 반앗시리아파가

대두되었을 것이고, 이것이 반앗시리아 전선을 표방한 베가의 혁명을 수월하게 했을 것이다. 이는 정권을 잡자마자 베가가 아람 다메섹과 연합하여 반앗시리아 전선을 구축한 데서도 잘 알 수 있다. 아람-북이스라엘 동맹은 남유다의 아하스 왕에게 동참하라고 요구했지만 아하스는 이를 거절하고 오히려 앗시리아에 구원 요청을 했다. 결국 앗시리아의 디글랏빌레셀 3세는 이 반역적인 동맹을 진압하고자 출정했고, 이 출정(주전 734~732년)으로 아람은 멸망하고 베가는 호세아에게 암살당한다.

호세아 주전 732~722년, 왕하 17:1-41

호세아가 베가를 죽이고 왕이 되면서 북이스라엘 9대 왕조이자 마지막 왕조가 열린다. 호세아가 즉위할 당시 북이스라엘은 수도 사마리아를 중심으로 한 사마리아 산지만을 남겨 놓은 소국에 불과했다. 주전 734년 디글랏빌레셀 3세의 출정으로 나머지 영토는 앗시리아의 영토로 통합되어 앗시리아의 속주가 되었기 때문이다. 처음에 앗시리아에게 고개를 숙이던 호세아는 디글랏빌레셀 3세가 죽고 그의 아들 살만에셀 5세(주전 727~722년)가 즉위하자 곧 반역의 깃발을 올렸다. 호세아는 어리석게도 이집트와 손을 잡았는데, 당시 이집트는 미약하고 분단된 상태로서 호세아에게 일체 도움을 줄 수 있는 상황이 아니었다.

주전 724년 살만에셀 5세가 출정하자 호세아는 수년간 밀린 공물을 들고 마중 나갔지만 포로로 잡혔고, 곧이어 수도 사마리아에 대한 포위 공격이 시작되었다. 살만에셀 5세는 왕이 포로로 잡힌 상황이므로 사마리아 성이 곧 함락되리라 예상했지만 그 성은 이후 3년간 강력히 저항했다. 하지만 앗시리아의 압도적인 공세 앞에 결국 주전 722년 수도가 함락되면서 북이스라엘은 역사의 무대에서 사라지게 된다.

남유다: 독자 노선을 걷다

아하스 **주전 743~715년, 왕하 16장; 대하 28장; 사 7장**

28년간 통치한 아하스는 이중 12년은 아버지 요담과 같이 다스렸고 13년간은 아들 히스기야를 섭정으로 내세웠기 때문에 혼자 통치한 기간은 3년밖에 되지 않는다. 아하스는 처음부터 친앗시리아 정책을 폈고 북이스라엘 왕 베가와 아람 왕 르신이 주도하는 시부 연합군에 참가하지 않다가 결국 북이스라엘-아람 연합군의 침공을 받게 된다. 또한 에돔과 블레셋의 공격으로 국경이 점점 줄어들었다. 아하스는 종교적으로는 바알 우상을 만들고 힌놈 골짜기에서 어린아이 희생제를 드리며 산당에서 예배를 드렸다.

서부 지역의 반란과 앗시리아의 응징

아람르신과 북이스라엘베가의 유다 출정 왕하 16:5-9; 대하 28:16-21; 사 7장

디글랏빌레셀 3세의 등장과 함께 반앗시리아 정서가 고대 근동 지역을 뜨겁게 달구기 시작했고, 지중해변에 있는 소국들은 예전에 성공했던 것처럼(주전 853년, 카르카르 전투) 다시금 서부 연합군을 조직했다. 이번에는 아람 다메섹 왕 르신과 북이스라엘 왕 베가가 주도적인 역할을 했고 블레셋의 도시국가들과 함께 에돔까지 아우르는 광범위한 세력이 서부 연합군에 가담한 것으로 추정된다. 남유다의 아하스 왕도 이 연합군에 참여하도록 요청받지만 아하스는 연합군 가담을 거부하는 강수를 두었다. 이로 인해 주전 735년 아람(르신)-북이스라엘(베가) 연합군이 남유다를 침공해 왔는데, 이들은 사전에 아하스 대신 다브엘의 아들을 왕으로 세우기로 모의했다(사 7:6).

이 시기의 침략으로 아람은 엘랏(에시온게벨)을 점령했고 북이스라엘은 유다의 군사 12만 명을 죽이고 20만 명을 포로로 잡아갔다. 이때 선지자 오뎃이 나타나 북이스라엘이 잡아간 20만 명의 유다 포로들을 돌려보내도록 종용한 덕에 이들은 무사히 고국으로 귀환할 수 있었다. 국난에 처한 유다의 상황을 틈타 에돔이 독립을 선언하더니 오히려 유다를 쳐들어왔다. 블레셋 역시 도발을 감행하며 평야 지대에서 쉐펠라 지역까지 치고 올라와 국경이 한참 좁아져 버렸다. 당시의 상황은 북쪽, 동쪽, 서쪽에서 동시에 적들이 침범해 왔기 때문에 남유다 왕국은 그야말로 '바람 앞의 등불'과 같았다.

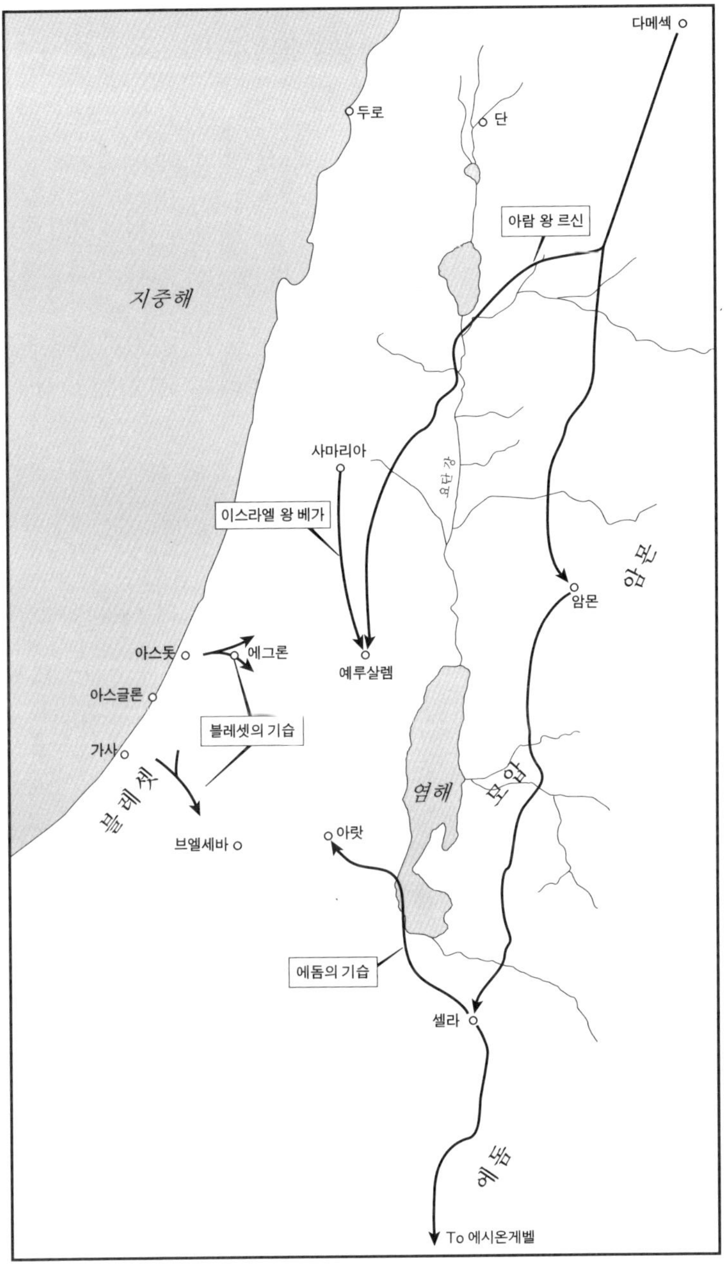

• 유다를 공격하는 아람과 북이스라엘, 블레셋, 그리고 에돔

한편 궁지에 몰린 아하스는 성전에 있는 상당한 금과 은을 챙겨 디글랏빌레셀 3세(성경에서는 '불'로 나옴)에게 보내며 구조 요청을 하려 한다. 하지만 선지자 이사야는 앗시리아에 도움을 청하는 아하스 왕을 심하게 꾸짖고(사 7-8장) 아하스 왕의 대적은 이 작은 국가들(아람과 북이스라엘)이 아니라 왕이 지금 도움을 청하려고 하는 앗시리아 왕이라고 분명히 말했다. 이사야의 이 말은 훗날 현실로 나타난다(대하 28:20-21). 하지만 아하스는 이사야 선지자의 경고에도 불구하고 끝내 앗시리아의 디글랏빌레셀 3세에게 도움을 청하고야 만다.

디글랏빌레셀 3세의 출정

아하스의 구조 요청에 대한 디글랏빌레셀 3세의 행동은 민첩하고도 강력했다. 디글랏빌레셀 3세의 출정은 단지 아하스의 구조 요청에 대한 응답 차원을 넘어서 대(對) 앗시리아 동맹에서 서부 연합군의 선두에 선 북이스라엘과 아람을 철저하게 응징하기 위한 것이었다. 앗시리아 비문은 주전 734년에 시작된 이 출정의 첫 목표물이 블레셋 도시 가사였으며 가사 왕 하눈이 이집트로 망명한 사실을 기록하고 있다. 가사를 점령한 디글랏빌레셀 3세는 이집트와의 국경에 상주 수비대를 두고 늘 서부 연합군 반란에서 배후 역할을 해오던 이집트의 개입을 원천 봉쇄했다.

그리고 이듬해인 주전 733년에 북이스라엘과 아람 다메섹에 대한 본격적인 출정에 나섰다. 첫 번째 타깃은 북이스라엘의 베가였다. 디글랏빌레셀 3세는 레바논 골짜기를 통해 들어와서 이욘, 아벨벧마아가, 야노아, 가데스, 하솔, 긴네렛 등 상부 갈릴리 지역의 요새들을 초토화시켰고 수많은 주민들을 포로로 잡아갔다. 이때의 침공으로 갈릴리, 이스르엘, 샤론, 길

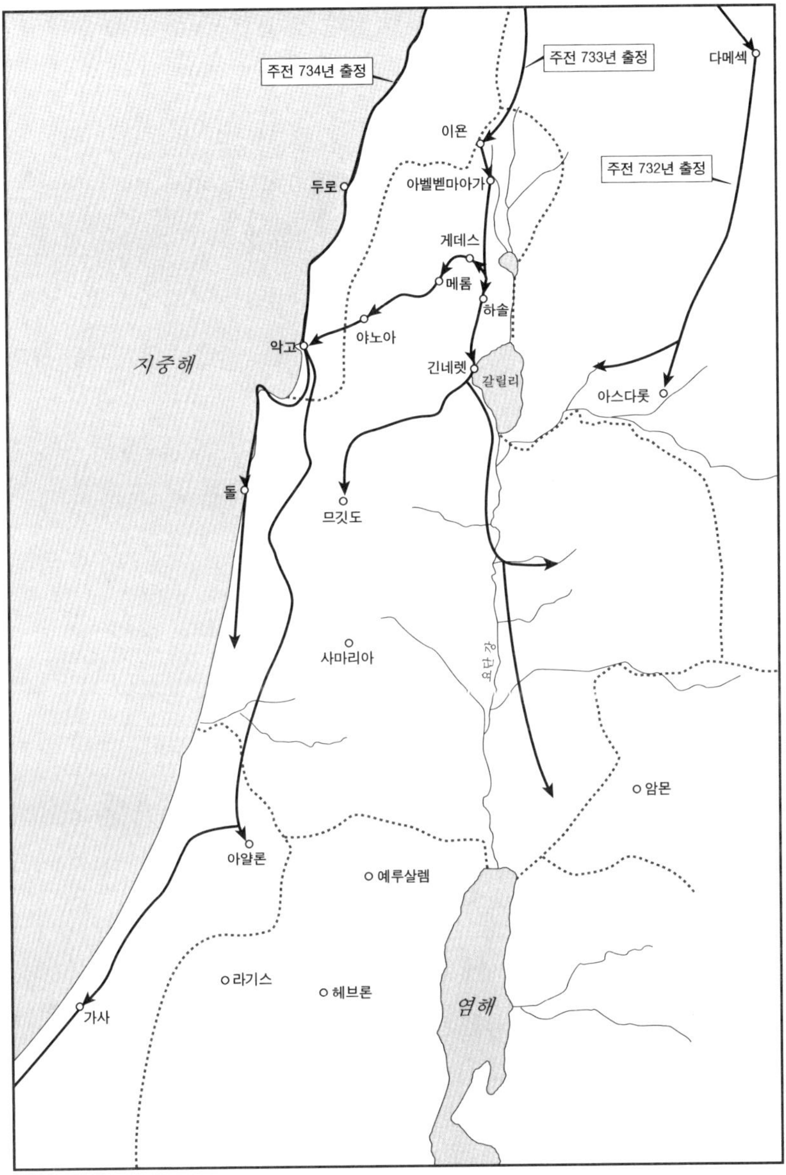

• 디글랏빌레셀 3세의 출정

르앗 지역이 모두 정복당했고 수도가 있는 사마리아 산지만이 간신히 피해를 면할 수 있었다. 한편 사마리아 왕궁에서는 호세아가 반앗시리아 선봉에 섰던 베가 왕을 암살하고 친앗시리아 정책을 천명했는데, 아마도 이것이 수도 사마리아 함락과 국가의 최종적인 멸망을 다소 얼마간이라도 늦춘 원인이 아닌가 싶다. 하지만 아람 다메섹의 운명은 이때 완전한 종말을 고하게 된다. 이듬해의 출정(주전 732년)에서 아람 국가의 수도인 다메섹이 함락되었고, 이로써 오랜 세기 동안 앗시리아를 막아 주던 강력한 방파제가 사라지게 되었다.

디글랏빌레셀 3세 때 앗시리아의 행정구역

주전 734~732년에 있었던 출정에서 정복된 지역들은 속속 앗시리아의 영토로 편입되었다. 새로 정복된 속주들은 앗시리아 총독이 거주하던 성읍의 이름을 따라 명명되었다. 아람 국가는 만수아테, 수비테, 다메섹, 가르나임, 하우란, 하맛으로 불리는 6개의 속주가, 북이스라엘은 돌, 므깃도, 길르앗으로 불리는 3개 속주가 앗시리아 영토에 편입되었다. 이로써 북이스라엘의 마지막 왕인 호세아는 수도 사마리아를 중심으로 한 사마리아 산지만을 통치하고 앗시리아에 조공을 바치는 봉신국의 지위로 떨어진 상태에서 마지막 몇 년을 구차하게 연명해야 했다.

살만에셀 5세와 사르곤 2세의 출정 왕하 17:3-6

반앗시리아 노선을 고수한 베가의 정책으로 북이스라엘은 너무도 값

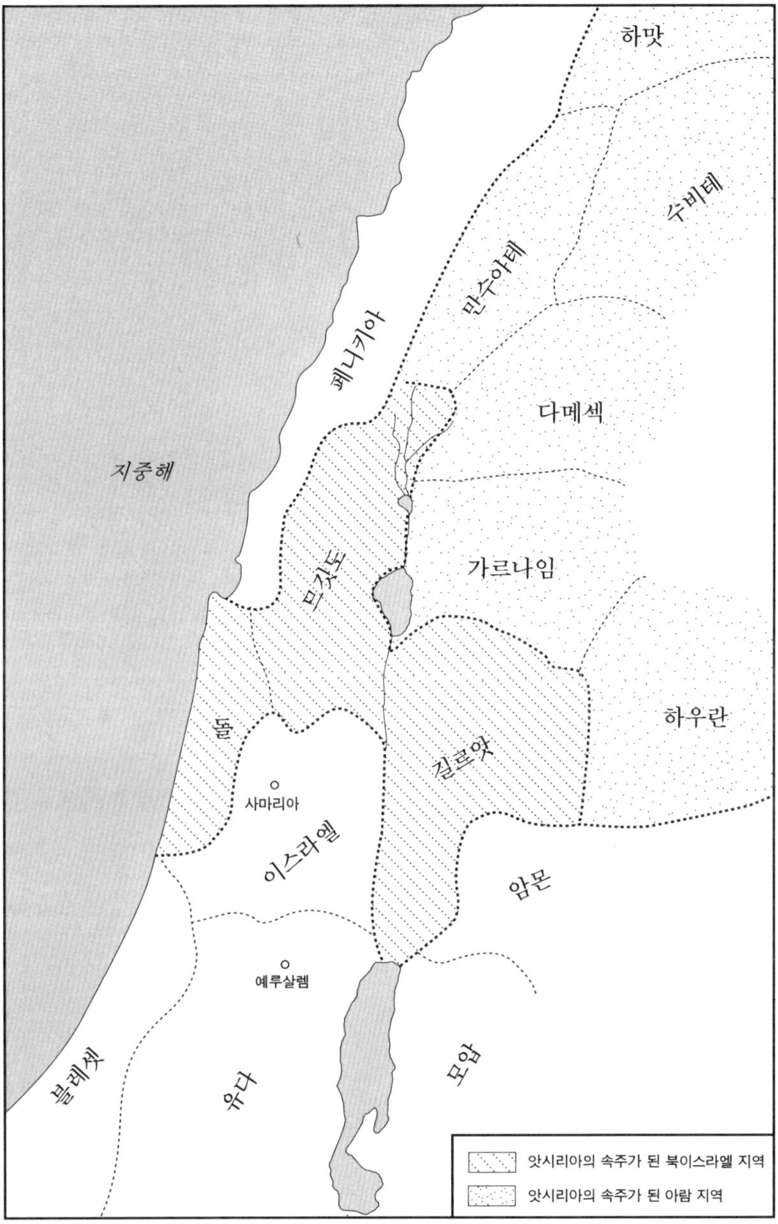

• **디글랏빌레셀 3세 때 앗시리아의 행정구역**

비싼 대가를 치러야 했다. 하지만 이것으로 끝이 아니었다. 영토의 태반을 잃고 그나마 사마리아 산지를 중심으로 한 봉신국의 제후로 강등된 호세아 역시 호시탐탐 반란의 기회만 엿보고 있었기 때문이다.

이집트는 여전히 뒤에서 앗시리아에 대한 반란을 조장했는데, 이런 상황에서 주전 727년 디글랏빌레셀 3세가 죽고 그의 아들 살만에셀 5세가 즉위했다. 호세아는 마침내 기회가 왔다고 여기고 배후에 있는 이집트를 믿고 앗시리아에 바치던 조공을 거부했다. 하지만 이것은 호세아의 완전한 오판이었고 결국 자살 행위로 드러났다.

당시 이집트는 대단치 않은 군소 국가들이 각축을 벌이던 무정부 상태였고 '제 코가 석자'였기 때문에 누구를 도울 수 있는 입장이 전혀 아니었다. 호세아가 교섭한 '이집트 왕 소'(왕하 17:4)는 아마도 무력한 24왕조의 테프나크트였을 것이다. 그의 왕궁은 서부 삼각주 지대의 사이스에 있었다. 그에게서는 실질적인 원조를 기대할 수도 없었고, 실제로 아무런 원조도 오지 않았다.

주전 724년, 즉위 후 3년이 지난 시점에서 어느 정도 안정을 되찾은 살만에셀 5세는 반란을 일으킨 북이스라엘을 향해 전광석화와 같은 공격을 감행했다. 호세아는 밀린 공물과 함께 화친을 희망하면서 그 앞에 굴복했지만 오히려 붙잡혀 감금되는 신세가 되었다. 그리고 그것으로 끝이었다. 수도 사마리아는 3년간 버텼지만 주전 722년에 함락되었다.

주전 722년에 살만에셀 5세가 죽자 살만에셀 5세의 후계자, 즉 사르곤 2세는 자신이 사마리아를 점령했다고 앗시리아 비문에서 자랑하고 있지만 살만에셀 5세가 사마리아를 함락시켰다고 말하는 성경의 진술(왕하 18:9)이 더 옳을 것이다. 사르곤 2세의 비문에 의하면 이후 2만 7,290명의 포로들이

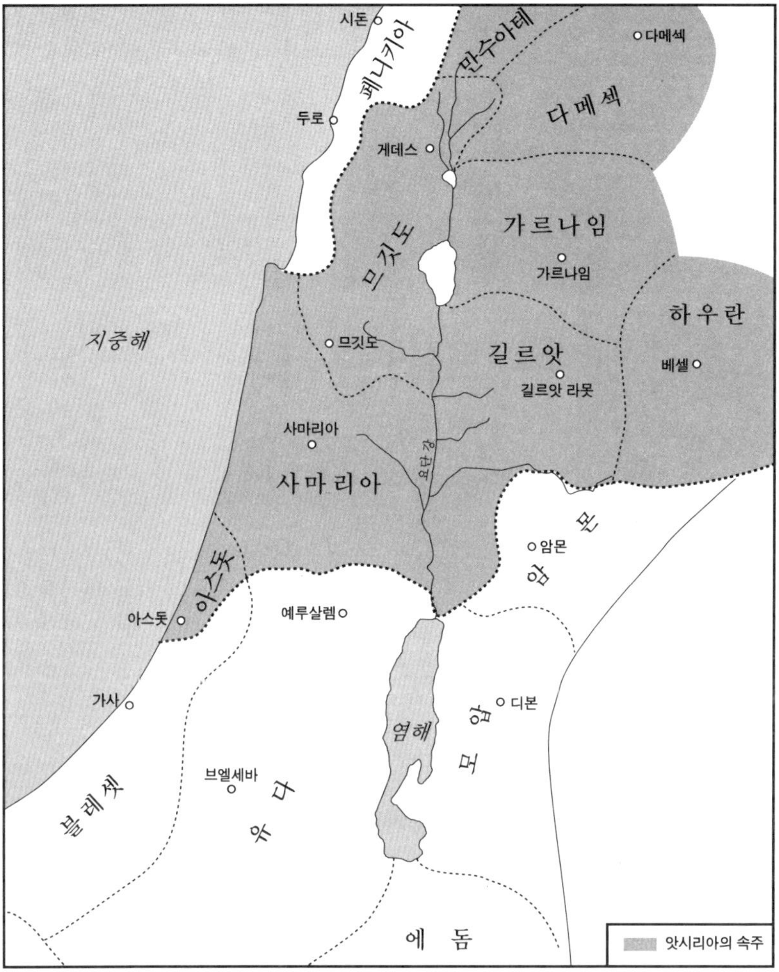

• 사르곤 2세 때 앗시리아의 행정구역

상부 메소포타미아와 메대 지역으로 끌려갔는데, 이로써 북이스라엘은 역사의 무대에서 영원히 퇴장하고 만다. 마지막으로 남아 있던 사마리아 산지는 사마리아로 불리는 앗시리아의 속주로 편입되었다.

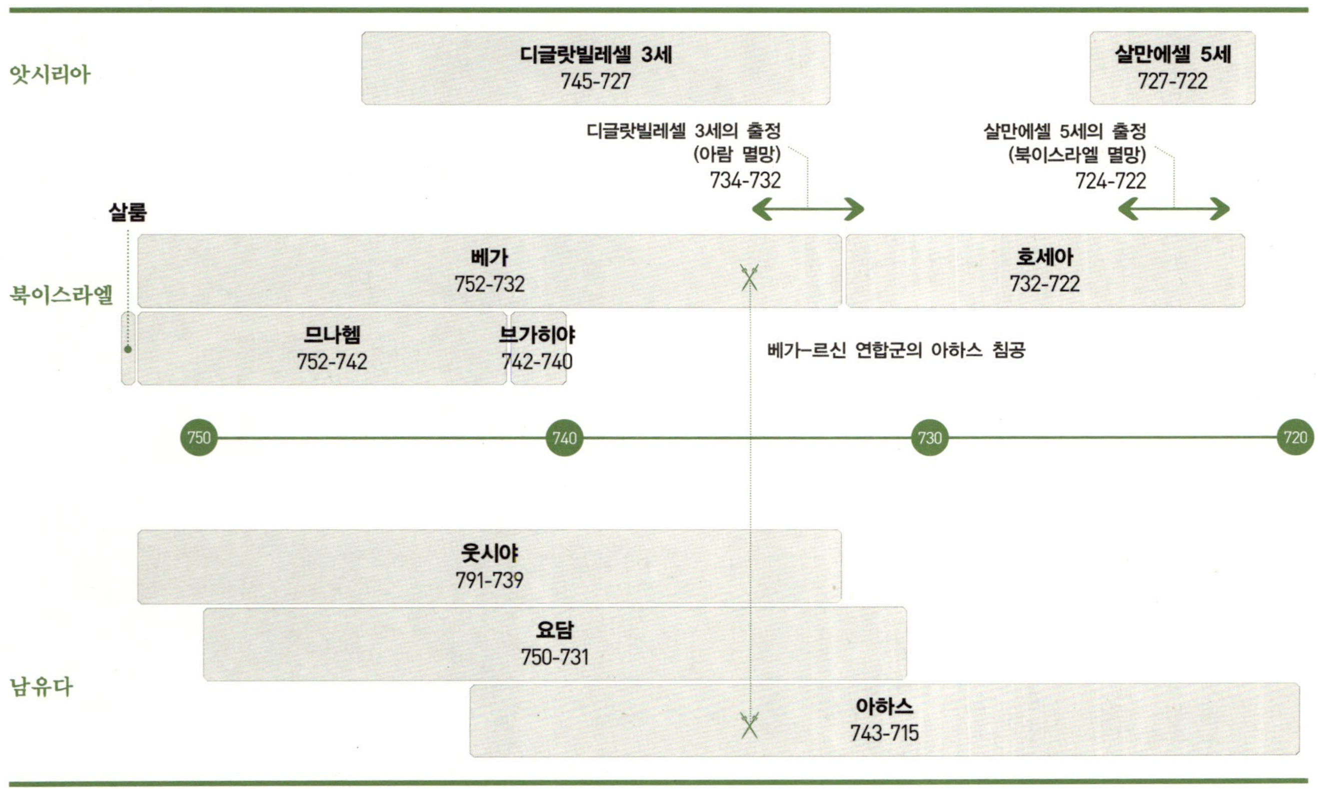
앗시리아
디글랏빌레셀 3세
745-727
살만에셀 5세
727-722
디글랏빌레셀 3세의 출정
(아람 멸망)
734-732
살만에셀 5세의 출정
(북이스라엘 멸망)
724-722
북이스라엘
살룸
베가
752-732
호세아
732-722
므나헴
752-742
브가히야
742-740
베가-르신 연합군의 아하스 침공
750
740
730
720
남유다
웃시야
791-739
요담
750-731
아하스
743-715

단원 평가 문제

01. 다음 중 우라르투 왕국의 전성기를 이끈 왕은?
(1) 사르두리 1세 (2) 사르두리 2세
(3) 메누아스 (4) 이쉬푸이니스

02. 다음 중 예후 왕조의 마지막 왕인 스가랴를 암살한 사람은?
(1) 살룸 (2) 베가
(3) 므나헴 (4) 브가히야

03. 다음에 나오는 북이스라엘의 왕 중 암살로 최후를 맞이하지 않은 사람은?
(1) 베가 (2) 므나헴
(3) 브가히야 (4) 살룸

04. 다음 중 북이스라엘의 멸망 당시 남유다를 통치한 왕은?
(1) 아하스 (2) 요시야
(3) 므낫세 (4) 히스기야

05. 다음 중 북이스라엘을 최종적으로 멸망시킨 앗시리아의 왕은?
(1) 디글랏빌레셀 3세
(2) 살만에셀 5세
(3) 사르곤 2세
(4) 에살핫돈

06. 다음 중 아람 왕국을 최종적으로 멸망시킨 앗시리아의 왕은?
(1) 디글랏빌레셀 3세
(2) 살만에셀 5세
(3) 사르곤 2세
(4) 에살핫돈

07. 다음 중 북이스라엘의 마지막 왕인 호세아가 앗시리아의 속박에서 벗어나기 위해 의지한 이집트의 파라오는 누구인가?
(1) 22왕조 쇼셍크 1세
(2) 24왕조 테프나크테
(3) 22왕조 오소르콘 1세
(4) 19왕조 람세스

정답

01. 2, 02. 1, 03. 2, 04. 4, 05. 3,

• 이 책에서는 각 단원의 끝에 단원 평가 문제를 싣는다. 각각의 문제는 각 단원에서 반드시 기억해야 할 사항들, 전체 흐름에서 중요한 포인트가 되는 부분들을 집중적으로 다루었다. 시험에 대한 스트레스와 노이로제 때문에 거부감이 생길지 모르지만, 그냥 가볍게 머리를 식힌다는 기분으로 한 문제씩 풀어 보면 각 단원을 체계적으로 정리하는 데 도움이 될 것이다.

08. 다음 중 아람-북이스라엘 연합군이 침공해 올 때 남유다를 통치한 왕은?

(1) 히스기야 (2) 아하스
(3) 므낫세 (4) 요아스

09. 다음 중 북이스라엘의 마지막 전성기를 이끈 여로보암 2세가 죽은 후 최종적으로 멸망하기까지 몇 명의 왕이 등장했을까?

(1) 4명 (2) 5명
(3) 6명 (4) 7명

10. 북이스라엘의 마지막 시기의 왕 중 강력한 반앗시리아파는 누구인가?

(1) 호세아 (2) 브가히야
(3) 베가 (4) 므나헴

06. 1, 07. 2, 08. 2, 09. 3, 10. 3

ASIA

Part 17

풍전등화 같은 위기 앞에 서다

유다 왕국 시대

주전 722~605년

포효하는 앗시리아 제국의 파상 공세를 버티지 못하고 아람(주전 732년)과 북이스라엘(주전 722년)이 차례로 무너지자 남쪽에 있던 소국(小國) 유다에는 전무후무한 국가적 위기가 찾아왔다. 남유다는 오랜 세월 동안 북이스라엘과 아람이라고 하는 완충지(겸 방파제)가 버티고 있었던 탓에 앗시리아의 거센 풍파에서 벗어나 비교적 안정적인 발전을 도모할 수 있었다. 마치 우리나라 역사에서 삼국 시대 당시 고구려가 중원 땅에서 발흥한 수나라와 당나라를 막아 내며 사투를 벌이는 사이 남쪽에 있던 두 개의 소국인 신라와 백제가 안정적으로 발전할 수 있었던 것과 흡사하다. 북이스라엘과 아람이 사라진 상황에서 유다는 당시 초강대국으로 부상하며 전성기를 향해 달리던 앗시리아 제국과 국경을 마주 대하는 상황에 놓이게 된 것이다.

실로 간담이 서늘해질 수밖에 없는 위기의 시대에 유다를 이끈 왕은 그 유명한 히스기야였다. 42년간 이어진 그의 기나긴 통치기 중에 북이스라엘이 멸망했기 때문이다. 이번 장에서는 절정기에 달한 앗시리아에 대처하는 히스기야와 그의 후계자들에 대한 스토리를 다루고자 한다. 이 시기의 역사는 우리가 그동안 다루던 근동의 역사 가운데 가장 다이내믹하고 극적인 반전들로 가득 차 있다. 이 시기의 박진감 넘치는 국제 정세에서 네 개의 메인 세력은 다음과 같다.

1) 전성기를 향해 무섭게 질주하는 앗시리아 제국

2) 메소포타미아 지역에서 차기 바통을 이어받기 위해 꿈틀거리는 신흥 바벨론 제국

3) 오랜 동면기를 끝내고 옛 강대국으로서의 면모를 회복한 이집트 제국

4) 하나님을 경외한 두 명의 걸출한 성군인 히스기야와 요시야를 배출하며 주변 강대국들에 맞서 만만치 않은 저력을 보여 준 유다

북이스라엘이 무너지고 홀로 살아남아 1세기 이상을 더 버티며 이어 온 유다의 운명은 성군(聖君)인 히스기야와 요시야의 통치기를 제외하면 주

변 강대국들의 등쌀에 휘둘리는 그야말로 '바람 앞에 등불'과도 같았다. 이 시기 유다의 역사는 마치 청나라와 일본 사이에서 갈팡질팡하던 우리나라 구한말의 역사를 떠올리게 한다. 홀로 살아남은 유다는 이집트와 앗시리아, 바벨론의 틈바구니에 끼여 갈팡질팡하다가 결국 바벨론의 손에 최종적으로 무너진 것이다. 이 시기를 다루는 성경의 스토리는 열왕기하 21-23장과 이를 보충해 주는 역대하 33-35장에 기록되어 있다. 아울러 이 시기에 활동하던 선지자들의 책인 이사야, 미가, 나훔, 스바냐, 예레미야도 상당히 많은 추가적인 정보를 제공해 준다.

메소포타미아: 사분오열로 힘이 분산되다

앗시리아: 신앗시리아 시대 2기

이 시기에 앗시리아는 디글랏빌레셀 3세, 살만에셀 5세의 뒤를 잇는 신앗시리아 시대 2기의 위대한 왕들의 통치가 계속 이어진다.

사르곤 2세 주전 722~705년

살만에셀 5세의 뒤를 이어 왕이 된 사르곤 2세는 즉위하자마자 바벨론 지역의 반란에 직면했기 때문에 서부 원정을 감행할 만한 여력이 없었다. 갈대아인 군주 마르둑 아팔리디나(주전 721~710년, 성경에서는 므로닥발라단, 왕하 20:12; 사 39:1)가 이끄는 바벨론의 반란은 동쪽에 있는 엘람 왕의 든든한 후원을 받고 이루어졌다. 바벨론 진압에 나선 사르곤 2세는 오히려 반란군에게 치욕적인 참패를 당했고, 이후 12년 동안 그 지역에 대한 지배권을 상실했다. 이후 소아시아의 프리기아 왕에 의해 선동된 갈그미스 반란을 진압한 사르곤 2세(주전 717년)는 내친김에 배후에 있는 프리기아 왕국까지 침공해 고대 히타이트 문화의 중심지인 그곳을 잿더미로 만들어 버렸다.

사르곤 2세의 다음 타깃은 북쪽에 있는 우라르투 왕국이었다. 우라르투 왕국은 수십 년 전 디글랏빌레셀 3세에 의해 격퇴된 후 급격히 쇠퇴했는데, 이 무렵 코카서스 지역에서 내려온 키메르족의 침입을 받고 가까스로 왕국의 명맥만 유지하고 있었다.

이 기회를 틈타 사르곤 2세는 자그로스 산맥을 넘어 앗시리아에게 있어 오랫동안 강력하고도 골치 아픈 원수였던 우라르투 왕국으로 진군해 마음껏 약탈을 일삼았다. 그후 우라르투 왕국은 더 이상 앗시리아의 원정 대상이 되지 않았다. 우라르투의 최종적인 운명은 이 일이 있은 얼마 후 북쪽에서 내려온 산악 민족(아마도 키메르족)에 의해 결정된 것 같다. 하지만 우라르투 왕국의 멸망은 앗시리아 제국의 입장에서 볼 때 키메르족을 비롯한 북방 야만족들의 침입을 막아 주던 강력한 방파제가 사라진 것을 의미했다.

앗시리아는 당장 그 위험성을 몰랐지만 가까운 시기에 닥쳐올 앗시리아 제국의 붕괴에 이들 야만족들이 주역으로 나서면서 자신들의 치명적인 실수를 깨닫게 된다. 이후 사르곤 2세는 서부 이란에 대한 군사 원정으로 메대인 군주들을 앗시리아의 권세 아래 굴복시켰다.

산헤립 주전 705~681년

사르곤 2세가 멀리 키메르족 원정 도중 전사하자 산헤립이 그의 뒤를 계승했다. 산헤립은 즉위하자마자 동쪽에서는 바벨론, 서쪽에서는 두로가 주동이 된 반란에 직면했다. 이 반란의 기회를 틈타 히스기야는 앗시리아에 바치던 조공을 거부했다. 초기 4년 동안 바벨론 진압에 총력을 기울인 산헤립은 진압에 성공하자 주전 701년 서부 원정을 감행했는데 이 원정 중 두로가 함락되고 히스기야가 통치하던 유다의 항복을 받아 냈다. 산헤립은 서부 반란군을 도우러 온 이집트의 타하르카를 격퇴하기도 했다.

주전 701년 이후 산헤립은 바벨론에서 지속적이고도 고조된 긴급 사태를 맞았다. 바벨론 지역의 반란은 주전 689년이 되어서야 간신히 진압되었고 바벨론은 철저한 파괴와 약탈로 혹독한 대가를 치러야 했다. 바벨론 주민들은 극도로 잔인하게 다루어졌고 신전들은 더럽혀지고 파괴되었으며, 바벨론의 주신(主神)인 마르둑 신상은 앗시리아로 옮겨졌다. 하지만 산헤립의 잔혹한 통치도 그의 암살과 함께 허무하게 종말을 맞았다.

에살핫돈 주전 681~669년

산헤립이 자신의 몇몇 아들들에게 살해되자(왕하 19:37) 나이 어린 아들인 에살핫돈이 그의 왕위를 이었다. 재빨리 권력 기반을 다진 에살핫돈은 바벨론을 무자비하게 파괴한 아버지와 달리 그곳의 상황을 안정시키는 일부터 착수했다. 바벨론 도성과 마르둑 신전을 복원한 그는 이후 이집트 정복에 눈독을 들였다. 이집트는 서부 지역을 끊임없이 교란하며 모든 반란을 실질적으로 선동해 온 원흉이었기 때문에 그러한 화근을 단번에 뿌리 뽑겠다는 목적으로 추진된 것이다. 주전 671년 에살핫돈의 군대가 타하르카를 참패시키고, 하부 이집트의 수도인 멤피스를 정복하자 마침내 앗시리아의 오랜 숙원이 이루어졌다. 앗시리아 군대는 이집트 궁궐의 보화들을 있는 대로 약탈했고 왕족들을 포로로 잡아갔다. 그 후 이집트의 군주들은 공물을 바쳐야 했고 저마다 앗시리아 총독들의 감시 아래 주어진 조그만 영지를 다스리는 군소 제후들로 강등되었다.

하지만 이것으로 이집트의 저항이 끝난 것은 아니었다. 앗시리아 군대가 떠나자마자 남쪽으로 도피했던 타하르카가 2년 후 다시 반란을 일으킨 탓에 재출정을 해야 했기 때문이다. 하지만 그러잖아도 질병을 앓고 있던 에살핫돈은 반란 진압을 위한 행군 도중에 죽고 만다.

앗수르바니팔 2세 주전 669~627년

이집트의 반란 진압은 그의 아들 앗수르바니팔 2세에게 맡겨졌다. 주전 667년, 앗수르바니팔 2세는 아버지의 유업을 성공적으로 완수했고 반란은 또다시 철저하게 분쇄되었다. 이번에도 타하르카는 남쪽으로 도망갔으나 거기서 몇 년 뒤 쓸쓸하게 죽음을 맞았다(주전 664년). 반란에 가담한 군주들은 모두 니느웨로 끌려가 처형당했는데, 나일 강 삼각주 지역의 조그만 도시인 사이스의 군주였던 네코 1세만이 그의 아들 프삼메티쿠스 1세와 함께 간신히 목숨을 건져서 복권되었다. 그 후 타하르카의 후계자인 탄타마니가 남쪽에서 계속 소요를 일으키자 앗수르바니팔 2세는 남쪽 깊숙이 진군하여 하부 이집트의 유서 깊은 도시인 테베를 점령했다(주전 663년). 탄타마니는 황급히 더 남쪽인 누비아로 도망갔지만 이로써 이집트의 25왕조는 종말을 고하게 되었다.

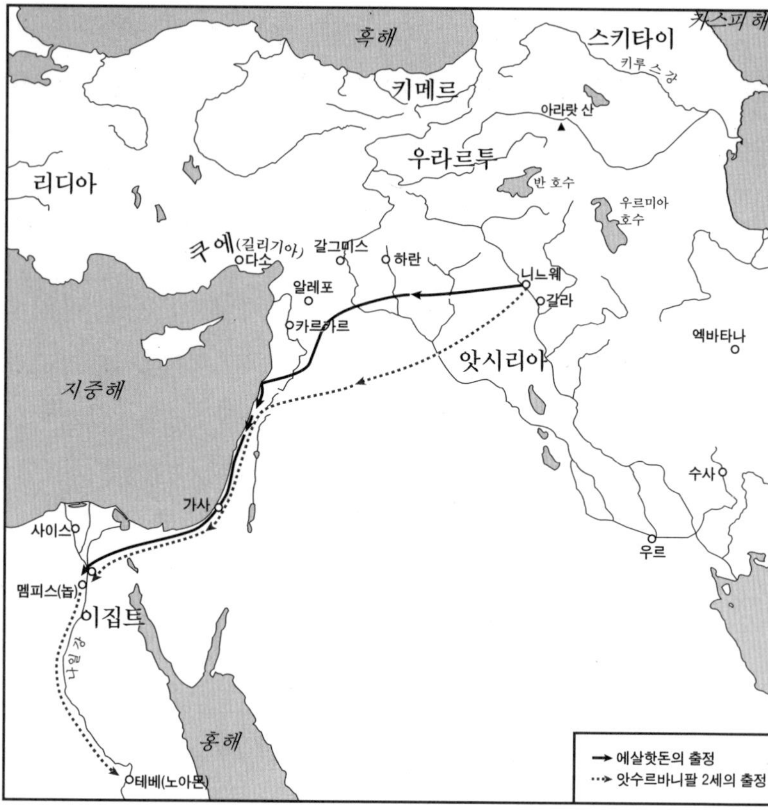

• 에살핫돈과 앗수르바니팔 2세의 출정

바벨론: 신흥 바벨론 제국의 등장

이 시기에 놀라운 변화가 바벨론 지역에서 일어났다. 그것은 주전 1530년경 히타이트 제국에 의해 멸망했던 고대 바벨론 제국이 신흥 바벨론이란 이름으로 부활했기 때문이다. 바벨론 지역은 함무라비 대왕 때 전성기를 누리던 고대 바벨론이 무너지면서 이후 천 년에 가까운 지독한 암흑기로 들어갔다. 이 시기에는 카시트 왕조(주전 1374~1155년), 이신 제2왕조

(주전 1157~1026년), 제2해상국 왕조(주전 1025~1005년), 바지 왕조(주전 1004~985년), 엘람 왕조(주전 984~979년), 불확실한 왕조(주전 978~627년) 등이 쉼 없이 이어졌지만 이 왕조들은 하나같이 역사적으로 언급할 만한 게 없다. 주전 626년에 나보폴라살에 의해 신흥 바벨론 제국이 탄생하기까지 바벨론 지역의 역사를 간략히 살펴보면 다음과 같다.

바벨론, 앗시리아에게는 한마디로 뜨거운 감자?

바벨론 지역은 특별한 이유들로 인해 통치자인 앗시리아 제국에 완전히 흡수 통합된 적이 없었다. 학자들은 그 특별한 이유를 다음 두 가지로 제시한다.

첫째, 바벨론이 근본적으로 앗시리아의 문화와 종교에 영향을 준 모태 문명이라는 앗시리아인들의 인식 때문이다. 어떻게 바벨론 지역을 컨트롤할 수 있는가의 문제는 앗시리아 제국이 단 한 번도 풀지 못한 숙제였는데, 그것은 앗시리아 제국이 최고의 전성기를 구가하던 시기에도 예외가 아니었다.

앗시리아인들의 무의식 속에는 바벨론 문명에 대한 무한한 존경심이 있었기 때문에 끊임없이 반란을 일삼는 이 지역에 대해 다른 지역과 똑같은 방식으로 다룬다는 것이 쉽지 않았다. 이것은 마치 후대에 등장하는 로마 제국이 자신들을 향해 수없이 반란을 도모하는 그리스에게 느끼던 난감한 감정과 대동소이하다. 로마인들 역시 로마 문명의 모태가 된 그리스 문명을 향해 무한한 동경과 존경을 갖고 있었기 때문이다. 이런 이유로 쉼 없이 반란을 일삼는 바벨론 지역을 다루는 앗시리아의 방식 역시 자그로스 산맥에서 날뛰는(?) 산지의 야만족들(또는 오랑캐)을 다루는 방식과는 다를

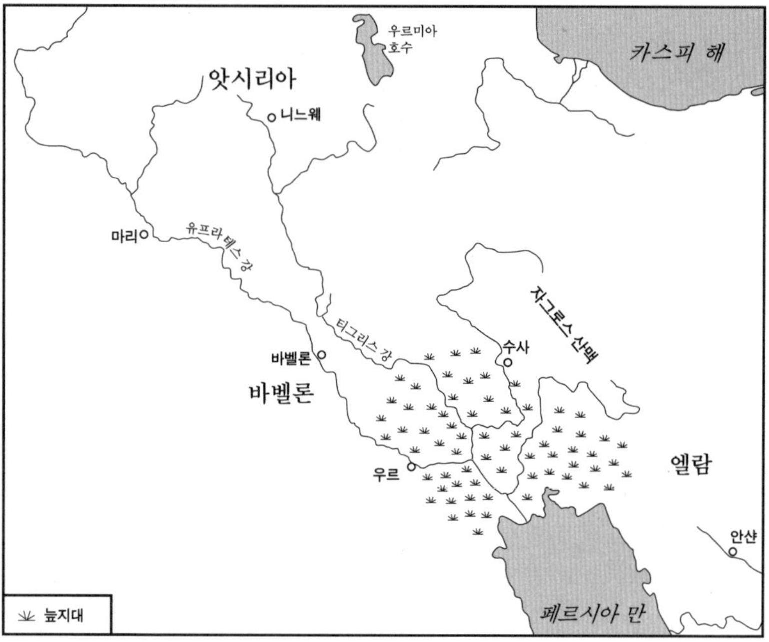

• 바벨론 남부 지역의 늪지대

수밖에 없었던 것이다.

둘째, 바벨론 지역의 복잡한 인구 구성과 지형적인 한계 때문이었다. 바벨론 지역은 자신들만의 고유한 문화와 전통을 보존한 고대 도시들이 부족 단위로 정착했기 때문에 통치자인 앗시리아인들이 이들을 한 묶음으로 통합하기가 여간 어렵지 않았다. 게다가 바벨론의 최남단 지역은 전통적인 군사 기술이 전혀 통하지 않는 늪지대였기 때문에 통제 자체가 불가능했다. 반란의 주동자들은 이 늪지대로 피신했다가 앗시리아인들의 감시가 느슨해지면 다시금 나타나 반란의 횃불을 밝혔기 때문이다.

바벨론 지역에는 어떤 왕들이 통치했나?

신앗시리아 제국의 마지막 여섯 왕들이 통치하는 동안 바벨론 지역에서는 무려 20차례의 정권 교체가 있었다. 이 시기 동안 바벨론의 왕들은 다음에 나오는 다섯 그룹 중 하나에 속했다.

1) 앗시리아 왕 자신
2) 앗시리아 왕의 가족
3) 앗시리아가 왕위에 세운 바벨론 사람
4) 앗시리아에 독립적인 바벨론 사람
5) 반앗시리아 성향의 갈대아인(바벨론 남단 늪지대에 살던 원주민)

이 지역에서 일어난 수많은 정권 교체는 통치자인 앗시리아가 바벨론을 제어할 만한 효과적인 방법을 찾지 못한데다 그 지역의 반앗시리아 정서(다른 말로 하면 독립 정신)가 매우 강했음을 상징적으로 보여 준다. 이 지역의 반앗시리아 운동은 종종 동쪽에 있는 엘람 왕의 지원을 통해 이루어졌다. 산헤립의 통치기(주전 705~681년)는 이 바벨론이 앗시리아 통치자들에게 얼마나 큰 골칫거리였는지를 극명하게 보여 주기 때문에 언급할 만한 가치가 있다. 이 시기에 바벨론 왕은 무려 7차례나 교체되었다.

1) 산헤립은 앗시리아의 왕으로 즉위하자마자 바벨론 왕위도 함께 차지했다.
2) 2년 후 바벨론 사람 마르둑 자키르슈미 2세가 바벨론의 왕위를 찬탈했다.

3) 그의 왕위는 불과 몇 주 후에 골수 반앗시리아주의자인 마르둑 아팔리디나(므로닥발라단, 왕하 20:12; 사 39:1)에 의해 전복되었다.

4) 산헤립은 자신의 첫 번째 원정지로 바벨론 지역을 택했고 이 원정으로 마르둑 아팔리디나를 남쪽 늪지대로 쫓아냈다. 그리고 바벨론 사람 벨이브니를 왕위에 앉혔다. 벨이브니는 산헤립의 궁정에서 '어린 강아지'처럼 자란 앗시리아의 충견이었다.

5) 벨이브니에 대한 바벨론 사람들의 반란이 거세지자 산헤립은 다시 원정을 떠나 벨이브니를 폐위시키고 자신의 장남인 앗수르나딘슈미를 왕위에 앉혔다.

6) 6년 후 바벨론 사람들은 엘람인들의 도움을 받아 앗수르나딘슈미를 생포하고 그를 엘람 왕에게 넘겨주었다. 이후 이름이 알려지지 않은 새로운 바벨론 사람이 왕위를 차지했다.

7) 무명의 바벨론 사람은 산헤립에 의해 제거되지만 갈대아인 무세집 마르둑이 왕위를 차지한 뒤 거대한 반앗시리아 연합군을 형성해 산헤립에 맞섰다.

여기까지가 산헤립의 1인 통치기에 바벨론의 왕위를 거쳐 간 사람들의 면면이다. 산헤립은 15개월 동안 바벨론을 포위한 끝에 마침내 함락시켰고 자신에게 극도의 고통을 안겨 준 그들에게 철저한 파괴와 약탈로 응징했다. 이후 오랜 시간 동안 바벨론 지역은 혼란과 폐허 상태로 버려졌다.

하지만 바벨론 지역은 이런 혼란의 상태로 오랫동안 방치하기에는 너무나 중요한 곳이었기 때문에 산헤립의 후계자인 에살핫돈은 즉위와 함께 곧장 바벨론 재건에 착수했다. 에살핫돈은 죽기 전에 차남(앗수르바니팔 2세)

에게는 앗시리아의 왕위를, 장남(샤마시숩우킨)에게는 바벨론의 왕위를 줌으로써 바벨론 문제를 해결하고자 했다. 하지만 주전 652년에 형인 샤마시숩우킨(바벨론 통치)마저 동생 앗수르바니팔 2세(앗시리아 통치)에게 반기를 듦으로써 바벨론 문제가 앗시리아 통치자에게는 영원히 풀 수 없는 숙제임을 여실히 보여 주었다.

앗수르바니팔 2세는 4년 동안의 군사 원정을 통해 간신히 바벨론 지역의 반란을 진압할 수 있었다. 이후 바벨론 지역에는 앗시리아의 꼭두각시 왕인 칸달라누가 세워졌다. 공교롭게도 앗수르바니팔 2세와 그가 바벨론 왕으로 임명한 칸달라누는 같은 해인 주전 627년에 죽었다. 그리고 그 해는 앗시리아와 바벨론의 운명이 드라마틱하게 역전되는 분기점이 되었다. 이후 앗시리아는 두 왕자의 권력 다툼(주전 627~624년)이 일어나면서 멸망으로 치달았고, 그 틈을 이용해 바벨론 지역에는 나보폴라살이라는 불세출의 영웅이 등장해 주전 626년에 신흥 바벨론 제국을 창건했기 때문이다. 이처럼 신흥 바벨론 제국은 함무라비 대왕이 죽은 후 무려 1000년의 암흑기와 인고의 세월을 통과한 후에야 피어날 수 있었던 것이다.

엘람: 바벨론에게 최후의 보루

이 시기에 신흥 바벨론 제국과 함께 주목해야 할 국가 가운데 엘람이 있다. 사실 엘람 국가는 주전 3000년경부터 고대 근동 세계의 동쪽 국경 바깥에서 지속적인 발전을 해오던 강국이었다. 단지 메소포타미아 지역에서 벗어난 변두리에 속한 탓에 엘람 국가에 대한 설명이 이 순간까지 미루어졌을 뿐이다. 하지만 이 시기에 부상하는 신흥 바벨론 그리고 급격히 무너져 가는 앗시리아와 함께 엘람 국가를 다루는 것이 좋을 듯하여 연대기식으로나마 간략하게 서술하고자 한다.

고대 엘람 시대 주전 2700~1500년

안샨을 근거지로 발전한 고대 엘람 국가는 서쪽에 있는 수메르, 아카드 왕국과 교류하면서 발전하다가 바벨론의 함무라비 대왕에게 격퇴당하면서 날개가 꺾이게 된다.

중세 엘람 시대 주전 1500~1100년

중세 엘람 시대는 주전 1500년경 안샨 왕조의 발흥과 함께 시작했다. 안샨 왕조의 통치는 엘람 문명에서 또 다른 중심 도시인 '수사의 엘람화'를 특징으로 하는데, 이 시기의 왕들은 자신을 '안샨과 수사의 왕'으로 불렀다. 이 시기에는 3개 왕조가 차례로 이어졌다.

키디누이드 왕조(주전 1500~1400년)
이기할키드 왕조(주전 1400~1210년)
슈트루키드 왕조(주전 1210~1100년): 엘람 제국의 전성기

신엘람 시대 주전 1100~539년

신엘람 시대에 엘람 국가는 주로 팽창하는 앗시리아에 대적하기 위해 바벨론과 동맹을 맺는 존재로 근동 역사에 자주 등장한다. 남쪽의 늪지대는 바벨론과 엘람을 연결시켜 주었고, 앗시리아에 대항한 바벨론의 반란군은 쉽게 엘람으로 도망쳐 앗시리아 군대의 추격을 피할 수 있었다. 더욱이

엘람의 군대는 바벨론 사람들에게 쉽게 설득되어 앗시리아-바벨론 전쟁에 수시로 개입하였다. 이 시기 엘람인은 주로 바벨론 사람들에게 고용된 용병으로서 앗시리아와 대적하는 모습으로 나타난다. 이 시기에 있었던 앗시리아와의 중요한 전투 세 개를 요약하면 다음과 같다.

- 주전 720년, 슈트룩나훈테 2세는 바벨론 왕(마르둑 아팔리디나)과 연합해 사르곤 2세가 이끄는 앗시리아 군대를 격파했다.
- 주전 691년, 훔반니메나는 바벨론, 엘람, 기타 종족을 아우르는 범반앗시리아 연합군을 조직해 산헤립이 이끄는 앗시리아 군대를 격파했다.
- 주전 652~648년, 앗수르바니팔 2세와 그의 형 샤마시슘우킨 사이에 벌어진 앗시리아의 내전에 개입한 엘람은 바벨론 왕인 샤마시슘우킨을 지지했다. 이 내전에서 승리한 앗수르바니팔 2세는 바벨론 반란의 배후에 있던 엘람까지 진격해 그들의 수도인 수사를 파괴했다.

수도가 파괴된 엘람은 이후 작고 힘없는 국가로 전락했지만 놀랍게도 그 명맥을 계속 이어 갔고 앗시리아보다 더 오래 살아남았다. 엘람 국가의 질긴 운명은 주전 539년에 페르시아의 고레스에 의해 정복되면서 끝이 난다.

메대: 쿠르드족이 창건한 대제국

이 시기에 부상해 역사의 한 페이지를 장식한 민족이 있으니 바로 메대족이다. 흔히 오늘날 쿠르드족의 조상으로 여겨지는 메대족은 이 시기에 신흥 바벨론 제국과 연합해 앗시리아 제국을 무너뜨리고 거대한 제국을 이루었다. 이번 장에서 신비 속에 싸인 메대인의 역사를 추적해 보는 것도 상당히 흥미진진할 것으로 사료된다.

성경에 등장하는 메대인

창세기 10장에 기록된 계보에 따르면 메대인은 야벳의 자손이었다. 선지서에도 메대인에 대한 여러 기록들이 있다(사 13:17; 렘 25:25; 51:11, 28). 또한 포로기의 문헌에는 더 많은 언급들이 등장한다(왕하 17:6; 단 5:28; 6:8, 12, 15). 그런가 하면 상당한 논쟁의 여지가 있는 '메대 사람 다리오'라는 표현도 다니엘서에 자주 등장한다(단 5:31; 9:1; 11:1). 신약성경에도 오순절에 복음을 들은 사람들의 출신지 목록 중에 메대가 등장한다(행 2:9).

앗시리아인과 메대인

앗시리아 문헌에 '메대'라는 용어가 최초로 등장한 것은 살만에셀 3세(주전 859~824년)의 통치기다. 앗시리아 문헌에 메대인은 '강한 메대인', '먼 지방의 메대인', '소금 사막 옆에 사는 메대인' 등으로 다양하게 등장한다. 삼시아닷 5세(주전 822~811년)는 메대인들을 공격해 심각한 패배를 안겨 주었고, 아닷니라리 3세(주전 811~783년) 역시 8차례나 메대 원정을 감행했다. 메대인은 디글랏빌레셀 3세(주전 745~727년)와 사르곤 2세(주전 722~705년)의 기록에도 등장한다. 이 시기에 앗시리아인은 메대인으로부터 말을 약탈하는 일에 특별한 관심을 가졌고, 디글랏빌레셀 3세는 메대인으로부터 말 1,615마리를 조공으로 받기도 했다. 성경학자들의 관심을 끄는 것은 사르곤 2세가 무너뜨린 북이스라엘의 주민들을 메대인의 땅까지 이주시켰다는 성경의 기록일 것이다(왕하 17:6).

데이오케스 주전 700~647년: 메대 제국의 창건자

주전 9세기와 8세기의 앗시리아 문서들은 메대인이 당시에는 통일된 왕국을 이루지 못한 것으로 묘사하고 있다. 특히 50여 명의 메대인 족장의 기록을 다룬 사르곤 2세의 기록들은 주전 8세기 후반에 메대인이 극도로 분권화된 양상을 띠고 있음을 보여 준다. 그리스 역사가 헤로도토스에 의하면 메대를 통일하고 엑바타나(현 지명은 하마단)에 수도를 정한 것은 데이오케스였다. 데이오케스는 주민의 소송을 공정하게 판결해 준 것으로 유명했는데, 이로 인해 메대 사람들은 그에게 법적인 분쟁들을 해결하는 최고 중재자의 자리에 오르라고 요청했다. 데이오케스는 이 요청을 받아들이면서 왕권과 함께 엑바타나에 수도를 건설할 것을 요구했다. 그는 53년 동안 나라를 다스렸다.

봉신조약

니느웨에서 발견된 봉신조약 문자판

앗시리아의 에살핫돈은 주전 676년 메대 영토 안으로 깊숙이 출정해 메대 왕을 복속시켰다. 그로부터 4년 후 자신의 아들 앗수르바니팔 2세를 왕세자로 책봉하면서 메대 왕자들과 강제로 봉신조약을 맺게 했는데, 이것은 자신과 함께 아들의 통치기에도 메대가 앗시리아를 섬겨야 한다는 구속력 있는 조약이었다. 1955

년 맬로완에 의해 니느웨에서 발견된 봉신조약은 가장 큰 설형문자판 일부를 포함하고 있다. 메대인의 독립에 대한 열망과 앗시리아 지배자들에 대한 증오심은 이 판이 산산조각 난 상태로 발견된 것에서 잘 알 수 있다. 이것은 의심할 여지없이 주전 612년 메대인이 바벨론 사람들과 함께 니느웨를 무너뜨릴 때 이루어진 사건일 것이다.

프라오르테스 주전 647~625년

데이오케스는 아들 프라오르테스에게 왕권을 물려주었다. 앗시리아 문헌에는 프라오르테스에 대한 기록이 없지만 그리스 역사가 헤로도토스의 기록에 의하면 그는 주전 625년에 불발로 그친 메대인의 니느웨 습격 때 죽은 것으로 보인다. 메대인의 니느웨 습격은 앗시리아와 동맹을 맺은 스키타이족의 도움으로 격퇴되었지만 그 과정에서 프라오르테스가 목숨을 잃었다.

키약사레스 주전 625~585년

40년간 통치한 키약사레스를 통해 메대인은 고대 근동 세계에서 유례없는 지위 상승을 경험했다. 그는 메대 군대를 재편성해 세 종류의 기동력 있는 군대, 즉 창기병, 궁수병, 기병으로 분류해 천하무적의 군대로 만들었다. 그는 내부적으로 약화된 앗시리아에 대한 적개심을 노골적으로 드러내며 주전 614년 앗시리아의 고대 수도인 앗수르를 점령했다.

신흥 바벨론 제국의 창건자인 나보폴라살이 앗수르에 도착한 시기는 키약사레스가 앗수르의 점령과 약탈을 마친 후였다. 하지만 이때 '앗시리아'라고 하는 공동의 적을 무너뜨리기 위해 메대와 바벨론이 상호 동맹을

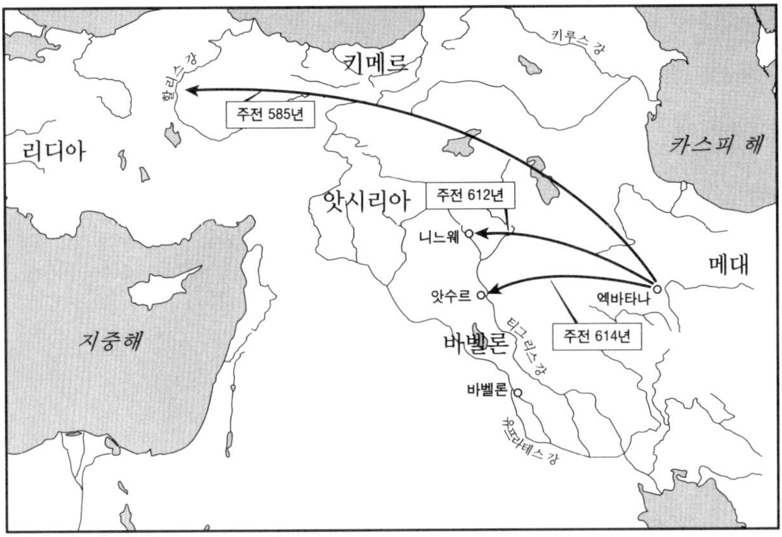

• 키약사레스 통치 때 메대의 팽창

맺는 역사적인 사건이 일어났다. 동맹은 키약사레스의 딸과 나보폴라살의 아들(느부갓네살)이 결혼하는 혼인 동맹을 통해 더욱 굳건해졌다. 전승에 따르면 느부갓네살은 훗날 메대 공주 출신인 아내를 즐겁게 해주기 위해 바벨론에 공중 정원을 건립했다고 한다.

새롭게 부상하는 두 국가인 메대와 바벨론이 동맹을 맺으면서 이미 '종이호랑이'에 불과하던 대제국 앗시리아의 운명은 바야흐로 끝이 보이기 시작했다. 2년 후인 주전 612년, 메대-바벨론 연합군에 의해 철옹성처럼 강하기만 하던 제국의 수도인 니느웨가 함락되었기 때문이다. 신흥 바벨론 제국이 유프라테스 강을 건너 서쪽으로 영토를 확장해 나가는 동안 메대 제국의 키약사레스도 수수방관만 하고 있지 않았다. 우라르투 왕국이 이미 키메르족에 의해 괴멸되었기 때문에 중앙 아나톨리아 지역으로 진출할 수 있는 대로가 활짝 열린 것이다.

키악사레스는 할리스 강을 국경으로 아나톨리아 서쪽에 있는 리디아 왕국과 대치하면서 5년 동안 국경 분쟁을 이어 갔다. 주전 585년 바벨론 왕 느부갓네살의 중재로 리디아와 메대는 평화 조약을 맺었는데, 이때 리디아 왕 알리야테스의 딸(아리에니스)과 메대 왕 키악사레스의 아들(아스티게스)이 결혼을 함으로써 동맹이 확증되었다.

키메르족: 북방의 위협

이 시기에 우리가 주목해야 할 북방의 야만 민족들 가운데 키메르족이 있다. 스키타이족의 압박을 받아 본고장인 우크라이나에서 쫓겨난 키메르족은 주전 8세기 후반에 반(Van) 호수 근처에 살고 있던 우라르투 왕국 안으로 밀려 내려왔다. 사르곤 2세는 북방 민족인 키메르족의 위협을 간파하고 머나먼 출정을 떠났지만 전투 중에 사망했다. 하지만 에살핫돈이 주전 676년에 키메르족을 격퇴하는 데 성공한다. 강력한 앗시리아와의 충돌은 이후 키메르족의 공격 방향을 서쪽, 즉 아나톨리아로 향하게 했다. 결국 같은 해 아나톨리아 동부에서 고르디온을 수도로 발전하고 있던 프리기아 왕국이 키메르족의 침입을 받고 무너진다. 키메르족은 서쪽으로 침략을 계속했고 기게스 왕이 통치하고 있던 리디아 왕국까지 이르렀다. 야만족인 키메르족의 침략을 받고 주전 646년에 리디아의 수도인 사르디스(계 3:1, 성경에는 사데로 나옴) 역시 약탈을 면하지 못했다.

성경적으로 키메르족은 고멜족의 후손으로 간주된다(창 10:2-3; 대상 1:6).

고멜은 야벳의 아들이고 노아의 손자인데, 아스그나스, 리밧(디밧), 도갈마를 낳았다. 여기서 아스그나스는 다음에 다룰 스키타이족의 조상으로 알려져 있다.

스키타이족: 앗시리아와 손잡은 야만족

키메르족과 함께 북방의 야만족으로 불리던 스키타이족은 주전 8~9세기경부터 동부 유럽에서 남부 러시아에 걸치는 제국을 건설했다. 스키타이족은 앗시리아와 동맹을 맺고 경쟁 국가인 메대와 키메르족을 제압했는데, 당시 바르타투아 왕은 앗시리아의 에살핫돈 왕의 딸을 아내로 맞이하면서 양국 간의 동맹을 굳건히 했다. 이후 스키타이족은 20년 동안 메대의 위협으로 궁지에 몰린 앗시리아의 든든한 지원자가 되었다.

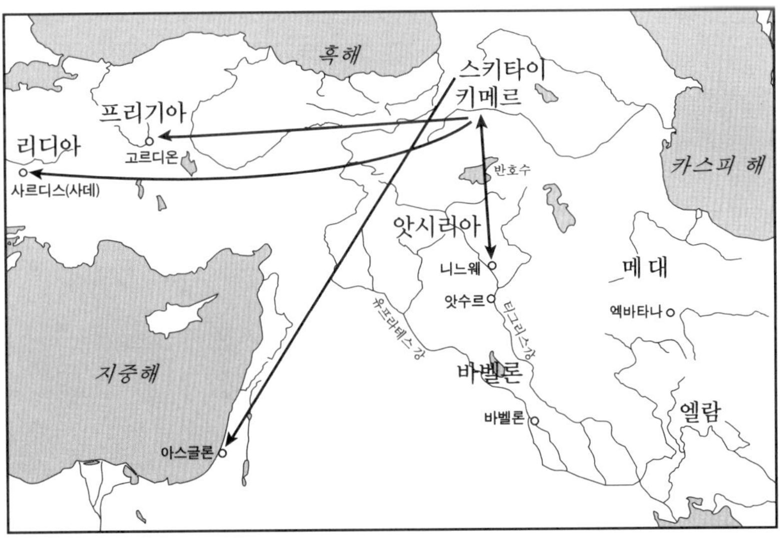

• 키메르족의 팽창

그의 뒤를 이은 마디에스 왕은 키메르족을 격퇴했고, 내친김에 그는 이집트로 내려가 프삼메티쿠스 1세에게서 엄청난 배상금을 받고 물러났다. 그리고 퇴각 도중 블레셋 지역에 있는 아스글론 신전을 약탈하기도 했다. 성경학자들은 북방의 기마 민족에 대한 예레미야의 예언(렘 4:5-31; 5:15-17; 6:22-26)이 스키타이족의 침략을 경고한 것으로 종종 해석한다.

스키타이족은 성경에서 파멸을 일으키는 아스그나스 사람들로 이해되고, 후기 유대교 문헌에서도 잔인함의 상징으로 여겨졌다. 학자들은 스키타이족이 키메르족을 정복한 것으로 보고 있다. 신약성경에도 스키타이족은 야만인의 대명사로 등장한다(골 3:11, 성경에는 스구디아로 나옴).

리디아: 경제에 밝은 민족

이 시기를 다루면서 우리가 주목할 국가 가운데 아나톨리아 동부와 서부 지역에 있었던 프리기아와 리디아 왕국이 있다. 주전 12세기에 리디아는 히타이트 제국이 붕괴한 후 신히타이트 도시 왕국 중 하나로 등장했다. 그리스 역사가인 헤로도토스에 의하면, 전설적인 시조인 리두스 왕의 이름을 따라서 국가 이름이 '리디아'로 정해졌다고 한다.

리디아 왕국의 전통적인 수도는 사르디스(성경에는 사데)로 한때 서부 아나톨리아 전체를 아우르는 강대국으로 등장하기도 했다. 헤로도토스에 의하면, 리디아인들은 고대 근동 지방에서 금화와 은화를 사용하고 상설 소매점을 세운 첫 번째 민족이다. 이때는 기게스 왕 통치기인 주전 660년경이었다.

기게스 왕 통치기에 리디아는 키메르족의 침입으로 국가적 위기를 맞

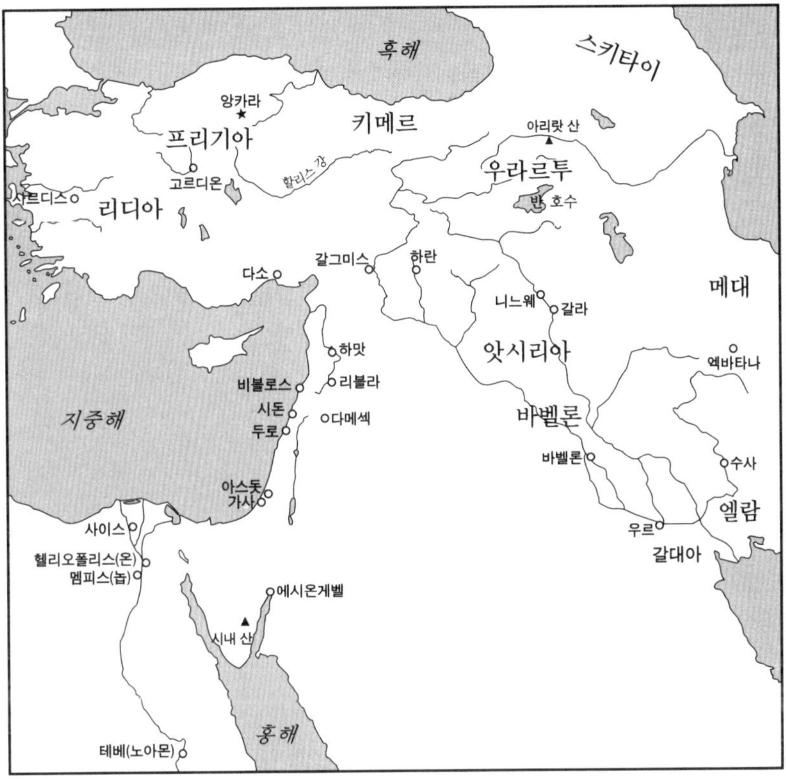

• 주전 7세기의 왕국들

왔다. 기게스 왕은 키메르족의 공격을 막기 위해서 앗시리아와 동맹을 맺어야 한다는 신의 계시를 들었다. 키메르족은 기게스 왕이 통치하던 리디아 왕국을 세 번에 걸쳐 공격했는데, 처음 두 번의 공격은 앗시리아 왕 앗수르바니팔 2세의 도움으로 격퇴했다. 하지만 세 번째 공격에서 기게스는 신의 계시를 무시하고(?) 앗시리아의 공인된 적인 이집트와 동맹을 맺었다.

당시 이집트 왕 프삼메티쿠스 1세는 이집트에 주둔하고 있던 앗시리아 군대를 몰아내고자 군사를 모으고 있었는데, 이때 기게스는 새로운 동맹자가 된 이집트에 대규모 용병을 파병했고 이로써 이집트는 앗시리아의 속박에서 벗어나 독립을 이루는 결정적인 계기를 마련했다. 하지만 앗시리아를 버리고 이집트를 동맹자로 택한 기게스의 결정은 역사적으로 최고의 악수로 드러났다. 키메르족의 3차 침입 때 앗수르바니팔 2세는 신의가 없는 기게스를 저주하며 군사를 보내지 않았고 키메르족은 마음껏 리디아의 수도를 약탈했다. 그리고 기게스 왕 자신도 이 전투에서 죽임을 당했다.

프리기아: 미다스의 나라

이 시기에 아나톨리아 동부 지역에 있던 프리기아 왕국 역시 주전 12세기에 멸망한 히타이트 제국의 잔재인 신히타이트 도시 왕국 중 하나에서 발전했다. 프리기아는 현재의 앙카라가 있는 할리스 강 주변을 본거지로 발전했지만 권력의 중심지는 아니었다. 그러던 것이 주전 8세기경 고르디온을 수도로 삼으면서 강국으로 부상했다. 하지만 동쪽에서 발흥한 우라르투 왕국과 장기적인 소모전을 벌이다가 주전 676년경 키메르족에 의해 무너졌다.

전승에 의하면 프리기아의 마지막 왕인 미다스는 이때 황소의 피를 마시고 자결했다고 한다. 미다스 왕은 그리스 신화에서 만지는 것마다 황금으로 변하는 것으로 알려진 전설적인 인물이기도 하다. 흔히 손대는 사업마다 대박을 터뜨릴 때 '미다스의 손'이라고 하는데 프리기아의 마지막 왕에서 나온 것이다.

이집트: 앗시리아를 교란하다

25왕조 주전 716~663년:

에티오피아 왕조, 강력한 이집트 왕조의 부활

쇼셍크 1세에 의해 시작된 22왕조는 말기로 넘어가면서 타니스(소안)와 부바스티스의 군주들과 테베를 지배하고 있던 친척들 사이에서 분쟁이 끊이지 않았고, 이름뿐인 23, 24왕조가 이어졌다. 이때 테베의 왕족들은 이집트 전국을 휩쓸고 있는 무정부 상태를 종식시키기 위해 구스의 왕을 끌어들였다. 구스 왕국은 고대 이집트인들에게 '에티오피아 왕국'으로 불렸는데, 얼굴이 태양에 검게 탄 흑인들의 나라였다. 이들을 통해 이집트에는 주전 8세기의 마지막 4반세기에 극적인 변화가 일어났다.

구스 왕국의 통치자들은 24왕조의 특징, 곧 이집트 내부의 권력 분열과 혼란의 상황을 십분 활용해 처음에는 상부 이집트에, 나중에는 하부 이집트까지 영향력을 확대하며 25왕조를 창건했다. 흔히 '에티오피아 왕조'로 불리는 25왕조의 파라오들은 다음과 같다.

◆◆◆

25왕조의 통치자들

피예(주전 753~721년)
샤바코(주전 721~706년)
샤바트카(주전 706~690년)

타하르카(성경에서는 디르하가로 나옴)(주전 690~664년)

탄타마니(주전 664~663년)

피예 **주전 753~721년**: 24왕조의 혼란을 수습하다

구스 왕 피예는 이집트의 파라오를 존경하는 사제 겸 왕이었다. 그가 통치한 구스 왕국은 비록 작았지만 백성의 단결력이 대단했다. 국가의 경제는 튼튼했고, 군대는 잘 훈련되었으며 막강한 조직력도 갖추고 있었다. 게다가 이들은 테베의 신인 아몬-레를 숭배하는 독실한 신도들이었다. 이들은 한마디로 당시의 이집트인보다 더 정통적으로 고대 이집트 신앙을 고수해 오던 자들이었다. 이로 인해 피예가 질서 회복과 이집트 정통 신앙의 복귀를 슬로건으로 내걸고 상부 이집트로 진군해 왔을 때 그는 아무런 상징적인 저항도 받지 않았다. 오히려 상부 이집트의 수도인 테베에서는 그에게 열광적인 환호를 보내기까지 했다.

한편 이즈음 하부 이집트에서는 사이스의 군주인 테프나크트가 나일강 삼각주 지역에 흩어진 여러 제후들을 복속시켜 나름대로 연방국가의 형태를 띠고 그 중심 세력으로 부상하고 있었다. 이후 중부 이집트를 정복하고자 제법 강력한 군대를 결성한 테프나크트는 북진하는 피예의 군대와 충돌이 불가피했는데, 이 전투에서 그는 피예의 군대에게 대패를 당하고 만다.

헤르모폴리스에서 마지막 버티기를 시도하던 테프나크트는 피예의 맹렬한 공격 앞에 마침내 항복했고 정기적으로 조공을 바칠 것을 약속했다. 피예는 하부 이집트의 소군주들마저 차례로 굴복시켜 나갔는데, 그중에는 하부 이집트 최대의 도시인 멤피스도 포함되었다. 이렇게 상하 이집트를 통일한 피예는 아무 미련 없이 자기 왕국의 수도인 나파타로 돌아갔다. 이

지중해
암몬
요단 강
모압
사이스
타니스
에돔
하부 이집트
멤피스(놉)
헤라클레오폴리스
시내 반도
미디안
헤르모폴리스
테베(노아몬)
상부 이집트
에드푸
사하라 사막
제1폭포
홍해
제2폭포
누비아
제3폭포
나일 강
나파타
제4폭포
제5폭포
구스
제6폭포

25왕조의 이집트

원정이 끝난 후 피예는 다시금 이집트를 방문하지 않은 것으로 보인다.

피예와 테프나크트의 결투가 있던 주전 734년은 공교롭게도 앗시리아의 디글랏빌레셀 3세가 블레셋의 가사를 공격한 해이기도 했다. 앗시리아가 침략해 오자 가사 왕 하눈은 이집트로 망명했는데 그가 몸을 의탁한 이는 아마도 이 시기에 하부 이집트에서 세력을 통합해 가던 테프나크트일 가능성이 높다. 하지만 테프나크트는 피예와의 전투를 앞두고 있었기 때문에 하눈은 다시 가사로 돌아가 디글랏빌레셀 3세에게 자신의 운명을 맡기는 수밖에 없었다.

샤바코 주전 721~706년: 25왕조의 실질적 창건자

피예가 죽고 그의 뒤를 계승한 샤바코는 이집트를 향한 대대적인 원정을 감행했는데, 이것은 테프나크트의 배신 때문이었다. 피예가 구스 왕국으로 돌아간 후 재출정의 기미를 보이지 않자 테프나크트는 나일 강 삼각주 서쪽에 있는 사이스를 중심으로 세력을 키우더니 점차 멤피스 지역까지 세력을 확대해 갔다. 그는 분명 북이스라엘의 마지막 왕인 호세아가 앗시리아의 지배로부터 벗어나기 위해 이집트의 지원을 요청하던 중요한 시기에 이미 삼각주 지역에서 강력한 통치자로서 군림해 있었다.

> "그가 애굽의 왕 소에게 사자들을 보내고 해마다 하던 대로 앗수르 왕에게 조공을 드리지 아니하매 앗수르 왕이 호세아가 배반함을 보고 그를 옥에 감금하여 두고"(왕하 17:4).

테프나크트는 주전 733년부터 왕에게 속한 각종 호칭들을 사용하며 주전 725년까지 8년간 통치한 후 아들 복코리스에게 왕위를 물려주었다.

샤바코는 재위 2년이 되자(주전 720년) 이집트를 침공해 복코리스를 죽였다. 이로써 사이스를 중심으로 테프나크트가 세운 24왕조는 실로 단명한 왕조로 종말을 고했다. 그 해 늦은 봄에 이집트 군대사령관인 레우는 라피아에서 앗시리아의 사르곤 2세에게 대패했는데, 레우는 아마도 삼각주 지역의 정복에 힘입어 가나안 땅에까지 영향력을 행사하려던 샤바코의 대리자였을 것이다. 주전 716년 샤바코는 상·하부 이집트를 통합하며 25왕조의 창건자가 되었다.

샤바트카 주전 706~690년

샤바코의 뒤를 이은 샤바트카는 사르곤 2세가 죽은 후(주전 705년) 앗시리아가 동시다발적인 반란에 휩싸인 틈을 이용해 지중해변 국가들의 서부 반란을 선동했다. 그는 히스기야가 통치하고 있던 유다에 사절단을 보내기도 했고 실제로 예루살렘이 산헤립의 침공을 받고 어려움에 처하자 동생 타하르카(성경에서는 디르하가)를 총사령관으로 하는 원정군을 파견하기도 했다. 하지만 타하르카의 군대는 앗시리아 군대를 맞아 엘테케(성경에서는 엘드게)에서 전투를 벌였지만 보기 좋게 패하고 만다.

타하르카 주전 690~664년, 왕하 19:9

타하르카가 즉위한 때는 앗시리아의 산헤립이 통치 후반기의 마지막 10년을 바벨론 지역의 반란을 수습하느라 정신이 없던 시기였다. 타하르카는 이 틈을 이용해 지중해변 국가들의 반란을 선동하며 앗시리아의 확실한 훼방꾼이 되었다.

산헤립의 뒤를 이은 에살핫돈이 그의 첫 번째 원정 목표를 서부 반란의 선동자인 이집트로 정하고 대규모 원정단을 파견한 것도 이 때문이었다. 결국 주전 671년 하부 이집트의 중심 도시인 멤피스가 함락되자 타하르카는 잽싸게 남쪽으로 도망갔다. 하지만 타하르카는 2년 후 다시 반란을 일으켰고 에살핫돈은 이집트로 재출정을 감행하지만 도중에 병사하고 만다. 이집트 반란의 진압은 그의 아들 앗수르바니팔 2세에게 맡겨졌고 타하르카는 다시 남쪽으로 도망갔다가 거기서 몇 년 지나지 않아 쓸쓸히 죽었다(주전 664년).

탄타마니 주전 664~663년

타하르카의 후계자로서 상부 이집트를 중심으로 세력을 장악해 나가던 탄타마니는 앗시리아에 대항해 지속적인 소요를 일으켰다. 앗수르바니팔 2세는 화근을 완전히 제거하기 위해 이집트에 대한 원정을 감행했고, 이번에는 상부 이집트까지 깊숙이 들어와 그곳의 유서 깊은 도시인 테베를 점령하고 파괴했다(주전 663년). 탄타마니는 급히 남쪽 누비아로 후퇴했지만 이로써 25왕조도 파란만장한 막을 내리게 된다.

26왕조 주전 656~525년: 사이스 왕조

나일 강 삼각주에 있는 사이스에서 발흥한 26왕조의 통치 기간에는 신흥 바벨론 제국의 발흥(주전 626년), 앗시리아 제국의 붕괴(주전 612년), 남유다의 멸망(주전 586년), 페르시아에 의한 바벨론 멸망(주전 539년) 등 고대 근동 역사에서 가장 굵직굵직한 사건들이 연이어 발생한 시기였다. 26왕조 파라오들의 면면은 다음과 같다.

◆◆◆

26왕조의 통치자들

프삼메티쿠스 1세(주전 664~610년)
네코 2세(주전 610~595년)
프삼메티쿠스 2세(주전 595~589년)
아프리에스(주전 589~570년)
아마시스(주전 570~526년)
프삼메티쿠스 3세(주전 526~525년)

이번 장에서 우리가 다룰 26왕조의 파라오는 프삼메티쿠스 1세와 그의 아들 네코 2세로 한정된다.

프삼메티쿠스 1세 주전 664~610년

프삼메티쿠스 1세는 앗시리아(앗수르바니팔 2세)가 이집트를 지배할 때 그들에게 복종할 것을 서약한 12명의 제후들 중 한 사람이었다. 이 12명의 제후들은 앗시리아의 의심을 사지 않기 위해 행동을 극도로 조심해야 했다. 그러던 어느 날 12명의 제후들이 프타 신전(도시 멤피스에서 섬기던 창조의 신)에 헌주를 했는데, 신관이 그들에게 술잔을 갖다 주면서 실수로 11개밖에 준비하지 못한 일이 발생했다. 그때 프삼메티쿠스 1세는 아무 생각 없이 자신의 청동 투구를 벗어 그것으로 술잔을 대신해 사용했다. 하지만 그 순간 다른 제후들은 깜짝 놀랐는데, 당시 이집트에서는 왕좌에 오를 자는 프

타 신전에 청동 술잔으로 헌주를 하게 될 것이라는 예언이 퍼져 있었기 때문이다. 그리고 이것은 곧 앗시리아 입장에서는 중대한 반역 행위에 해당했다.

많은 제후들은 그에게 나일 강 삼각주의 늪지대로 피신할 것을 권유했지만 프삼메티쿠스 1세는 자신의 의사와 상관없이 벌어지는 현 상황이 전혀 이해되지 않았다. 하지만 그런 가운데서도 신의 뜻은 착착 진행되고 있었다. '청동 갑옷을 입은 사람들이 그 앞에 나타나면 그의 시대가 개막되리라'는 예언대로, 청동 갑옷으로 무장한 이오니아와 카리아의 용병들이 이집트를 해방시키려는 프삼메티쿠스 1세의 군대에 속속 참여했기 때문이다. 이들은 앗시리아를 버리고 이집트와 동맹을 맺은 리디아의 왕 기게스가 파병한 용병들이었다.

용감하고 지혜로웠던 프삼메티쿠스 1세는 차츰 전 이집트를 장악해 나갔고, 마침내 주전 656년에는 이집트의 파라오로 인정되었다. 그는 그 해에 앗시리아에 바치던 조공마저 중단함으로써 명실상부한 26왕조의 창건자가 되었다. 그리고 주전 639년에 이르자 오랜 기간 이집트를 지배하던 앗시리아의 멍에를 완전히 벗어버릴 수 있었다.

그의 통치기에 앗시리아 제국은 바벨론-메대 연합군의 공격을 받고 멸망으로 치닫고 있었다. 그는 상부 이집트를 관할하기 위해 에드푸와 헤라클레오폴리스에 많은 수의 병력을 배치했고, 이오니아와 카리아, 리디아 출신의 용병들을 고용해 자국 내 군사 계급의 세력 신장을 억제하는 정책을 폈다. 이렇듯 그리스인들은 이집트에서 앗시리아가 추방되고 26왕조가 출범하는 데 결정적인 역할을 했다. 이로 인해 26왕조의 파라오들은 그리스인들에게 여러 가지 특혜를 베풀었다. 그러나 이 특혜 정책으로 인해 토착 이집트인과 그리스인 사이에 뿌리 깊은 갈등이 싹트기 시작했다. 이집트인은 그리스인을 대체로 유치하고 미개하며 대단한 속물 정도로 여겼는데, 그것은 그리스인이 지나치게 돈을 추구했기 때문이다.

· 청동 갑옷으로 무장한 용병들이 도착하다

오랜 세월 동안 이집트인은 손으로 만질 수 있고 눈으로 볼 수 있는 재화나 돈과는 거리가 먼 경제생활을 추구해 왔다. 그들은 눈에 보이지 않는 추상적인 가치에 따라 현물을 바꾸어 쓰는 물물교환을 주로 해왔는데, 그러한 이집트인에게 그리스인은 화폐에 대한 개념을 주입시켰다. 당시 이집트인에게 비친 그리스인은 한마디로 물질만을 추구하는 모리배, 그 이상 그 이하도 아니었다. 토착 이집트인은 그리스인에 대해 혐오감을 드러내며 폄하했는데, 26왕조의 파라오들이 그리스인에게 특혜를 베풀자 이집트인의 반감은 고조에 달했다. 이것은 훗날 페르시아 제국이 이집트를 침입해 왔을 때 이집트인이 26왕조에 등을 돌리게 된 결정적인 원인으로 작용했다.

네코 2세 주전 610~595년

아버지 프삼메티쿠스 1세의 뒤를 이어 주전 610년에 즉위한 네코 2세는 성경에 그 이름이 등장하는 몇 명의 이집트 통치자 중 한 사람이다. 성경에는 '느고'로 등장하며 므깃도에서 요시야 왕과 싸워 그를 전사시킨 사람이다(대하 35:20-25).

남유다: 마지막 불꽃을 사르다

히스기야 **주전 728~686년, 왕하 18-20장; 대하 29-32장; 사 20장; 36-39장**

아하스를 이어 왕이 된 히스기야는 42년간 통치했는데 초기의 13년은 아하스와의 섭정 기간이었다. 히스기야는 하나님이 보실 때 유다의 가장 훌륭한 왕들 가운데 하나였다. 그의 통치기에는 북이스라엘이 앗시리아 제국에 의해 무너지면서 국가적인 위기 상황에 놓여 있었다. 히스기야의 통치기와 관련된 사건들은 다음과 같다.

첫째, 종교적으로 다윗과 같이 행동했다는 높은 칭찬을 들은 히스기야는 아버지 아하스의 고의적인 우상숭배 이후 철저한 개혁을 단행했다. 특히 오랫동안 경시되어 온 유월절 행사를 이미 멸망한 북왕국까지 아우르며 거국적인 행사로 치렀다. 이어서 온 땅의 산당과 우상, 아세라 목상, 거짓 제단, 그리고 수세기 전 모세가 광야에서 만든 놋뱀 우상을 제거했다.

둘째, 사르곤 2세의 통치 기간에는 몸을 낮추고 있다가 그가 죽고 아들 산헤립이 즉위하자 앗시리아에 대한 반역을 도모했다. 이 반역으로 히스기야가 통치하던 유다는 멸망 직전의 위기에 처했지만 선지자 이사야의 독려와 하나님의 극적인 도우심으로 간신히 위기를 넘길 수 있었다.

셋째, 죽을병에 걸렸다가 간절한 기도로 15년의 생명을 연장받았다. 히스기야가 병에 걸린 것은 앗시리아의 산헤립이 침략 중이거나 그 직전에 일어났을 것이다. 히스기야는 병이 낫기를 위해 하나님께 간구했고, 하나님은 이사야 선지자를 통해 앗시리아로부터의 구원뿐 아니라 앞으로 15년간의 삶이 더 연장될 것을 약속하셨다. 그리고 약속이 성취될 것에 대한 증거로서 해 그림자가 10도나 뒤로 물러가는 징조를 보여 주셨다.

넷째, 히스기야의 통치기에 바벨론 왕 마르둑 아팔리디나(므로닥발라단)의 사자들이 예루살렘을 방문했다. 이 사건은 히스기야가 병에서 회복된 직후에 일어났다. 이 사자들은 표면적으로 유다 왕의 치유를 축하하기 위해 온 것이지만, 본래 목적은 유다와 반앗시리아 동맹을 맺기 위한 것이었다. 마르둑 아팔리디나는 히스기야에게 상당한 예물을 가져왔고, 히스기야는 이들에게 왕궁의 보물을 보여 주며 자신의 부요함을 자랑했다. 이 일로 인해 이사야는 히스기야를 심하게 꾸짖었고 앞으로 이 사자들의 나라가 유다를 쳐들어와 모든 보물을 가져갈 것이라고 예언했다. 이 말은 1세기 후 느부갓네살이 침공함으로써 그대로 실현된다.

므낫세 주전 697~642년, 왕하 21:1-18; 대하 33:1-20

므낫세는 히스기야를 계승하여 55년간 왕국을 통치했는데 이것은 이스라엘의 분열왕국 역사에서 가장 오랜 기간의 통치였다. 처음 11년간은 히스기야와의 섭정이었다. 그의 통치기에 일어났던 중요한 사건들은 다음과 같다.

첫째, 종교적인 배반이다. 므낫세는 종교적인 면에서 그의 선한 아버지 히스기야를 본받지 않고 율법을 무시한 그의 할아버지 아하스를 따름으로써 하나님 앞에서 악을 행했다. 그는 히스기야가 제거한 거짓 제단의 물품을 복구하고 바알 제단을 온 땅과 심지어 성전에까지 두었으며 암몬 신 몰렉을 인정하여 힌놈 골짜기에서 어린아이를 제물로 바쳤다. 그는 여러 가지 이방 신을 인정했고 가나안 여신 아세라 상을 성전에 세우기도 했다. 또한 이에 반대하는 사람을 죽임으로써 무고한 피를 많이 흘렸는데, 전통적인 견해로는 이사야도 이때 죽은 것으로 본다.

둘째, 징벌로 인해 앗시리아 왕에게 포로로 잡혀갔다가 돌아왔다. 므낫세의 오랜 우상숭배는 하나님의 징계를 초래했는데 이 사건에 대해서는 거의 알려진 바가 없다. 그를 포로로 잡아간 앗시리아의 왕은 에살핫돈과 앗수르바니팔 2세가 제시되는데, 두 통치자 모두 앗시리아 역사상 처음으로 멀리 이집트까지 성공적인 원정을 감행했기 때문이다.

에살핫돈은 자신의 봉신으로 21명의 왕을 언급하는데 그 명단에 므낫세가 들어 있다. 또한 앗수르바니팔 2세 역시 자신이 21명의 왕을 굴복시켰다고 자랑했는데 그 명단에도 므낫세가 들어 있다. 두 왕 중 어느 왕 때 므낫세가 포로로 잡혀갔는지는 확실치 않지만 므낫세는 포로로 있는 동안 회개함으로써 하나님의 은총을 받아 마침내 유다로 돌아올 수 있었다. 이후 그는 이방 제단을 제거하고 성전에서 참된 예배를 수립하고자 애를 썼다.

아몬 주전 642~640년, 왕하 21:19-26; 대하 33:21-25

아몬은 아버지 므낫세를 이어서 2년간 왕국을 통치했지만 아버지가 말년에 행한 개혁으로부터 아무런 감동을 받지 못한 것 같다. 아몬은 다시 우상숭배자로 전환했고 결국 신하들의 손에 암살당했다. 백성은 암살에 가담한 자들을 처형했고 아몬의 여덟 살 난 아들 요시야를 왕으로 세웠다.

요시야 주전 640~609년, 왕하 22:1-23:30; 대하 34, 35장

31년간 통치한 요시야의 통치기는 말기로 접어든 유다의 역사에서 가장 행복한 시기였다. 이때의 특징은 평화, 번영, 개혁이었는데, 외부와의 전쟁이 없었고 백성은 건축 사업에 집중할 수 있었으며 요시야 자신은 모세의 율법이 명한 것들을 재수립함으로써 하나님을 기쁘시게 하려고 노력했다.

여덟 살에 왕이 된 요시야는 16세에 그 조상 다윗의 하나님을 구하기 시작했다. 20세에 그는 우상 제물을 제거함으로써 예루살렘과 유다를 정결하게 했다. 자기 땅에서 성공을 거둔 그는 앗시리아가 쇠약해진 틈을 이용해 북이스라엘(명목상 앗시리아의 속주)에서 거짓 신들의 제단과 우상을 제거함으로써 전국적인 종교개혁을 감행했다. 그의 통치기에 일어난 사건들은 다음과 같다.

첫째, 과감한 종교개혁이다. 요시야는 26세에 유다 역사상 가장 철저한 개혁을 하기 위해 더욱 노력했다. 이러한 노력은 모세가 전한 여호와의 율법책을 발견함으로써 더욱 촉진되었다. 여호와의 율법책은 성전을 수리하는 동안 대제사장 힐기야에 의해 발견되었다. 여선지자 훌다는 우상숭배로 인해 유다에 재앙이 내릴 것이지만 요시야가 하나님이 원하시는 바를 구했기 때문에 요시야 당대에는 그러한 징계가 임하지 않을 것이라고 예언했다.

요시야는 율법을 백성에게 읽어 주고 개혁에 대한 명령을 내렸다. 이때 예루살렘 성전뿐 아니라 전국에서 이방 제단과 산당이 제거되었다. 거짓 선지자들은 그 지위에서 쫓겨났고 종교적인 음란 행위도 사라졌다. 힌놈 골짜기에서 몰렉에게 바치던 어린아이 제물도 폐지되었다. 요시야는 오랫동안 금송아지 숭배의 중심지였던 벧엘의 제단을 불사름으로써 북이스라엘에서도 개혁의 박차를 가했다. 요시야의 개혁 중 가장 중요한 것은 유월절 준수였는데 이것은 사무엘 선지자 시대 이후 가장 성대하게 치러졌다.

둘째, 요시야는 이집트의 네코 2세(왕하 23:29, 성경에는 느고로 나옴)를 막으려고 므깃도에 나갔다가 전사했다. 이 사건은 역사적으로 주전 609년 이집트의 네코 2세가 추진한 북방 원정을 제지하려다 일어났다. 당시 네코 2세는 바벨론이 세계적인 주역으로 나서는 것을 막기 위해 앗시리아의 부흥운동을 돕는 원정을 떠났다. 요시야는 전략적 요새인 므깃도에서 이집트의 진격을 막으려다가 전투 중 허무하게 죽고 만다. 그의 시체는 병거에 실려 예루살렘으로 와서 장사되었다.

여호아하스 주전 609년, 왕하 23:31-33; 대하 36:1-3

요시야에게는 세 명의 아들이 있었는데, 모두 유다를 다스리는 왕이 되었다. 분열왕국 역사에서 이러한 예는 처음이었는데, 이 세 아들은 모두 하나님께 복종하는 일에서 아버지를 전혀 본받지 못했다. 가장 먼저 왕이 된 아들은 둘째 아들 여호아하스(살룸)였다. 백성은 요시야가 므깃도에서 죽자 그의 후계자로 장자가 아닌 차남인 여호아하스를 선택했는데 당시 그의 나이는 23세였다. 그러나 불과 3개월 통치한 후 그는 이집트의 네코 2세에 의해 강제로 폐위되었다. 이후 여호아하스는 이집트로 끌려가 예레미야의 예언대로(렘 22:11-12) 그곳에서 죽었다.

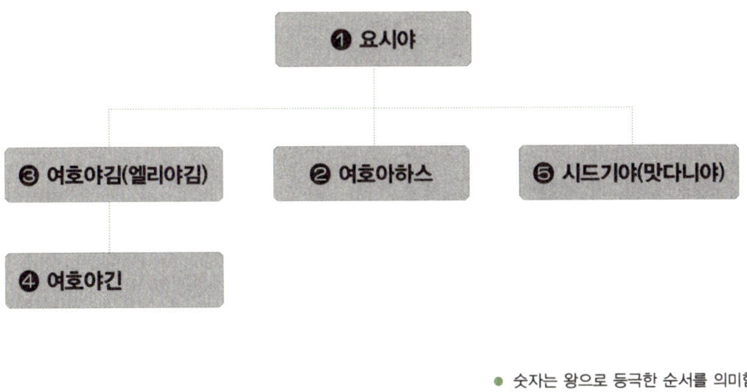

유다의 왕이 된 요시야 아들들의 계보

앗시리아에 대한 히스기야의 반역

사르곤 2세의 즉위와 함께 북이스라엘은 멸망했고 이로 인해 유다 왕국은 초강대국인 앗시리아와 국경을 마주 대하는 전대미문의 위기 상황에 몰렸다. 이런 난세에 유다의 왕으로 통치하던 히스기야는 '앗시리아에 맞설 것인가, 아니면 굴복할 것인가'의 문제를 놓고 심각하게 고민하지 않을 수 없었다.

아버지 아하스는 디글랏빌레셀 3세가 통치하던 앗시리아에 자진해서 복종했기 때문에 히스기야가 즉위할 즈음 유다 국내에서는 반앗시리아 정서가 들끓고 있었다. 히스기야의 통치기에는 앗시리아에서 사르곤 2세와 산헤립이 연이어 통치했는데, 앗시리아에 대한 히스기야의 정책은 두 왕의 통치기에 상반되게 추진되었다. 여기서는 간단치 않은 당시의 국제 정세와 함께 앗시리아에 대한 히스기야의 정책을 심도 있게 분석해 보고자 한다.

사르곤 2세 주전 722~705년, 사 20장에 대한 히스기야의 정책: 순응 정책

사르곤 2세는 즉위하자마자 외부 원정으로 눈코 뜰 새 없이 바빴기 때문에 지중해변 국가들에 대한 군사 작전을 펼칠 여력이 없었다. 때문에 이전에 디글랏빌레셀 3세의 정복 전쟁으로 인해 봉신국이 된 그 지역의 제후들은 사르곤 2세를 만만하게 보기 시작했다. 때마침 이집트에서도 강력한

25왕조(에티오피아 왕조)가 창건되면서(주전 716년) 이집트의 도움도 기대할 만했다. 때가 무르익자 블레셋의 도시국가 중 하나인 아스돗이 앗시리아에 대한 반란의 선봉에 섰다. 주전 714년에 일어난 아스돗 주도의 반란에는 에돔, 모압, 유다도 함께 동참할 것을 종용받았다. 이집트의 원조 약속(25왕조의 샤바코)도 있었고, 반란을 부추기기 위해 이집트 사절단이 히스기야가 통치하던 남유다를 방문하기도 했다(사 20장).

유다는 국론이 양분되어 격렬한 주장들이 오고 갔지만, 히스기야는 이사야 선지자의 권고를 듣고 아스돗 주도의 반란에는 동참하지 않은 듯하다. 이사야는 스스로 허리만 가린 채 맨발로 예루살렘 거리를 돌아다님으로써 이집트를 신뢰하는 것이 얼마나 어리석은 일인지를 상징적으로 보여주었다(사 20장). 히스기야가 이사야 선지자의 권고를 들은 것은 참으로 잘한 일이었다. 이 무렵 바벨론 지역을 다시 정복할 채비를 갖추고 있던 사르곤 2세는 그 파워 면에서 다시 절정기에 달아올랐기 때문이다. 주전 712년에 사르곤 2세는 휘하의 장군들을 보내 반란군을 진압했고, 반란의 선봉에 선 아스돗은 앗시리아의 속주로 편입되었다. 이집트의 원조는 실현되지도 않았는데다 심지어 반란국의 지도자들이 이집트로 망명해 오자 이집트의 파라오인 샤바코는 비겁하게도 그들을 앗시리아에 넘겨주기까지 했다. 이로써 유다의 운명이 판가름 나는 것은 일시적으로 연기되었다.

산헤립 주전 705~681년, 왕하 18–20장; 대하 29–32장; 사 36–39장에 대한 히스기야의 정책: 강경 정책

사르곤 2세의 통치기에 히스기야는 앗시리아에 지속적으로 조공을 바

• 히스기야 사절단을 알현하는 산헤립 부조. 니느웨 궁전에서 발견되었다.

치며 순응하는 정책으로 일관했다. 하지만 그의 아들 산헤립이 왕위를 계승하자 히스기야는 분명히 기회가 왔다고 여겼고 또 충분히 그렇게 여길 만하게 국제 정세도 돌아갔다. 사르곤 2세는 키메르족을 쫓는 원정을 갔다가 크게 패하고 전사했는데, 엎친 데 덮친 격으로 그의 아들 산헤립이 왕위에 오르자마자 제국의 양쪽 끝에서 동시다발적으로 반란이 일어났다. 동쪽에서는 바벨론의 마르둑 아팔리디나(성경에서는 므로닥발라단)가, 서쪽에서는 페니키아의 도시국가인 두로 왕 룰리가 반란의 선봉에 섰다. 이집트에서도 새로 등장한 파라오인 샤바트카가 이번만큼은 확실히 지원하겠다며 배후에서 든든한 후견을 약속했다.

이사야 선지자는 계속해서 이집트를 의지하는 것이 어리석은 짓이고 여호와에 대한 반역이라고 경고했다. 하지만 히스기야는 이를 무시하고 서부 연합군에 가담하여 이집트에 사절단을 보내 조약을 맺었다(사 30:1-7; 31:1-3). 히스기야는 이즈음 국내에서 폭발 직전에 있던 반앗시리아 정서를 감당해 낼 수 없었을 것이다. 블레셋에서는 이전에 반란을 주도했다가 크게 화를 당한 전력이 있는 아스돗과 가사가 빠지고, 이번에는 아스글론과 에그론이 반란의 선봉에 섰다. 에그론에서는 친앗시리아파 왕인 파디가 신하들의 손에 의해 강제 폐위당한 채 히스기야 왕에게 넘겨져 포로로 감금되었다. 히스기야는 산헤립이 이런 상황을 가만히 두고만 보지 않으리라 예측해서 서둘러 방어 태세를 강화했다. 앗시리아의 오랜 포위 공격에 대비해 급수로를 마련한 것이다. 그 유명한 히스기야 터널이 그것이다(왕하 20:20; 대하 32:30). 이제 엎질러진 물이었다. 그렇다. 주사위는 던져졌다!

초기 4년 동안 바벨론 반란을 평정하는 데 주력한 산헤립은 주전 701년이 되자 진압에 성공했고 드디어 자유롭게 서부 원정을 감행할 수 있었다. 산헤립은 먼저 두로 왕국을 분쇄했고 두로 왕 룰리는 키프로스 섬으로 도망갔다. 두로의 항복으로 비블로스, 아르왓, 아스돗, 모압, 에돔, 암몬 국가들이 서둘러 공물을 가지고 산헤립을

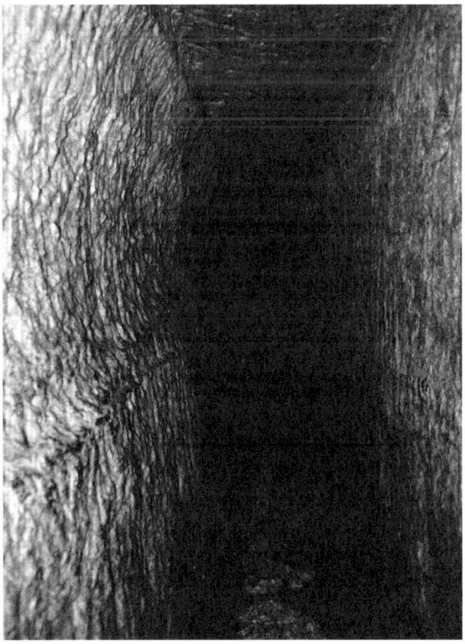

• 히스기야 터널

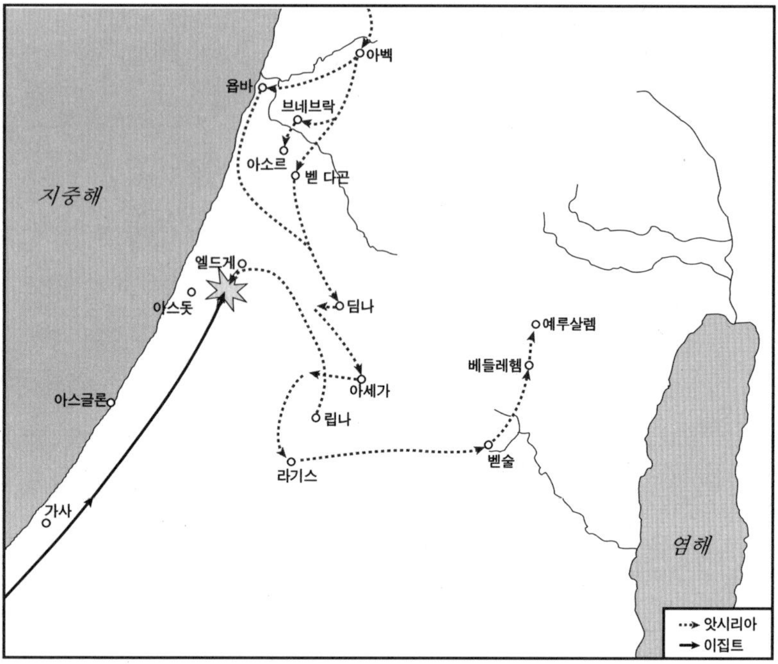

• 산헤립의 침입과 히스기야의 저항

찾아갔다. 끝까지 버틴 곳은 아스글론, 에그론 그리고 유다뿐이었다.

이집트 군대는 에그론을 구하려고 진격해 왔지만 엘테케(성경에서는 엘드게, 수 19:44)에서 앗시리아 군대와 접전을 벌이다가 쓰디쓴 패배를 맛보고 돌아갔다. 역시 이사야 선지자의 말대로 이집트는 앗시리아의 적수가 되지 못했다. 이후 산헤립은 블레셋 도시들을 점령했고 이제 히스기야 왕이 버티고 있는 유다만을 남겨 놓은 상태가 되었다. 산헤립은 46개나 되는 유다 성읍들을 항복시키고 주민들을 포로로 잡아가면서 예루살렘 성에 남은 히스기야를 '새장 안에 갇힌 새'에 비유하면서 조롱했다. 반란에 대한 대가로 무시무시한 학살이 이어졌다. 산헤립이 습격한 라기스 성의 고고학 발굴 결과는 당시의 처참한 상황을 그대로 보여 준다. 라기스에서 커다란 구덩이가 발견되었는데 그 안에는 무려 1,500구가량의 유해들이 버려져 있었다.

• 라기스를 포위한 산헤립 부조

히스기야의 처지는 한마디로 절망적이었다. 히스기야는 라기스를 포위하던 산헤립에게 사람을 보내 무조건 항복을 청했다. 산헤립은 엄청나게 많은 공물을 요구했고 히스기야는 이를 조달하기 위해 성전과 왕실의 금고를 털어야 했다. 하지만 3명의 부관(다르단, 랍사리스, 랍사게)에게 군대를 딸려 보낸 산헤립은 예루살렘을 포위하고 고도의 심리전으로 히스기야와 유다 백성을 두려움에 떨게 했다.

절체절명의 위기에 처한 히스기야는 이사야 선지자에게 조언을 구했고 이즈음 나이가 많이 든 이사야 선지자는 태도를 바꾸어 시온 불가침을 선언하며 히스기야 왕에게 결사항전을 독려했다. 이사야는 앗시리아가 하나님의 인내를 지나치게 시험하고 있다는 확신을 갖고, '예루살렘은 결코 점령되지 않을 것'이라는 말로 히스기야를 응원했다(왕하 19:29-34; 사 14:24-27; 17:12-14; 31:4-9).

이때 이집트의 파라오인 타하르카가 히스기야를 도우러 진격했는데 엘테케 근처에서 있었던 접전은 앗시리아의 승리로 끝났다. 그럼에도 예루살렘은 점령되지 않았다. 여기에는 두 가지 이유가 있다. 하나는 산헤립의 군대가 돌림병으로 인해 마비되었기 때문이고(왕하 19:35), 또 하나는 그가 급히 본국으로 돌아가지 않으면 안 될 만큼 급보가 날아들었기 때문이다(왕하 19:7). 두 가지 이유는 서로 배타적이지 않기 때문에 둘 다 사실인 듯하다. 첫 번째 이유는 들쥐들이 산헤립의 군대를 습격해 화살통과 화살, 방패 등을 삼켜 버렸다는 헤로도토스의 기록이 어느 정도 뒷받침해 준다. 어찌 되었든 시온 불가침을 선언한 이사야 선지자의 예언은 그대로 실현되었다.

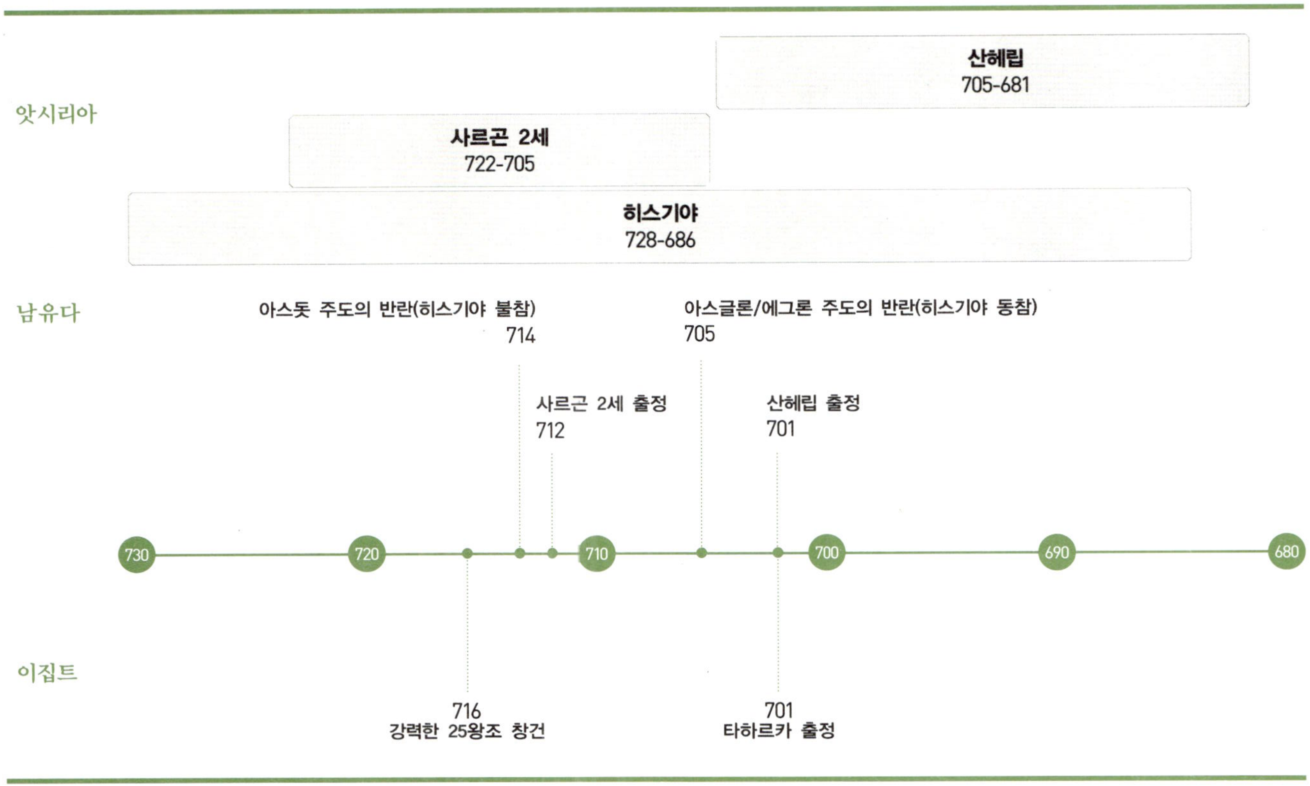
앗시리아
산헤립
705-681
사르곤 2세
722-705
히스기야
728-686
남유다
아스돗 주도의 반란(히스기야 불참)
714
아스글론/에그론 주도의 반란(히스기야 동참)
705
사르곤 2세 출정
712
산헤립 출정
701
730
720
710
700
690
680
이집트
716
강력한 25왕조 창건
701
타하르카 출정

주전 8세기 말~7세기 초 선지자

주전 8세기에서 주전 7세기로 넘어가는 세기말의 상황, 즉 유다가 국가적 위기에 처했을 때 통치한 히스기야 시대에 활동한 두 명의 선지자가 있다. 바로 이사야와 미가 선지자다. 이들은 주전 8세기 말엽에 나라가 위기 사태임을 끊임없이 외쳐댔다. 이들을 언급하지 않고는 이 시대의 유다 역사를 매듭짓는다는 것 자체가 어불성설일 것이다. 왜냐하면 이들은 확실히 유다의 어느 왕보다 역사적으로 훨씬 중요한 의미를 지닌 인물들이기 때문이다. 이사야와 미가 선지자는 앗시리아의 그림자가 유다 땅을 뒤덮고, 북이스라엘이 비틀거리다가 결국 멸망했을 때 설교를 시작했다. 그리고 두 사람 모두 그 이후의 비극적인 시대를 살았다.

유다가 처한 정신적 위기

이사야와 미가 선지자에 대해 언급하려면 이 시기에 유다가 직면한 위기를 이해하지 않으면 안 된다. 이 위기는 이미 언급한 앗시리아의 침략이라는 외부적이고 물리적인 위협만이 아니라 그에 수반되어 생겨난 정신적 위기까지 포함한다. 이 정신적 위기 사태는 유다 민족의 특성과 민족의 종교인 여호와 신앙을 그 토대부터 흔들었다. 이즈음 이스라엘 사회를 태생부터 지탱해 주던 시내 산 언약과 도덕적, 종교적, 사회적으로 엄격한 율법들은 유다 백성의 기억에서 대부분 잊혀졌다. 대신 여호와는 그들이 드리는 정교한 제의 수행에 대한 보답으로 국가를 보호하고 복을 주는 '민족의 수호신'쯤으로 여겨졌다(사 1:10-20).

하지만 이것이 전부는 아니었다. 이미 언급한 대로 유다의 왕궁은 옛 모세의 언약(시내 산 언약)이 아니라 다윗과 맺은 여호와의 영원한 언약에 의해 그 합법성이 부여되었다. 이 다소 변질된 언약 개념은 백성 사이에서 내려오던 시내 산 언약 개념을 희미하게 만들었을 것임에 틀림없다. 여호와께서 시온을 자기 거처로 선택하고 다윗에게 영원한 왕조를 약속했다는 것, 각각의 왕들은 여호와의 기름 부음 받은 '아들'(시 2:7)로서 그 원수들로부터 보호를 받으리라는 것, 이 왕조는 점차 강대해져서 지상의 왕들이 그 발아래에서 굴복하게 되리라는 것(시 2:7-11; 72:8-11)을 백성은 믿었고 또 제의를 통해 반복적으로 천명되었다. 요컨대 국가의 존립은 광야에서 여호와와 맺은 언약(시내 산 언약)처럼 조건부 언약이 아니라 다윗에게 준 여호와의 무조건적인 약속들을 토대로 하고 있었다.

솔로몬 성전은 왕궁이 있는 도성인 예루살렘에 위치했는데, 이곳에서 행해지는 공식적인 제의는 국가신학의 충실한 시녀 역할을 했다. 공식적인 제의가 하는 일은 그저 희생제물과 봉헌, 그리고 다윗에게 한 약속들을 재천명함으로써 국가의 복리를 확실히 하는 것뿐이었다. 국가신학 개념으로는 근본적으로 국가 자체를 비판할 수 없었기 때문에 국가가 망할 수도 있다는 말을 꺼내는 것은 상상조차 할 수 없었다. 하지만 주전 8세기 말에 국가와 왕조의 존립 자체가 위태로워지자 국가신학의 이데올로기에 심각한 의문이 제기되었다. 다윗에게 주어진 약속들은 정말 신뢰할 만한가? 만약 앗시리아가 이 나라를 모욕적으로 다룰 수 있고, 또 앗시리아의 신들이 여호와의 집으로 들어올 수 있다면, 약속을 성취하는 여호와의 권능에 대해 도대체 무엇이라고 설명할 것인가?

이 같은 의문에 대해 당시 유다 백성은 다음 두 가지 형태로 상반되게 반응했다.

하나는 국가신학에 대한 맹목적이고 광신적인 신뢰였고, 다른 하나는 불신앙과의 타협이었다. 이 둘은 모두 국가 유다에 파괴적인 결과를 낳았다. 첫 번째 부류의 사람들은 유다가 어떤 어리석은 일을 저지른다고 해도 여호와께서는 유다를 향한 그의 약속을 이행하실 것이라는 신념 아래 결과를 생각하지도 않고 국가를 저돌적이고 거의 자멸적인 반란의 상황으로 몰아갔다. 두 번째 부류의 사람들은 국가신학에 의지하는 것이 비현실적임을 직시하고 자진해서 앗시리아의 앞잡이가 되는 것 외에는 유다를 구할 길이 없다고 여겼다.

우리는 이런 시대적 분위기를 감지하면서 이사야서와 미가서를 읽어야 할 것이다.

이사야: 선지자의 왕

이사야는 자신의 활동 시기를 웃시야, 요담, 아하스, 히스기야(사 1:1)가 통치하던 때로 언급하고 있다. 이사야가 하나님의 계시를 받은 때는 주전 739년 웃시야가 죽던 해(사 6:1)였다. 이사야는 히스기야의 통치 이후에도 살았을 것이다. 그 이유는 이사야서 37장 38절에서 앗시리아의 통치자 산헤립의 죽음에 대해 언급하고 있는데, 이것은 주전 681년의 사건으로서 히스기야가 죽은 지(주전 686년) 5년 후에 일어났기 때문이다. 이를 통해 볼 때 이사야의 사역 기간은 주전 740년부터 주전 680년까지 이르는 약 60년 동안으로 보인다. 그의 사역 기간은 아마도 이스라엘의 선지자들 가운데 가장 길었을 것이다.

이사야서에는 세 가지 역사적 일화들이 기록되어 있다.

첫째는 웃시야 왕이 죽던 해에 이사야가 하나님의 부르심을 받은 사건이다(사 6장). 이사야는 환상 중에 성전 가운데 높이 들린 보좌에 앉아 계신 하나님을 보았다. 그 주위에는 각각 6개의 날개를 가진 스랍들이 서로를 향해 "거룩하다 거룩하다 만군의 여호와여 그의 영광이 온 땅에 충만하도다"라고 외쳤다. 이사야는 환상 중에 "내가 누구를 보내며 누가 우리를 위하여 갈꼬?"라는 하나님의 음성을 듣고 "내가 여기 있나이다 나를 보내소서"라고 대답했다. 이로써 선지자로서 그의 사역이 시작된다.

둘째는 아하스 왕 통치기에 북이스라엘(베가)과 아람 다메섹(르신)이 유다를 공격해 온 사건이다(사 7장). 포위가 계속되는 동안 하나님께서는 이사야에게 아하스에게 가서 그를 격려하는 동시에 여호와로부터 구원이 임할 것에 대한 표적을 구하도록 명령하셨다. 하지만 아하스는 "나는 구하지 아니하겠나이다 나는 여호와를 시험하지 아니하겠나이다" 하면서 이사야를 통해 주신 하나님의 명령을 거절했다. 이때 이사야는 아하스에게 메시아적 예언으로 잘 알려진 표적을 선포한다.

> "보라 처녀가 잉태하여 아들을 낳을 것이요 그 이름을 임마누엘이라 하리라"(사 7:14).

이사야는 계속해서 이 아이가 악을 버리며 선을 택할 줄 알기도 전에 아하스가 그를 포위한 두 왕들로부터 구원을 받을 것이라고 선포했다. 하지만 아하스는 이사야의 예언에 귀 기울이지 않고 앗시리아의 디글랏빌레셀 3세에게 의지함으로써 국가적 위기를 벗어나고자 했다.

셋째는 앗시리아의 산헤립이 침공했을 때 히스기야 왕을 격려한 사건이다(사 36-37장). 이사야가 이 일로 히스기야 왕을 만난 것은 두 번인데 첫 번째는 산헤립이 보낸 3명의 사자들이 예루살렘을 방문해 성읍의 주민들을 공포로 몰아넣은 직후였다. 히스기야는 이사야에게 사자를 보내 도움을 구했고, 이사야는 산헤립이 예루살렘을 결코 해치지 못하고 자기 나라로 돌아갈 것이기 때문에 두려워하지 말라고 권면했다. 두 번째 만남은 히스기야가 산헤립으로부터 편지를 받은 후였는데, 이 편지는 산헤립이 이집트 왕의 도전에 직면했음을 깨달은 후 라기스에서 쓴 것이다. 히스기야는 하나님께 도움을 간구했는데, 하나님은 이사야를 통해 다시 한 번 놀라운 위로의 말씀을 주셨다.

이사야는 '선지자의 왕'으로 불리는데, 이런 호칭은 다음 세 가지 이유에서 비롯되었다.

첫째, 이사야의 능력이다. 이사야는 특별한 능력을 가진 자로 훈련을 받았고, 당시의 세계에 대하여 폭넓은 지식을 갖고 있었다. 그는 11장(사 13-23장)에 걸쳐서 주변 국가들에 임할 하나님의 심판에 대해 예언했는데, 이는 이사야가 이들 국가들에 대한 상당한 정보를 갖고 있었음을 보여 준다.

둘째, 하나님께서 그를 통해 계시하신 메시아적 예언이 많다는 것이다. 우리는 하나님께서 메시아에 관한 수많은 예언을 이사야를 통해 하신 것을 확인할 수 있다. 신약성경에서도 이사야서의 인용 구절이 무려 21회나 등장한다.

셋째, 이사야만큼 쉽게 왕궁을 방문할 수 있었던 선지자는 흔치 않았다. 이사야는 아하스에게 책망의 메시지를 전했고, 히스기야 역시 위협에 처했을 때 가장 먼저 이사야에게 도움을 청했다. 이사야가 쉽게 왕궁에 드나들 수 있었던 것은 아마도 그가 왕족과 혈연관계였기 때문일 것이다. 유대 전통에 의하면, 이사야의 부친인 아모스는 웃시야 왕의 부친인 아마샤와 형제였기 때문에 이사야는 웃시야 왕과 사촌지간이 된다.

이사야서의 주제는 크게 두 부분으로 나뉘어서 제시된다.

1~39장에서 이사야는 유다의 죄에 대해 묘사하면서 만일 이러한 죄가 계속된다면 백성은 반드시 심판을 받을 것이라고 경고한다. 여기에는 유다 주변 국가들에 대한 경고도 포함되는데, 그 시간적 배경은 이사야가 살던 때가 된다.

40~66장에서 이사야는 위로의 말과 함께 메시아적 예언을 전한다. 여기서의 시간적 배경은 이사야의 관점에서 볼 때 먼 미래의 시점에 속한다. 이사야는 유다의 심판이 이미 임했다고 말하는 동시에 그러한 심판으로부터 구원이 임할 것을 예언하며 백성을 위로하고 있다. 궁극적으로는 메시아가 임하여 백성을 죄와 심판으로부터 구원하실 거라고 말함으로써 그 위로를 강조한다. 그는 또 이스라엘이 가장 높은 백성이 되어 세계를 다스리게 될 영광스런 천년왕국 시대도 언급하고 있다.

전체 66장으로 되어 있는 이사야서는 통일성 측면에서 많은 논란이 제기돼 왔다. 보수주의 학자들은 이사야 한 사람이 이사야서 전체를 기록했다고 믿는 반면, 자유주의 학자들은 적어도 2명(혹은 그 이상)의 저자에 의해 이사야서가 기록되었다고 믿는다. 자유주의 학자들의 비판에서 가장 큰 핵심은 이사야서 44장 28절과 45장 1절에 등장하는 고레스의 이름에 있다. 자유주의 학자들의 견해로는 이사야가 페르시아 제국의 창건자인 고레스보다 약 150년 전에 살았기 때문에 이런 내용을 쓸 수 없다는 것이다. 하지만 이것도 결국 하나님의 초자연적 계시와 예언의 가능성을 믿느냐, 혹은 그렇지 않느냐의 문제로 귀결될 것이다. 보수주의 학자들은 하나님께서 이사야에게 그 이름을 계시하신 것으로 믿기 때문에 이사야서 전체를 이사야 혼자서 기록한 것으로 믿는다.

I. 이사야 시대에 관한 예언들 1:1-35:10

A. 유다와 예루살렘에 관한 예언(1:1-12:6)

B. 나라들에 대한 예언(13:1-23:18)

C. 멸망과 구원에 관한 예언(24:1-27:13)

D. 앗시리아에 의한 심판의 예언(28:1-31:9)

E. 먼 미래에 대한 예언(32:1-35:10)

II. 역사적 사실에 관한 부분 36:1-39:8

A. 산헤립의 침입(36:1-37:38)

B. 히스기야의 병과 회복(38:1-22)

C. 바벨론 포로에 관한 예언(39:1-8)

III. 미래에 관한 예언들 40:1-66:24

A. 약속된 회복의 위로(40:1-48:22)

B. 하나님의 종 그리스도에 의한 구원(49:1-54:17)

C. 하나님의 초대와 경고(55:1-59:21)

D. 이스라엘의 미래의 영광(60:1-66:24)

미가: 소외된 자들의 선지자

미가는 이사야와 동시대의 선지자로서 아마도 이사야보다는 몇 살 어렸을 것이다. 그는 자신의 사역 연대가 요담, 아하스, 히스기야가 다스리던 때라고 언급하고 있다(미 1:1) . 미가는 이사야와는 달리 웃시야에 대해서는 언급하지 않고 있는데 이것은 아마도 그가 이사야보다 약간 늦게 사역을 시작했음을 보여 준다. 그리고 히스기야 시대에 있었던 산헤립의 침입에 대해 언급하지 않은 것으로 보아 그 이전에 사역을 끝마쳤던 것으로 보인다. 그렇다면 미가의 사역 연대는 대략 주전 735~710년경이 된다.

미가는 작은 전원도시인 모레셋 가드(미 1:1) 출신으로 어려서부터 가난한 농부 계층과 어울려 자라나서인지 그의 선지서에는 가난한 자들에 대한 깊은 관심이 나타나 있다. 이사야와 거의 동시대에 사역을 한 미가 선지자를 단순히 이사야의 그림자 정도로 여겨선 안 된다. 미가는 당시의 가난하고 소외된 자들에 대해 이사야보다 더 큰 관심을 기울인 것으로 보이는데, 하나님은 그를 특별히 이런 영역에서 사용하셨던 것 같다.

이들 두 선지자는 모두 죄와 심판에 대한 경고를 강조했다. 이들은 또한 북이스라엘에 임할 멸망을 충분히 깨닫고 있었기 때문에, 이를 통해 유다에도 동일한 멸망이 임할 것이라고 강조하고 있다.

I. 이스라엘과 유다에 임할 심판 1:1-2:13

A. 심판받을 이스라엘과 유다(1:1-1:16)

B. 죄의 결과로서의 심판(2:1-13)

II. 미래의 메시아 왕국 3:1-5:15

A. 악한 지도자들에 대한 예비적 심판(3:1-12)

B. 영광스러운 왕국(4:1-13)

C. 영광스러운 왕국과 메시아의 사역(5:1-15)

III. 백성에 대한 심판과 최후의 자비 6:1-7:20

A. 하나님과 백성과의 쟁론(6:1-16)

B. 질책과 약속(7:1-20)

선지자들의 설교 효과

두 선지자의 설교와 사역은 앗시리아에 의한 민족적 굴욕을 설명해 줌으로써 국가신학이 위기에 대처할 수 있게 해주었다. 또한 유다 땅 안에서 개혁에 대한 추진력을 제공함으로써 몇 세대 후(요시야 통치기)에 풍성한 열매를 맺게 해주었다. 그리고 장래에 대한 이스라엘의 소망에 고전적이고 영속적인 형태를 부여함으로써 그 후 모든 시대에 걸친 이스라엘 역사와 세계사에 강력한 영향을 끼쳤다.

선지자들과 국가신학

앗시리아의 침공으로 인한 위기는 국가신학의 낙관적인 견해와는 완전히 모순되므로 자기 백성을 굴욕으로부터 보호하지도 못하고 적의 침입으로부터 자신의 집(성전)도 지키지 못하는 여호와의 언약이 과연 실효성이 있는가의 의문이 제기되었다. 국가신학에 대한 기존의 틀에서 벗어나 재해석을 통해 이 의문에 대한 해답을 제시하지 않으면 안 되는 위기에 봉착한 것이다. 바로 이러한 재해석을 선지자들(특히 이사야)이 해냈다.

이사야는 다윗 신학과 그 약속들을 강력하게 재천명함과 동시에 백성이 생각하던 통속적인 신학을 배격하면서 시내 산 언약 속에 내재되어 있던 조건부적인 요소를 다윗 신학에 주입했다. 이사야의 경우 생애 전체에 걸쳐 여호와의 약속에 대한 신뢰가 그의 좌우명이었다.

> "너희가 돌이켜 조용히 있어야 구원을 얻을 것이요 잠잠하고 신뢰하여야 힘을 얻을 것이거늘"(사 30:15).

이사야는 나라가 곤경에 빠진 것은 다윗에게 주신 여호와의 언약이 참되지 않아서가 아니라 백성이 그 약속을 믿지 않았기 때문이라고 선포했다. 그러나 이사야는 백성 사이에 만연해 있던 통속적인 국가신학은 확실히 배격했다. 이사야는 다윗 언약 속에 내재되어 있던 징벌의 가능성을 강조했는데, 기존의 통속적인 국가신학은 정기적인 제의 활동만으로 모든 징벌을 피할 수 있다고 은연중에 가르쳤기 때문이다.

이사야는 유다 민족이 당하는 굴욕을 죄로 인한 하나님의 징벌로 해석했다. 그는 유다의 굴욕은 여호와께서 행한 일로서 유다의 죄에 대한 그분의 공의로운 심판이며, 또한 그분의 약속이 실현될 수 있도록 백성을 깨끗게 하는 연단이라고 선포했다(사 1:24-26). 이사야는 막강한 앗시리아를 여호와의 도구, 곧 그분의 징벌의 회초리로 보았는데(사 5:26-29; 10:5-19), 앗시리아 역시 그 역할을 마친 후에는 자신의 불경한 교만으로 인해 꺾일 것이었다. 이사야의 말을 받아들인 사람들은 민족의 굴욕을 여호와의 실패로 보지 않고 오히려 그분의 주권적이고 공의로운 권능을 드러내는 것으로 보았음에 틀림없다.

선지자들과 개혁 운동

선지자들의 설교는 히스기야를 고무시켜 개혁에 모든 힘을 쏟게 했다. 성경에는 특히 미가의 준엄한 말이 왕의 양심을 찔러 회개케 했다고 말하는데(렘 26:16-19; 미 3:9-12), 이사야 역시 그런 역할을 했을 것이다. 개혁은 종교적인 측면에만 머무르지 않고, 사회·경제적 폐습으로까지 광범위하게 파장을 일으켰다.

선지자들과 민족의 소망

이사야에 의해 재해석된 공식적인 신학의 정당성은 여러 사건들을 통해 극적으로 입증되었다. 이사야는 앗시리아로 인한 국가적 위기를 유다의 죄에 대한 하나님의 징벌이라고 선포했고, 앗시리아는 하나님에 의해 지명된 징벌의 도구라고 말했다. 그럼에도 다윗 언약의 약속들을 고수한 그는 최후의 위기 상황에서도 예루살렘이 결코 무너지지 않을 것이라고 선언했다. 당시의 상황에서 이런 선언을 한다는 것은 결코 쉽지 않았다. 그런데 실제로 그렇게 되었다! 예루살렘은 전혀 해를 입지 않았고 앗시리아의 포위 공격은 스스로 와해되었기 때문이다. 이로 인해 이사야는 커다란 명성을 얻었을 것이고, 국가신학과 그 약속들은 백성의 마음속에 더욱 확고히 뿌리내리게 되었을 것임에 틀림없다.

하지만 모든 것이 좋은 점만 있는 것은 아니었다. 이들이 경험한 '시온 불패', 그리고 '시온 불가침'은 이후 흔들릴 수 없는 교의(dogma)가 되었는데, 그것은 다분히 자기당착에 빠질 위험성이 있었다. 이 교의는 유다가 자신의 죄로 인해 벌을 받을 수도 있다는 것은 인정했지만, 국가로서 유다는 영원히 존속할 것이고 또 여호와의 영광스러운 약속은 언젠가 유다를 통해 이루어질 것이라고 굳게 믿었다.

이사야는 이러한 교의에 반박했을 것임에 틀림없다. 이사야와 미가는 모두 다윗 왕조의 이상과 약속들을 견지하고 있었지만, 이들이 품은 소망은 제의를 통하여 표명되던 통속적인 소망과는 거리가 멀었다. 이들의 소망은 현재의 국가를 위한 소망도, 무조건적인 소망도 아니었다. 그와는 반대로 이들은 현재의 국가를 단죄했고, 여호와께서 개입하시는 날을 그분의 심판의 날로 보았다. 그러는 가운데 다윗에게 주신 약속의 개념들을 현세가 아닌 여호와의 날 저 너머의 시간 속에서 이해했다. 더욱이 그들이 묘사한 이상적인 다윗 자손은 문자 그대로 왕조의 이상을 실현해 낼 화신으로서 이제까지의 다윗 자손을 훨씬 뛰어넘는 곳에 있었다. 이렇게 해서 다윗에게 주신 약속과 소망은 그대로 견지되었다. 하지만 그 시기는 먼 장래의 시간으로 밀려나 있었다. 약속도 '바로 지금의' 약속이 아니라, 실제로 이제까지는 존재하지 않던 먼 훗날 이루어질 공동체, 즉 새롭고 순종하는 이스라엘을 향한 약속이었다.

이처럼 보완되고 먼 미래로 보류된 민족의 소망은 가까운 장래에 벌어질 유다 국가의 멸망 이후에도 그들이 존속할 수 있는 기반이 되었다. 이사야의 설교에는 언젠가는 비극의 불길로부터 일어나서 약속을 받게 될 순수한 남은 자, 곧 새로운 이스라엘을 찾는 끊임없는 추구, 역사의 종말에 이스라엘을 구원하고 이 땅에 하나님의 통치를 확립하러 오실 분에 대한 갈망이 이미 깃들어 있었다. 이 갈망은 당시에는 자주 조롱받을 만한 것이었지만, 길고 지루한 세월이 흐른 뒤에 '때가 차매', '다윗의 가문과 혈통에 속한' 분이 오셨을 때 비로소 성취되었다. 신약시대 이후를 살아가는 기독교인들은 그분이 바로 '살아 계신 하나님의 아들 예수 그리스도'라고 환호하면서 대답할 것이다.

앗시리아 제국의 멸망 제1부: 추락하는 새는 날개가 없다(?)

앗수르바니팔 2세의 치세 때 앗시리아는 사상 최대의 영토를 자랑하는 초강대국이었다. 아버지 에살핫돈 때 앗시리아의 오랜 숙원인 이집트 정복이 이루어졌지만 그때는 고작 하부 이집트를 점령하는 데 그쳤다. 하지만 앗수르바니팔 2세는 반란을 진압하러 갔다가 남쪽 깊숙이 상부 이집트까지 이르렀고, 마침내 테베를 정복하면서 영토를 최대로 넓힐 수 있었다. 하지만 최고의 전성기에 이르렀다고 생각했을 때 임박한 재난의 그림자가 이 나라에 드리워지기 시작했다. 사실 앗시리아는 터지기 일보 직전의 풍선처럼 지나치게 팽창해 있었다. 이 거대한 제국은 마치 포악한 힘만 가지고 날림으로 지은 집과도 같았다. 속국들의 복종을 강요하기 위해 끊임없이 목을 조였기 때문에 당시 근동 세계에서 앗시리아를 증오하지 않는 나라가 거의 없었다.

당시 앗시리아와 홀로 맞설 만한 강대국은 없었지만 나라 안팎의 올망졸망한 적들은 수없이 많았다. 그리고 만약 이들이 동시다발적으로 움직인다면 앗시리아에게도 답이 없었다. 반란이 끊이지 않던 바벨론 지역은 친형 샤마시슘우킨이 지배했음에도 소요 사태가 끊이지 않았다. 앗시리아가 자비를 베풀던 이집트의 프삼메티쿠스 1세도 명목상으로는 앗시리아의 봉신이었지만 점차 자신의 세력을 확대해 마침내 이집트 땅 대부분을 수중에 넣었다. 그리고 주전 656년경 조공을 거부하고 새로운 왕조를 창건하기에 이르렀다(26왕조). 당시 다른 곳에 정신이 팔려 있던 앗수르바니팔 2세는

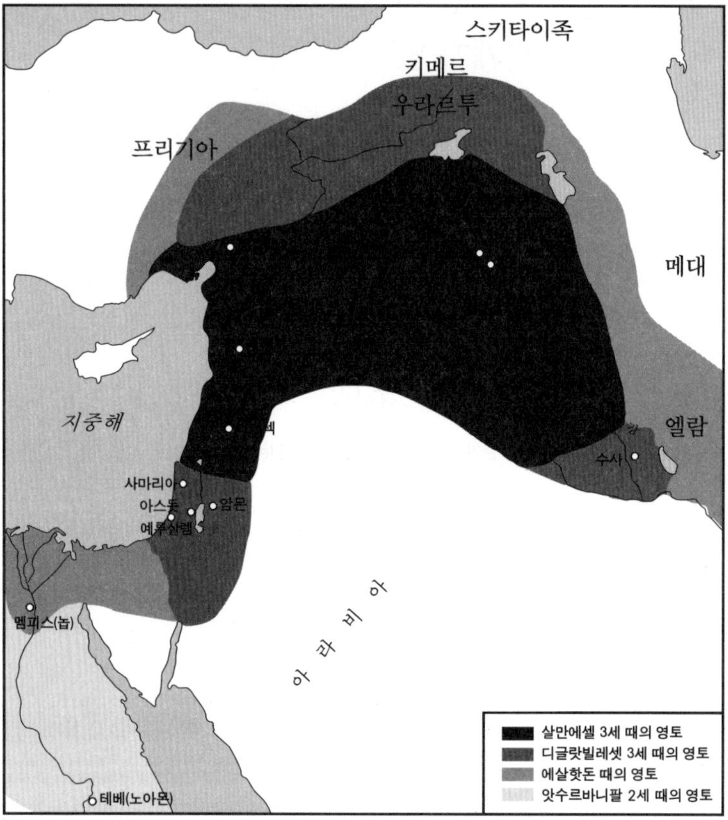

• 앗시리아의 영토

이집트 사태에 효과적으로 대처하지 못했고, 이집트 역시 앗시리아 본토에서 멀리 떨어져 있다는 지정학적 이점을 최대한 활용해 독립을 유지할 수 있었다.

이즈음 앗시리아에 대한 보다 심각한 위협은 제국의 북부 지역에서 찾아왔다. 이들은 자그로스 산맥 너머에 있는 산지의 야만족들이었다. 처음에는 키메르족이 코카서스 지역에서 물밀듯 쏟아져 왔고 그들의 뒤를 이어 스키타이족들이 밀려오기 시작했다. 키메르족은 사르곤 2세의 통치기에 우라르투 왕국을 닥치는 대로 파괴했고 소아시아로 밀어닥쳐 프리기아 왕국을 멸망시켰다. 에살핫돈은 키메르족과 적대관계를 유지하고 있던 스키타이족과 동맹을 맺는 이이제이(以夷制夷) 전략으로 앗시리아 본토를 방어할 수 있었다. 앗수르바니팔 2세 때는 수차례나 키메르족과 전투를 벌여야 했는데 비록 국경을 지키는 데는 성공했지만 앗시리아의 방벽이 무너지는 데는 그리 오랜 시간이 걸리지 않았다.

주전 652년에 앗수르바니팔 2세는 제국 전체를 갈가리 찢어 놓을 만한 폭동에 직면했다. 이 폭동은 바벨론 지역에서 시작되었는데, 그 선봉에는 바벨론 총독이자 앗수르바니팔 2세의 친형인 샤마시슘우킨이 있었다. 반란은 삽시간에 지중해 해변 국가들에도 파급되었고 이것은 당시 앗시리아의 지배에서 벗어나 독립을 쟁취한 이집트의 프삼메티쿠스 1세에 의해 선동되었다. 이 반란에는 유다도 개입되었을 가능성이 크다(대하 33:11). 앗수르바니팔 2세는 위기 상황을 가까스로 평정했지만 이 사건은 제국의 토대를 뿌리째 흔들어 놓았다. 주전 648년에 바벨론은 2년간의 포위 공격 끝에 점령되었고 그의 형 샤마시슘우킨은 자결로 생을 마감했다. 이어서 앗수르바니팔 2세는 바벨론 폭동을 선동한 엘람을 응징하기 위해 그들의 수도인 수사를 점령하고 엘람 국가를 초토화시켰다(주전 640년).

앗수르바니팔 2세의 말년에 대해서는 거의 알려진 게 없다. 그는 모든 대적들을 평정한 후 시간을 내어 평화로운 사업을 추진했던 것으로 보인다. 그 사업들 가운데 괄목할 만한 것은 큰 도서관을 짓는 것이었는데, 거기에는 바벨론의 창조 설화와 홍수 설화를 비롯해 고대 바벨론의 신화와 서사시의 사본들이 소장되어 있었다. 하지만 말년이 되어서야 잠깐이나마

누릴 수 있었던 평화도 주전 627년 그의 죽음과 함께 끝이 났다. 앗시리아의 거대한 국가 조직은 그의 죽음과 함께 그 토대부터 와르르 무너지면서 급격한 붕괴로 치달았다. 앗시리아의 붕괴 과정을 보면 그야말로 '추락하는 새는 날개가 없다'는 말을 실감케 한다.

요시야의 종교개혁과 통일

왕하 22:1-23:28; 대하 34:1-35:19

주전 7세기로 넘어가면서 사반세기의 초반부 동안 앗시리아 제국은 최고의 전성기를 구가했다. 이 시기에 앗시리아의 영토는 최대로 팽창했는데 바로 앗시리아의 숙원 과제였던 이집트까지 제국의 영토로 통합한 것이다. 공교롭게도 이 시기에 유다의 왕으로 통치한 므낫세는 인간적으로 말해서 다른 선택의 여지가 없었다고 말해야 한다. 당시 앗시리아에 저항한다는 것은 헛될 뿐 아니라 심지어 자살 행위와도 같았기 때문이다. 하지만 요시야의 등장과 함께 모든 상황은 역전되었다. 요시야는 앗시리아의 속주로 떨어진 북이스라엘까지 통합하는 종교개혁을 감행했고, 그의 통치기에 유다는 비록 짧은 시간으로 끝난 아쉬움은 있지만 과거 다윗 제국의 위용을 회복할 수 있었다.

그러면 요시야 통치기로 넘어가면서 있었던 놀라운 반전의 역사는 어떻게 가능했던 것일까? 이것은 당시의 국제 정세와 직접적인 관련이 있다.

• 요시야 통치기의 유다 영토

므낫세의 기나긴 통치기는 정확히 앗시리아의 최고 절정기와 겹쳤지만 요시야의 통치기는 절정을 찍고 본격적으로 내리막길로 치닫던 앗시리아의 쇠퇴기와 맞물려 있다. 요시야는 쇠락해 가는 앗시리아의 상황에 맞춰 점진적인 개혁과 다윗의 이름으로 왕국의 통일을 이루었는데 그 과정을 추적해 보면 다음과 같다.

므낫세는 긴 치세 동안 끝까지 앗시리아의 유순한 봉신으로 지냈고 그의 뒤를 계승한 아몬 역시 짧은 2년의 통치기 동안 부왕의 정책을 그대로 계승했다. 하지만 요시야가 등장하면서 앗시리아는 제국의 영토에 대한 지배권을 상실했고 이러한 힘의 공백기를 이용해 요시야는 다시 한 번 유다를 독립 국가의 지위로까지 끌어올릴 수 있었다. 요시야의 치세 때 유다가 독립을 이룬 것은 엄연한 사실로 받아들여지지만 독립을 이루기까지의 과정은 어느 정도 추측의 문제로 남아 있다.

우리는 8세의 어린 나이에 왕이 된 요시야의 초기 몇 해에 대해서는 아는 것이 없다. 짐작컨대 나라의 일은 앗시리아에 대해 신중한 정책을 펴오던 고문들에게 맡겨졌을 것이다. 하지만 요시야의 재위 8년에(주전 633년) 벌써 국가의 주요 정책이 바뀌어 과감한 종교개혁의 서막이 울리는 것을 보게 된다(대하 34:3). 그리고 재위 12년(주전 629년)에 그 기회가 왔던 것으로 보인다. 이 무렵 앗수르바니팔 2세는 나이가 들면서 아들 신사르이스쿤이 공동 통치자로 왕위에 올랐다. 서부 지역에 대한 실제적인 지배력이 느슨해지던 이때 앗시리아는 더 이상 유다에 간섭할 처지가 되지 못했다.

바로 이때 요시야는 전면적인 개혁에 착수했고 나아가 북이스라엘의 상당 부분을 소유했던 것으로 보인다. 요시야가 자신의 개혁을 북이스라엘까지 확장했고, 나중에는 북이스라엘에 속한 므깃도에서 전투를 벌이다가 전사했다는 것은 이런 사실을 입증해 준다. 앗시리아는 더 이상 요시야를 저지할 힘이 없었고, 또 대부분의 북이스라엘 사람들도 이런 변화를 환영

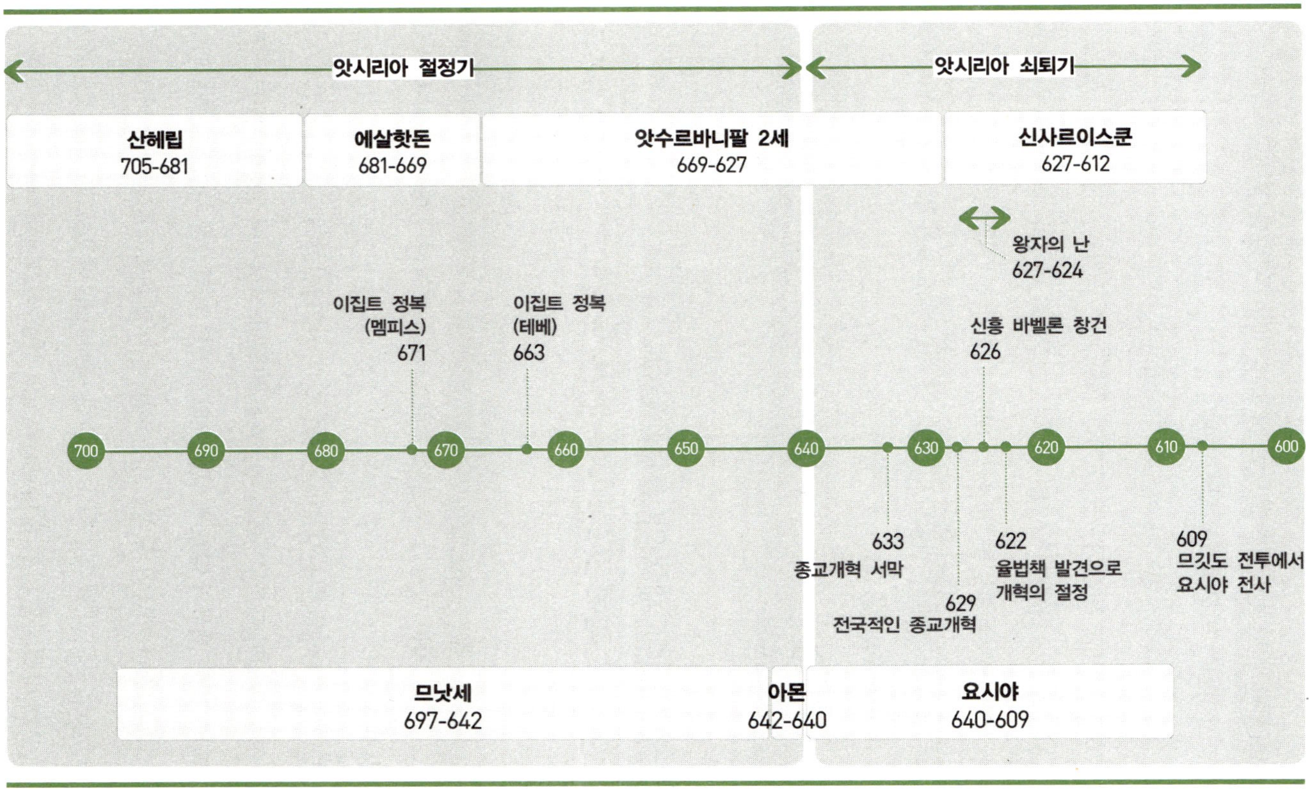
앗시리아 절정기
앗시리아 쇠퇴기
산헤립
705-681
에살핫돈
681-669
앗수르바니팔 2세
669-627
신사르이스쿤
627-612
왕자의 난
627-624
이집트 정복
(멤피스)
671
이집트 정복
(테베)
663
신흥 바벨론 창건
626
700
690
680
670
660
650
640
630
620
610
600
633
종교개혁 서막
629
전국적인 종교개혁
622
율법책 발견으로
개혁의 절정
609
므깃도 전투에서
요시야 전사
므낫세
697-642
아몬
642-640
요시야
640-609

했기 때문에 국가 통일은 별다른 저항 없이 완수되었을 것이다.

요시야는 명목상으로 앗시리아의 봉신으로 있으면서 종교개혁과 영토 통합 정책을 추진했지만 이즈음 앗시리아는 이를 막아 낼 아무런 여력이 없었던 것이다. 앗시리아는 오히려 적대국 이집트와 손을 잡지 못하도록 요시야를 집요하게 설득했을 것이다. 그리고 요시야의 개혁이 절정에 이르렀을 즈음(주전 622년) 앗시리아는 마침내 멸망 직전에 있었고 유다는 명실상부한 독립 국가가 되었다. 그리고 이 시기에 요시야 왕국은 다윗의 이름으로 북이스라엘을 완전히 통합한 통일왕국이었을 것이다.

앗시리아 제국의 멸망 제2부: 어제의 적이 오늘의 동지(?)

앗시리아의 붕괴는 모든 제국의 종말 과정에서 공통적으로 나타나는 '왕자의 난'을 신호탄으로 찾아왔다. 주전 627년에 앗수르바니팔 2세가 죽자 그의 두 아들인 신사르이스쿤과 앗수르에틸일라니가 무려 4년간 권력 투쟁을 벌였다(주전 627~624년). 이 싸움은 형인 신사르이스쿤의 승리로 끝났지만 드넓은 제국의 영토에 대한 그의 지배권은 처참할 정도로 축소되었다.

앗시리아 제국이 붕괴로 가는 서막은 바벨론에서부터 울려 퍼졌다. 주전 626년, 앗시리아 제국의 통치 기간 내내 지칠 줄 모르는 독립 운동을 펼쳐 오던 바벨론은 마침내 나보폴라살의 영도 아래 신흥 바벨론 제국을 창건했다. 이번에는 산발적인 반란과 폭동의 수준으로 끝난 것이 아니라 과거 함무라비 대왕이 통치하던 고대 바벨론(주전 1530년 멸망) 제국의 명맥을 잇는 신흥 바벨론 제국을 표방하고 나선 것이다.

다음에는 메대인이 움직였다. 주전 625년에 메대인은 앗시리아의 수도 니느웨를 습격했는데 이 습격은 앗시리아와 동맹을 맺은 스키타이족의 도움으로 간신히 격퇴되었다. 이때 메대 왕 프라오르테스가 목숨을 잃었다.

신사르이스쿤은 동생을 제압하고 권력을 잡았지만 그가 통치해야 할 앗시리아는 이미 명운이 다하고 있었다. 불과 몇 년이 안 되어 앗시리아는 제국의 존립을 위해 바벨론 그리고 메대와 맞서 싸워야 하는 신세로 전락했기 때문이다. 이 절망적인 상황에서 앗시리아는 놀랍게도 이집트와 동맹을 맺었는데, 이집트와 앗시리아가 오랜 세월 동안 불구대천의 원수로 지

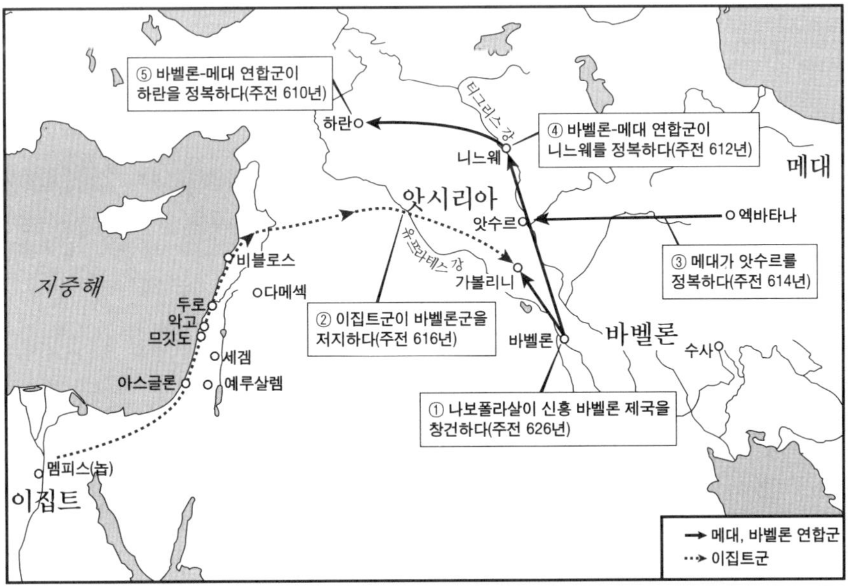

• 붕괴로 치닫는 앗시리아 제국

내 오던 앙숙임을 알 때 이 동맹은 실로 근동 세계를 화들짝 놀라게 할 만한 깜짝 뉴스였음에 틀림없다. 그야말로 '어제의 적이 오늘의 동지'가 되는 순간이었다.

당시 이집트의 프삼메티쿠스 1세(주전 664~610년)는 앗시리아가 이미 이집트에게 위협이 될 수 없음을 깨닫고, 동시에 메대와 바벨론 사이에 구축된 동맹이 더욱 위험한 수준으로까지 자라는 것을 두려워했을 것이다. 생각이 여기까지 미친 프삼메티쿠스 1세는 앗시리아가 현재처럼 약화된 상태로나마 계속 존속해 주는 것이 이집트를 위한 완충 역할을 해주리라 판단했을 것이다. 또한 그는 앗시리아를 도와주는 대가로 옛부터 이집트의 세력권이던 이스라엘과 시리아 땅에 대한 영유권도 보장받고자 했을 것이다.

주전 616년 이집트 군대는 때를 맞추어 메소포타미아에 도착해 바벨론의 나보폴라살 군대를 저지했다. 하지만 메대인의 기습적인 공격과 함께 승부는 금세 판가름 났다. 여러 번의 기동 작전 끝에 메대 왕 키악사레스(주전 625~585년)는 주전 614년 앗시리아의 옛 수도인 앗수르를 전격적으로 습격해 점령하는 쾌거를 이루었다. 이것은 천 년 넘게 지속되어 오던 앗시리아 제국이 멸망으로 향하는 가속 페달이 되었다. 나보폴라살은 현지에 너무 늦게 도착하는 바람에 앗수르 정복 작전에는 참여하지 못했지만, 이것을 계기로 바벨론과 메대 간에는 정식 조약이 체결된다. 2년 뒤인 주전 612년, 바벨론-메대 연합군은 앗시리아의 수도인 니느웨를 공략해 3개월의 포위 공격 끝에 점령하고 철저히 파괴했다. 신사르이스쿤은 도망하다가 죽었다.

왕족 중 하나인 앗수르우발릿 2세는 휘하에 속한 잔여 부대를 이끌고 서쪽의 하란으로 물러갔고 거기서 이집트의 후원을 받아 항전하고자 했다.

하지만 주전 610년 바벨론-메대 연합군은 앗시리아에게는 최후의 보루였던 하란마저 점령했고, 앗수르우발릿 2세는 소수의 패잔병만을 거느린 채 이집트로 망명했다. 그리고 이것이 초기 청동기 시대부터 무려 1000년 이상 질긴 목숨을 이어온 앗시리아 제국의 실로 허무하기 짝이 없는 종말이 되었다.

1차 갈그미스 전투

주전 609년, 왕하 23:29-37; 대하 35:20-36:5

성경에는 종교개혁과 국가 통일을 이루며 승승장구하던 요시야가 므깃도 전투에서 비극적인 죽음을 당하면서 남유다 왕국이 급격히 무너지는 스토리가 기록되어 있다. 하지만 이 전투를 유발시킨 당시의 국제 정세를 알기 위해서는 바벨론 자료들의 자세한 기록을 참고해야 한다. 이집트의 네코 2세(성경에서는 느고로 나옴)는 이집트에 망명한 앗수르우발릿 2세를 도와 하란을 수복하려는 목적으로 유프라테스 강변에 있는 주요 도시인 갈그미스를 향해 출정했다. 이때 요시야 왕은 므깃도 근처에서 갈그미스로 향하는 네코 2세를 막으려다가 허무한 죽음을 맞게 되고 그의 시체는 병거에 실려 예루살렘으로 오게 된다. 이에 백성은 요시야의 아들인 여호아하스를 옹립했다.

한편 갈그미스에서 맞붙은 전투(역사에서는 1차 갈그미스 전투라고 불림)에서

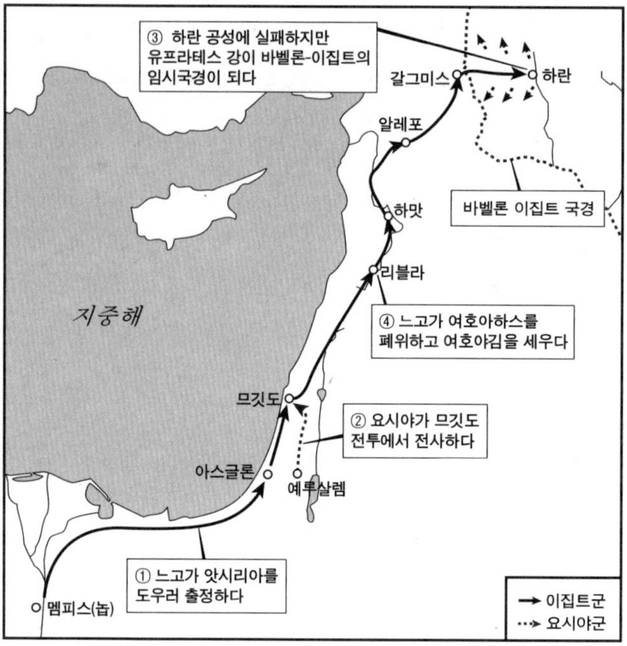

• 1차 갈그미스 전투

나보폴라살의 바벨론군과 네코 2세의 이집트군은 확실한 승부를 가리지 못했다. 네코 2세는 하란 탈환에는 실패했지만 바벨론이 유프라테스 강을 건너 서쪽으로 세력을 확장하는 것은 저지할 수 있었다.

이로써 1차 갈그미스 전투가 벌어진 주전 609년부터 2차 갈그미스 전투가 벌어지는 주전 605년까지 비록 4년의 짧은 기간이지만, 네코 2세는 지중해 연안 국가들에 대한 영유권을 차지할 수 있었다. 이집트로서는 실로 몇 백 년 만에 맛보는 짜릿한 기분이었을 것이다.

1차 갈그미스 전투의 결과는 예루살렘까지 전해졌고, 여호아하스 왕은 하맛 땅에 있는 리블라(성경에서는 립나)까지 달려와 전투를 치르고 돌아오는 네코 2세를 맞이해야 했다. 하지만 그에게 돌아온 것은 해임 명령서였다. 네코 2세는 여호아하스를 폐위하고 그의 형 엘리아김을 여호야김으로 개명시킨 후 이집트의 봉신 군주로 앉힌 것이다(왕하 23:31-33; 렘 22:10-12).

요시야는 왜 네코 2세를 막으러 갔을까?

요시야 통치기의 화려한 부활을 기억하는 성경 독자들은 네코 2세를 막으러 갔다가 므깃도에서 전사한 요시야를 보면서 참담한 기분이 들 것이다. 요시야의 죽음과 함께 남유다는 짧은 20여 년의 시간 동안 여호아하스, 여호야김, 여호야긴, 시드기야가 즉위하며 망국으로 향하는 가속 페달을 밟게 된다. 그런 점에서 요시야의 죽음은 흡사 우리나라 역사에서 구한말 정조대왕의 죽음과도 비견된다.

그러면 요시야는 왜 네코 2세를 막으러 간 것일까? 당시의 전쟁은 유다와는 상관없이 네코 2세(이집트)와 나보폴라살(바벨론)의 싸움이었기 때문에 그 궁금증은 더욱 증폭된다. 하지만 과연 그럴까? 이 싸움이 유다와는 상관없이 이집트와 바벨론이 서로 치고받는 '저들만의 싸움'이었을까? 정답은 '결코 그렇지 않다'는 것이다. '사이 땅'에 위치한 이스라엘의 운명을 잘 아는 사람이라면 근동의 패권을 놓고 두 강자인 이집트와 바벨론이 벌이는 진검승부의 의미를 곧바로 캐치할 수 있을 것이다.

주전 609년에 벌어진 1차 갈그미스 전투는 '뜨는 태양'이라 할 수 있는 바벨론과 이집트가 '지는 태양'(또는 완전히 져 버린 태양)이랄 수 있는 앗시리아를 대신해 당시 근동 세계의 패권을 차지하기 위해 총력전을 벌이는 상황이었다. 이 전투에서 누가 승자가 되든 사이 땅에 위치한 이스라엘은 그 승자의 속국이 될 수밖에 없는 운명이었다.

실제로 1차 갈그미스 전투가 무승부로 끝나면서 유프라테스 강을 경계로 이집트와 바벨론, 두 세력권의 팽팽한 대치가 이루어진 상황에서 유프라테스 강 이남에 있는 이스라엘은 고스란히 이집트의 봉신국으로 떨어졌다. 이런 상황을 잘 보여 주는 것이 요시야의 뒤를 이어 왕이 된 여호아하스가 이집트 사령부가 있는 리블라까지 찾아가 네코 2세를 알현하는 장면이다. 또한 네코 2세가 여호아하스를 강제로 폐위하고 그의 형 여호야김을 꼭두각시 왕으로 임명하는 부분에서는 이 점이 더욱 분명하게 드러난다.

요시야가 므깃도에서 네코 2세를 막는 상황이 열왕기서(왕하 23:29-30)에는 자세히 기록되어 있지 않지만 역대기의 병행구절(대하 35:20-25)에는 보다 상세하게 기록되어 있다. 역대기 저자는 므깃도 전투에 임하는 요시야를 상당히 부정적으로 묘사하고 있다.

> "느고가 요시야에게 사신을 보내어 이르되 유다 왕이여 내가 그대와 무슨 관계가 있느냐 내가 오늘 그대를 치려는 것이 아니요 나와 더불어 싸우는 족속을 치려는 것이라 하나님이 나에게 명령하사 속히 하라 하셨은즉 하나님이 나와 함께 계시니 그대는 하나님을 거스르지 말라 그대를 멸하실까 하노라 하나 요시야가 몸을 돌이켜 떠나기를 싫어하고 오히려 변장하고 그와 싸우고자 하여 하나님의 입에서 나온 느고의 말을 듣지 아니하고 므깃도 골

짜기에 이르러 싸울 때에 활 쏘는 자가 요시야 왕을 쏜지라 왕이 그의 신하들에게 이르되 내가 중상을 입었으니 나를 도와 나가게 하라 그 부하들이 그를 병거에서 내리게 하고 그의 버금 병거에 태워 예루살렘에 이른 후에 그가 죽으니 그의 조상들의 묘실에 장사되니라 온 유다와 예루살렘 사람들이 요시야를 슬퍼하고"(대하 35:21-24).

이 말씀은 하나님의 뜻이 네코 2세에게 있고 하나님의 뜻을 거슬러 싸움에 임하는 요시야에게 있지 않음을 설명한다. 요시야가 므깃도로 진격함으로써 바벨론과 이집트가 맞붙은 1차 갈그미스 전투에 참전할 수밖에 없었던 당시의 국제 정세는 이미 살펴보았다. 그리고 충분히 그럴 수밖에 없는 상황임에 고개가 끄덕여진다. 하지만 역대기 지자는 이런 요시야의 모습을 부정적으로 묘사하고 있다. 그러면 요시야의 문제는 무엇이었을까?

첫째, 자만심을 들 수 있다. 요시야는 성공적인 개혁과 국가 통일을 이룩하며 마음이 한껏 자고해졌을 가능성이 높다. 당시의 상황은 앗시리아가 오랫동안 차지해 오던 고대 근동의 패권을 놓고 이집트와 바벨론이 2파전을 벌이던 상황이었다. 하지만 마음이 자고해진 요시야는 두 통치자들 앞에 자신의 명함을 내밀면서 이렇게 외치고 싶었는지도 모른다.

"무슨 소리야? 2파전이 아니라 3파전이라고!"

둘째, 조급함을 들 수 있다. 요시야는 분명 인내함으로 하나님의 뜻을 구하지 않고 자신의 힘만으로 전투에 참전해 눈에 보이는 성과를 즉각 얻고자 했을 것이다. 요시야가 통치하는 유다 왕국도 분명 전성기를 향해 가고 있었지만 그 힘은 아직 바벨론과 이집트에 맞서서 명함을 내밀기에는 상당히 버거운 상태였다. 차라리 요시야는 두 국가가 전투를 치르면서 힘이 소진되기를 기다리는 편이 훨씬 현명했을 것이다. 당시 이집트와 바벨론은 군사력에 있어서 아직 어느 한쪽이 다른 한쪽을 완전히 제압할 만한 힘을 비축하지 못했기 때문이다.

요시야는 두 국가 간의 장기전을 지켜보면서 하나님의 뜻을 구해야 마땅했지만, 그의 조급함은 이 모든 것을 그르치고 말았다. 이런 요시야의 태도는 헤브론에서 왕이 된 후 7년 동안 와신상담하며 힘을 키우고 하나님의 뜻을 구한 후에 절대 강자인 블레셋에 맞서 싸운 다윗과 좋은 대조를 보여 준다고 하겠다.

1차 갈그미스 전투의 여파 주전 609~605년

네코 2세는 오랫동안 하란을 포위 공격했지만 그곳을 함락시키는 데는 최종적으로 실패했다. 그럼에도 한동안 유프라테스 강은 이집트와 바벨론의 세력이 충돌하는 일시적인 국경선 역할을 했다. 앗시리아를 돕는다는 명목으로 바벨론과 맞붙은 네코 2세는 앗시리아를 구원하는 데는 실패했지만, 그 부산물로 이스라엘과 시리아 땅에 대한 확실한 지배권을 얻게 되었다. 그리고 이러한 전과는 2차 갈그미스 전투가 벌어지는 주전 605년까지 4년 동안 유지되었다.

이 시기에 나보폴라살과 그의 아들 느부갓네살은 이집트 군대와 대치하던 상황에서 오른쪽 측면의 방위를 튼튼히 하기 위해 아르메니아 산맥에서 군사 작전을 펼치고 있었다. 그러는 동안에도 유프라테스 강 국경선에서는 간헐적인 교전이 발생했지만, 이것은 양측이 강을 건너 기습 공격을 감행하는 국지전의 수준을 넘지 못했다.

바벨론은 갈그미스에 기지를 둔 이집트의 군대를 공격했고, 이집트는

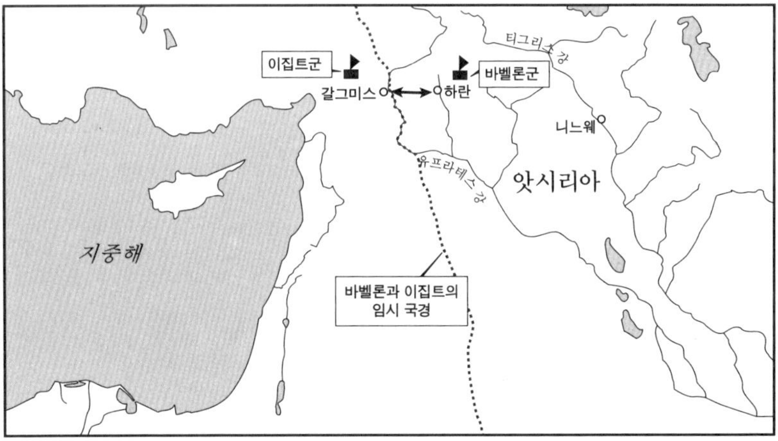

• 유프라테스를 경계로 대치 중인 이집트군과 바벨론군

• 라맛 라헬에서 발견된 여호야김 궁궐 기둥

하란에 주둔한 바벨론의 군대를 공략했을 것이다. 이런 가운데 양측은 백중지세를 이루었고 상대를 완전히 제압할 만한 어떠한 결정적인 충돌도 발생하지 않았다. 이 시기에 동생 여호아하스를 대신해 네코 2세의 지명을 받은 여호야김은 이집트의 고분고분한 봉신으로 통치해야 했다.

여호야김 통치기에 유다는 그의 아버지 요시야가 확장시켜 놓은 광활한 영토의 대부분을 잃고 다시금 예루살렘을 중심으로 한 소국으로 축소되었을 것이다. 게다가 네코 2세는 과중한 세금으로 가뜩이나 쪼그라든 유다의 경제를 무겁게 압박했을 것이다. 국내외적으로 우환이 겹치던 시기에 왕이 된 여호야김은 부왕(요시야)의 유업을 이을 만한 자질도 없었고, 나라를 통치하기에도 심히 부적합한 인물이었다. 그는 무능력했고 그것도 모자라 폭군이기까지 했다. 여호야김이 백성을 얼마나 무책임하게 방기했는지는 그가 재위 초기에 호화로운 새 궁궐을 짓는 데 국고를 탕진하고 이를 위해 강제 노역을 시킨 데서 여실히 드러난다(렘 22:13-19).

고고학 발굴 결과 예루살렘 남쪽에 있는 라맛 라헬 지역에서 발견된 궁궐터는 이 시기 여호야김이 지은 것으로 밝혀졌다. 이런 기가 막힌 처사는 원래부터 여호야김을 가차없이 비난하던 선지자 예레미야를 더욱 자극해 그를 향해 통렬한 비판을 퍼붓게 만들었다.

주전 7세기의 선지자들

주전 7세기의 선지자들은 주전 630년경부터 주전 600년이 끝나갈 때까지 활동했는데, 이 시기의 선지자들에는 나훔, 스바냐, 하박국, 예레미야가 있다. 우리는 앞에서 주전 8세기 선지자들의 사역 연대가 대략 주전 760년경부터 700년 직후까지였음을 보았고, 특히 이사야가 주전 680년경까지 활동했음을 언급했다. 그렇다면 이사야가 죽은 주전 680년경부터 주전 7세기의 선지자들이 활동을 시작하는 주전 630년까지는 최소한 선지서를 기록한 선지자들의 활동이 없었던 기간이라 할 수 있다. 여기서는 나훔, 스바냐, 하박국 선지자를 함께 살펴보고, 남유다 왕국이 멸망한 이후에도 사역한 예레미야 선지자는 다른 장에서 별도로 살펴보고자 한다.

나훔: 심판의 메시지를 외치다

나훔은 자신이 사역하던 당시의 왕들을 언급하고 있지 않기 때문에 그의 선지서 내용에서 증거를 찾아야 한다. 연대 추정을 위해 우리는 특별히 다음 두 가지 사실을 주목할 필요가 있다.

첫째, 이집트의 노아몬(테베)의 파멸에 대한 언급이다(나 3:8-10). 노아몬은 앗시리아(앗수르바니팔 2세)에 의해 주전 663년에 파괴되었다. 이 사건이 과거의 일로 언급되고 있기 때문에 나훔은 이 사건이 일어난 후에 사역을 시작했을 것이다.

둘째, 니느웨의 멸망이 미래의 일로 언급되고 있다는 점이다. 니느웨의 멸망은 주전 612년의 사건이기 때문에 나훔의 사역 시기는 대략 주전 663년부터 주전 612년 사이로 추정이 가능하다.

하지만 이 기나긴 시간 중에서 그의 정확한 사역 연대를 밝히는 것은 불가능하다. 다만 자신의 사역 연대가 요시야의 통치기라고 정확히 언급한 스바냐 역시 니느웨의 멸망에 대해 예언하고 있기 때문에(습 2:13), 나훔도 스바냐와 비슷한 연대에 활동했을 것으로 추정할 뿐이다. 그렇다면 나훔의 사역은 주전 630년경부터 시작해 요시야의 통치기 대부분을 이어 가지 않았을까 싶다.

특히 주전 7세기의 선지자들이 서로 밀접한 관계를 통해 집단적으로 사역했다는 점을 알 때 나훔이 스바냐와 거의 같은 시기에 활동했다고 추정할 만하다. 주전 8세기의 선지자인 아모스, 호세아, 요나 등이 북이스라엘 멸망 직전의 비슷한 시기에 집단적으로 사역을 했듯이, 하나님은 주전 7세기 선지자들도 유다의 멸망이 임박한 시점에서 마지막으로 강력한 경고를 하기 위해 집단적으로 목소리를 높이게 하셨을 것이다.

나훔이 주전 630년경에 사역을 시작했다면 이때는 앗시리아에서 최고의 전성기를 이끌던 앗수르바니팔 2세(주전 669~627년)의 말년에 해당한다. 하나님은 나훔 선지자를 통해 최고의 정점을 찍은 앗시리아가 이미 멸망의 길에 들어섰음을 예언하신 것이다. 여기서 우리는 나훔과 요나의 관계에 대해 생각해 볼 필요가 있다. 두 선지자 모두 앗시리아의 니느웨를 두고 심판의 메시지를 전했다. 하지만 요나의 사역을 통해 회개를 경험한 앗시리아에 하나님은 다시금 나훔 선지자를 통해 경고의 메시지를 전하고 있다. 나훔이 목소리를 높일 때는 요나가 사역한 지 약 150년의 시간이 지난 시점이라서 이미 경각심이 해이해진 앗시리아에게 다시금 심판의 메시지를 들려줘야 했을 것이다.

I. 하나님의 위엄에 대한 노래(1:1-15)

II. 니느웨의 멸망에 대한 묘사(2:1-13)

III. 니느웨가 멸망당하는 이유(3:1-19)

스바냐: 징계와 회개의 메신저

스바냐는 자신의 사역 연대가 요시야 왕이 다스리던 시기라고 정확히 언급하고 있다(습 1:1). 스바냐는 그의 선지서를 요시야의 개혁이 절정에 달한 주전 622년 이전에 기록했음이 분명한데, 그 이유는 그가 요시야 왕에 의해 폐지된 우상숭배에 대해 경고하고 있기 때문이다. 스바냐가 니느웨의 멸망을 미래의 사건으로 언급하고 있다는 사실(습 2:13)은 그가 선지서를 주전 612년 이전에 기록했음을 보여 준다. 나훔과 스바냐는 아마도 같은 시기에 사역했을 것이다.

스바냐는 선지자들 중 유일하게 자신의 4대에 걸친 조상들을 언급하고 있다. 그 혈통은 히스기야, 아마랴, 그다랴, 구시인데, 이것이 옳다면 스바냐는 왕가의 후손이 된다. 스바냐가 제시한 자신의 4대 위 조상인 히스기야는 히스기야 왕을 연상시키는데, 그 연대도 히스기야 왕이 살던 시기와 일치하기 때문에 아마도 같은 사람일 가능성이 높다. 스바냐 역시 자신의 이런 지위로 인해 왕궁에 쉽게 접근할 수 있었을 것이다. 그는 요시야를 방문해 그의 개혁 정책을 적극적으로 지지했을 가능성이 높다. 스바냐는 먼저 경고의 메시지를 전한 후에 다음으로 약속의 메시지를 전하고 있다.

I. 예견된 여호와의 날 1:1-3:7

A. 유다와 예루살렘에 대한 심판(1:1-2:3)

B. 주변 국가들에 대한 심판(2:4-15)

C. 예루살렘에 임할 징계의 위협(3:1-7)

II. 천년왕국에 대한 예언 3:8-20

하박국: 하나님이 세상을 주관하신다

하박국의 사역 연대도 그의 선지서에 나타난 정황들로 유추할 수밖에 없다. 첫째, 하박국서가 기록된 시기는 여호야김의 통치기로서 더 정확히는 느부갓네살이 예루살렘을 첫 번째로 침공한 주전 605년을 제시할 수 있다. 그는 바벨론의 침공을 예언하면서 이 침공이 임박한 사건임을 암시하고 있다(합 1:6-10). 둘째, 앗시리아가 원수로서나 파멸당할 대상국으로서도 전혀 언급되지 않고 있다. 이것은 하박국서가 기록될 당시에는 니느웨가 이미 멸망했음(주전 612년)을 암시한다. 셋째, 당시 유다에 존재하던 극악한 죄에 대한 언급(합 1:2-4)이 나오는데 이것은 요시야가 도입한 개혁과는 전혀 맞지 않으며 오히려 여호야김의 악한 행실과 정확히 일치한다. 요시야의 시대가 평화와 번영의 시대였다면 여호야김의 시대는 강포와 죄악의 시대였기 때문이다.

하박국의 주된 관심은 하나님의 거룩하심이었다. 당시에 만연한 죄악을 볼 때 하나님은 당신의 거룩하심을 수호하기 위해 반드시 무엇인가를 하셔야 했다. 또 한 가지 살펴볼 일은 하박국이 성전에서 노래하는 레위인이었을 가능성이 높다는 점이다. 이것은 "이 노래는 지휘하는 사람을 위하여 내 수금에 맞춘 것이니라"(합 3:19)는 말씀에 기초한다. 이는 하박국이 노래하는 자였으며 악기를 연주할 수 있었음을 암시한다.

I. 하나님과 인간의 대화 1:1-2:20

A. 첫 번째 질문: 이스라엘의 죄와 하나님의 침묵(1:1-4)

B. 하나님의 응답: 바벨론의 침입(1:5-11)

C. 두 번째 질문: 바벨론의 잔인성과 하나님의 침묵(1:12-2:1)

D. 하나님의 응답: 바벨론의 궁극적인 파멸(2:2-20)

II. 하박국의 믿음의 기도 3:1-19

단원 평가 문제

01. 다음 중 히스기야가 통치하던 남유다를 침공해 온 앗시리아의 왕은?
(1) 사르곤 2세 (2) 산헤립
(3) 에살핫돈 (4) 앗수르바니팔 2세

02. 다음 중 신흥 바벨론 제국의 창건자는 누구인가?
(1) 나보폴라살 (2) 느부갓네살
(3) 므로닥발라단 (4) 함무라비

03. 다음 중 메대 제국의 창건자는 누구인가?
(1) 프라오르테스 (2) 키약사레스
(3) 데이오케스 (4) 아스티게스

04. 다음 중 자신의 딸을 스키타이족 왕비로 주면서 스키타이족과 동맹을 굳건히 한 앗시리아의 왕은?
(1) 사르곤 2세 (2) 산헤립
(3) 에살핫돈 (4) 앗수르바니팔 2세

05. 다음 중 근동 세계에서 최초로 주화를 사용한 나라는?
(1) 리디아 (2) 프리기아
(3) 앗시리아 (4) 페니키아

06. 다음 중 이집트 25왕조의 성격을 잘 표현한 것은?
(1) 리비아 왕조
(2) 에티오피아 왕조
(3) 그리스 왕조
(4) 힉소스 왕조

07. 다음 중 이집트 26왕조의 수도가 있던 곳은 어디인가?
(1) 알렉산드리아 (2) 부바스티스
(3) 람세스 (4) 사이스

08. 다음 중 이집트 26왕조의 창건자는 누구인가?
(1) 아프리에스 (2) 프삼메티쿠스 1세
(3) 프삼메티쿠스 2세 (4) 네코 2세

09. 다음 중 남북분열왕국 시대에서 가장 오랫동안 통치한 왕은?
(1) 웃시야 (2) 므낫세
(3) 여로보암 2세 (4) 히스기야

10. 다음 중 요시야 왕이 왕에 즉위한 나이는 몇 세인가?
(1) 8세 (2) 16세 (3) 20세 (4) 26세

정답

01. 2, 02. 1, 03. 3, 04. 3, 05. 1, 06. 2, 07. 4, 08. 2, 09. 2, 10. 1,

11. 다음 중 1차 갈그미스 전투의 여파로 폐위된 남유다의 왕은 누구인가?
(1) 므낫세　(2) 요시야
(3) 여호야김　(4) 여호아하스

12. 앗시리아의 침공으로 어려움에 처한 히스기야를 도우러 온 이집트의 왕으로 성경에 등장하는 사람은?
(1) 샤바트카　(2) 네코 2세
(3) 타하르카　(4) 샤바코

13. 다음 중 선지자 이사야의 사역 연대와 겹치지 않는 남유다의 왕은?
(1) 웃시야　(2) 요담
(3) 히스기야　(4) 요시야

14. 다음 중 앗시리아의 오래된 수도인 앗수르를 정복한 사람은?
(1) 메대의 키약사레스
(2) 메대의 프라오르테스
(3) 신흥 바벨론의 나보폴라살
(4) 신흥 바벨론의 느부갓네살

15. 요시야가 므깃도에 전사할 당시의 국제 정세와 가장 관련이 있는 전쟁은?
(1) 카르카르 전투
(2) 1차 갈그미스 전투
(3) 2차 갈그미스 전투
(4) 3차 갈그미스 전투

16. 다음 중 앗시리아의 마지막 왕은 ?
(1) 앗수르바니팔 2세
(2) 신사르이스쿤
(3) 앗수르에틸일라니
(4) 에살핫돈

17. 다음 중 니느웨를 습격하다가 전사한 메대의 왕은?
(1) 데이오케스
(2) 키약사레스
(3) 프라오르테스
(4) 아스티게스

18. 다음 중 앗시리아의 수도인 니느웨가 함락된 해는 언제인가?
(1) 주전 614년　(2) 주전 626년
(3) 주전 612년　(4) 주전 610년

19. 다음 중 1차 갈그미스 전투의 여파로 신흥 바벨론과 이집트 사이에 임시적인 국경선이 된 곳은?
(1) 할리스 강　(2) 유프라테스 강
(3) 나일 강　(4) 티그리스 강

20. 다음 중 라맛라헬에 호화로운 궁궐을 지으며 무능력과 함께 폭군 기질을 유감없이 발휘한 남유다의 왕은?
(1) 여호야김　(2) 여호아하스
(3) 시드기야　(4) 여호야긴

---

11. 4, 12. 3, 13. 4, 14. 1, 15. 2, 16. 2 17. 3, 18. 3, 19. 2, 20. 1

ASIA

Part 18

세계 제국들의 격돌과 풍랑 그리고 유다의 멸망

바벨론 시대: 유다 멸망과 바벨론 포로기

주전 605~539년

요시야의 말년에 살았던 사람들은 앗시리아 제국의 최종적인 멸망을 목격했지만 불행히도 이것은 지중해에 인접한 여러 국가들에게 잠깐 동안의 평화도 가져다주지 못했다. 앗시리아의 멸망을 노래한 나훔 선지자가 예언의 성취로 인해 기뻐하고 있을 때 열강들은 남겨진 시신(앗시리아의 영토)을 나누어 먹기 위해(엄밀히 말하면 독차지하기 위해) 독수리처럼 몰려들고 있었다. 어느 편이 이기든 유다를 비롯한 다른 소국들은 모든 것을 잃어야 할 운명이었다. 왜냐하면 지중해변 지역에서 작은 독립 국가들이 경쟁하는 시대는 이미 끝난 지 오래였기 때문이다. 요시야가 죽은 후 유다는 모든 것을 잃었다. 먼저 독립을 잃었고 다음에는 생명을 잃게 된 것이다.

이번 장에서 우리가 다루려고 하는 이 비극적인 시대는 역사에서 흔히 '바벨론 시대'로 불린다. 고대 근동 역사를 다루는 학자들은 바벨론이 2차 갈그미스 전투에서 이집트를 격파한 시점부터(주전 605년) 페르시아 제국의 창건자인 고레스에 의해 멸망하기까지(주전 539년)의 시간을 소위 바벨론 제국 시대로 정의한다. 이 시기에는 북이스라엘이 무너진 후에도 홀로 1세기 이상을 더 버티던 유다 왕국이 최종적인 멸망을 고했고, 이후 수차례에 걸친 바벨론 유수(幽囚)가 이어진다. 성경에서는 열왕기하 24-25장, 역대하 36장, 예레미야, 하박국, 다니엘, 에스겔서가 포함된다.

바벨론 시대를 다루는 이번 장과 페르시아 시대를 다룰 다음 장에서는 지금까지와는 약간 다른 포맷으로 서술하려고 한다. 시간적으로도 짧지 않은 이 시기는 성경뿐만 아니라 고대 근동 문헌에도 이 시기를 조명해 주는 다양한 자료들로 넘쳐난다. 아울러 구약성경을 역사적으로 이해하려는 독자들에게 가장 난해하고 복잡한 시기가 바로 바벨론 시대와 페르시아 시대이기도 하다. 그래서 지금까지처럼 성경의 땅 이스라엘 주변의 국제 정세를 전체적으로 언급한 후에 성경 역사를 다루던 구성에서 벗어나 남은 두 장에서는 일반적 역사 서술 방식인 연대기적 서술로 설명하려고 한다. 그것이 두 시기를 종합적으로 이해하는 데 훨씬 도움이 될 것이기 때문이다. 따라서 바벨론 시대를 다루는 이번 장은 편의상 다음 네 시기로 나누어 연대기적으로 서술하려고 한다.

1. 바벨론 지배하의 유다(주전 605~597년)
2. 유다 왕국의 최종적 멸망(주전 597~586년)
3. 유다 왕국 멸망 후부터 느부갓네살이 죽을 때까지(주전 586~562년)
4. 느부갓네살이 죽고 바벨론 제국이 멸망하기까지(주전 562~539년)

바벨론 지배하의 유다 주전 605~597년

2차 갈그미스 전투 주전 605년: 1차 바벨론 포로

유프라테스 강을 국경선으로 팽팽히 맞서던 이집트와 바벨론은 주전 605년에 접어들면서 놀라운 전환점을 맞게 된다. 주전 605년, 근동의 패권

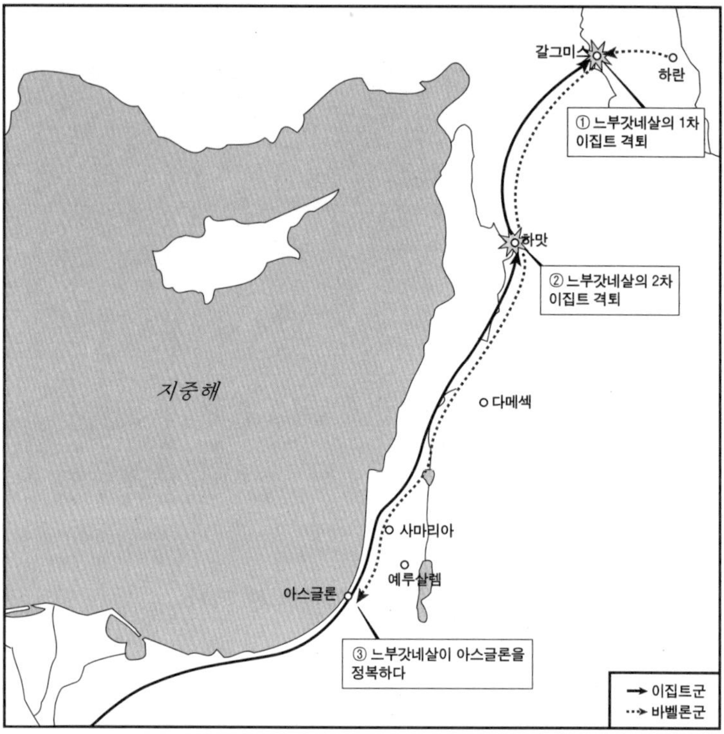

• 2차 갈그미스 전투

을 놓고 다시금 맞붙은 바벨론과 이집트의 결투는 역사에서 '2차 갈그미스 전투'란 이름으로 불린다. 이 전투에서 이집트 쪽 수장은 여전히 네코 2세였고, 바벨론 쪽 수장은 병석에 누운 아버지(나보폴라살)를 대신해 출정한 그의 아들 느부갓네살이었다. 이때 바벨론의 수장이 된 젊은 왕(느부갓네살)은 천부적인 군사적 재능을 보여 주었는데, 이로써 4년간 살얼음판을 걷듯 아슬아슬하게 지속되어 오던 세력 균형이 돌연 뒤집히면서 유다에게는 새로운 위기가 찾아왔다.

느부갓네살은 갈그미스에 있는 이집트 군대를 기습 공격해 철저히 쳐

부수고 뿔뿔이 도주하게 만들었다(렘 46:2). 그는 계속해서 남쪽으로 달아나는 이집트 패잔병들을 맹추격하여 하맛 근처에서 두 번째로 결정적인 타격을 가할 수 있었다. 이를 통해 느부갓네살에게는 남쪽의 시리아와 이스라엘 땅으로 진출할 수 있는 길이 활짝 열렸다. 그러나 주전 605년 8월 15일에 아버지 나보폴라살이 죽었다는 소식이 전해지자 바벨론 군대의 진격은 일시적으로 보류되었다. 느부갓네살이 공식적으로 왕권을 차지하기 위해 서둘러 바벨론으로 귀국해야 했기 때문이다. 같은 해 9월 7일에 그는 왕권을 차지했고 그런 후에야 서부 원정의 대미를 장식할 수 있었다.

느부갓네살은 자신의 즉위 원년을 서부 원정으로 시작했는데, 주전 604년 말까지 이어진 이 원정에서 유다 국가의 운명도 바뀌었다. 이 시기에 있었던 예루살렘의 대규모 금식(렘 36:9)이 보여 주는 것처럼 유다는 갑작스런 사태의 변화에 경악을 금치 못했음이 분명하다. 바벨론 군대는 전광석화처럼 진군해 블레셋 평야의 아스글론을 점령하고 파괴했다(렘 47:5-7). 그리고 주민들 가운데 지도자 계층을 바벨론으로 잡아갔다.

이때 이집트가 세운 봉신 왕이던 여호야김은 자신의 충성 대상을 네코 2세에서 느부갓네살로 바꾸어야 했다(왕하 24:1). 이로써 성군 요시야 통치기에 앗시리아의 압제에서 벗어나는 듯했던 유다는 다시 바벨론의 압제를 받게 되었다. 제국의 간판만 바뀌었을 뿐 유다의 운명은 한 바퀴 돌아 다시 제자리로 돌아온 것이다. 바벨론의 속국이 된 유다 땅에서는 다니엘을 필두로 한 1차 바벨론 유수가 발생했다. 흔히 말하는 유다의 70년 바벨론 포로생활(렘 25:11-12; 29:10)은 주전 586년 유다의 멸망이 아니라 주전 605년에 있었던 1차 포로 사건을 기점으로 계산된 것이다.

바벨론의 지배하에 들어간 유다

여호야김 주전 609~597년, 왕하 23:34-24:7; 대하 36:4-8

이집트의 네코 2세는 여호아하스를 폐위하고 그의 형인 엘리야김을 왕으로 세우고 그 이름을 여호야김으로 바꾸었다. 네코 2세는 고분고분 순종할 만한 사람으로 여호아하스보다 그의 형을 선택한 것이다. 25세에 왕이 된 여호야김은 여호아하스보다 두 살이 더 많았다. 백성이 후계자로 동생을 택한 것을 보면 이미 그의 무능력이 오래전에 드러났던 것 같다.

예레미야는 그가 '나귀같이 매장당할 것'이라고(렘 22:13-19) 선언함으로써 그를 멸시하기도 했다. 예레미야가 이렇게 말한 데는 그가 솔로몬 궁전에 만족하지 않고 국고를 낭비하고 부역을 강요하면서까지 새 궁전을 건축하려 했기 때문이다. 여호야김은 또한 하나님의 지시로 씌어진 예레미야서를 찢어 불살랐는데, 자신에게 임할 것으로 예언된 무서운 경고를 피하기 위함이었다(렘 36:23). 이것은 백성을 분노케 만들었는데, 더군다나 백성은 네코 2세에게 바칠 공물에 대한 부담(왕하 23:35)으로 원성이 자자하던 터였다.

이집트의 봉신 왕으로 출발한 여호야김은 2차 갈그미스 전투(주전 605년)에서 바벨론이 이집트를 격파하자 충성 대상을 바벨론의 느부갓네살로 바꾸며 간신히 왕위를 보전할 수 있었다. 하지만 여호야김은 이번만큼은 웬일인지 순순히 바벨론의 봉신으로 머무르려 하지 않았다. 그는 과거 앗시리아 시대에도 그랬던 것처럼 다시 한 번 국가적 소망을 이집트에 걸고 바벨론의 압제에서 벗어나려고 했는데, 그즈음 그의 소망이 전혀 헛된 것으로 보이지 않는 상황이 발생했다. 주전 601년 말에 느부갓네살은 이집트를 치려고 이동하여 국경지대 부근에서 네코 2세의 군대와 정면으로 맞붙었는데, 이 전투에서 양측은 막대한 손실만 보고 승패를 가리지 못했다. 이에 고무된 여호야김은 즉시 바벨론에 반기를 들었다(왕하 24:1). 하지만 이것은 여호야김의 명백한 오판임이 드러났다.

느부갓네살은 주전 600년에는 외부 원정을 하지 않았고 주전 599년에는 다른 지역을 돌아보느라 여념이 없었지만 유다를 그냥 내버려둘 생각이 추호도 없었다. 결정적인 때를 잠시 뒤로 미루었을 뿐 느부갓네살은 이스라엘 주변 지역에서 자신이 동원할 수 있는 바벨론군의 분견대들을 아람족, 모압족, 암몬족의 게릴라 부대와 함께 유다 땅으로 보내 그 땅을 약탈하도록 했다(왕하 24:2; 렘 35:11). 그리고 마침내 주전 598년 12월에 느부갓네살은 자신이 직접 군대를 이끌고 출정했다. 바로 이때 여호야김은 죽음을 맞이했다. 십중팔구 그는 국가를 궁지로 몰아넣은 데 대한 일종의 탄핵을 받았고, 친이집트파의 상징적 인물인 그를 서둘러 제거함으로써 느부갓네살의 호의를 사려는 자들에 의해 암살당했을 것이다(렘 22:18-19; 36:30).

여호야김의 뒤를 이어 그의 18세 된 아들인 여호야긴이 왕위에 올랐다(왕하 24:8). 그 후 석 달도 채 못 되어(주전 597년 3월 16일) 유다는 느부갓네살에게 항복했다. 기대하던 이집트의 원조는 이번에도 오지 않았다(왕하 24:7). 왕과 왕후, 고관대작들, 에스겔 선지자를 비롯한 지도층 인사들은 엄청난 노획물과 함께 바벨론으로 끌려갔다. 느부갓네살은 여호야긴의 삼촌이자 요시야의 셋째 아들인 맛다니야를 시드기야로 개명시키고 자신의 충실한 봉신으로 임명했다(왕하 24:10-17).

여호야긴 주전 597년, 왕하 24:8-16; 대하 36:9, 10

여호야김의 뒤를 이어 18세에 왕이 된 여호야긴은 주전 597년 3월에 시작된 바벨론의 공격을 받았다. 여호야김이 기대하던 이집트의 원조는 끝내 이루어지지 않았고 여호야긴은 왕후, 왕자, 신복들, 그리고 각종 왕궁의 보물 등과 함께 바벨론으로 잡혀갔다. 이로써 여호야긴은 짧은 3개월의 통치를 마감해야 했다.

다니엘: 1차 포로, 그리고 신실한 하나님의 종

다니엘은 자신이 사역한 연대를 정확하게 기술하고 있다. 그는 "유다 왕 여호야김이 다스린 지 삼 년이 되는 해"(단 1:1) 느부갓네살이 예루살렘을 침공했을 때 자신과 세 친구들이 포로로 잡혀갔다고 말하고 있다. 여호야김 3년은 주전 605년으로 느부갓네살이 2차 갈그미스 전투에서 이집트의 네코 2세를 격파한 후다. 바벨론에서 사역한 다니엘의 기간도 정확하게 확정할 수 있다. 다니엘은 고레스 왕 3년에 네 가지 환상을 보았다고 말하는데(단 10:1) 이것은 고레스 왕이 바벨론을 정복(주전 539년 가을)한 지 3년 후를 가리킨다. 그렇다면 다니엘은 적어도 주전 536년까지는 살아서 그곳에서 사역했음을 알 수 있다. 이는 다니엘이 무려 69년 동안 바벨론 유수 생활을 했음을 의미한다. 하나님은 이 긴 시간 동안 다니엘을 통해 다음 세 가지의 중요한 일들을 행하셨다.

첫째, 하나님은 이방 땅에서 자신의 존엄성을 유지하기 위한 도구로 다니엘을 사용하셨다. 유다의 포로들이 바벨론의 강압적인 힘에 의해 끌려오자 바벨론 사람들은 자신의 신들이 피정복민의 신들보다 더 위대하다고 생각했을 것이다. 당시에는 각국의 신들의 능력을 비교 평가하는 기준이 바로 각국의 번영과 전쟁에서의 승리였다. 하지만 하나님은 다니엘을 통해 이러한 평가가 옳지 않음을 드러내셨다. 이를 위해 오직 다니엘만이 해석할 수 있는 두 가지 꿈을 느부갓네살에게 주셨고(단 2, 4장) 다니엘의 세 친구들은 느부갓네살의 뜨거운 풀무불에서 구출되었다(단 3장). 벨사살 때는 왕궁 벽에 씌어진 손가락 글씨를 다니엘만이 읽고 해석했다(단 5장). 후에 다니엘은 페르시아의 통치자 다리오(아마도 고레스?)에 의해 사자굴로 던져졌다가 기적적으로 구출되었다(단 6장). 이런 일련의 기적적인 사건들은 바벨론의 신들보다 다니엘이 섬기는 하나님이 더 위대함을 드러내는 것이었다.

둘째, 유다에 포로로 잡혀온 동족의 복지를 위해 다니엘이 힘을 쓰도록 하셨다. 다니엘은 초기에 포로로 잡혀왔기 때문에 수년 후 대규모의 포로들이 잡혀왔을 때는 이미 바벨론에서 높은 지위에 올랐다. 다니엘은 지위를 이용해 유대인 포로들의 복지를 위해 여러 모로 힘썼을 것이다. 그 결과 유대인 포로들의 조건은 우리가 생각하는 것 이상으로 좋았다. 그들은 스스로 선지자와 제사장들을 세울 수 있었다(렘 29:1). 또한 주거 환경에서도 자유로웠는데, 에스겔은 자기 집이 있어서 장로들이 그곳을 방문하기도 했다(겔 8:1). 그들은 유다에 있는 친구들이나 친지들과 서신을 왕래할 수 있는 특권도 있었다. 다니엘은 또한 유대인 포로들이 고국으로 귀환할 수 있도록 많은 영향력을 행사했을 것이다. 포로 귀환 당시(주전 538년) 다니엘은 가장 높은 행정가의 위치에 있었기 때문에(단 6:2-3) 고레스 왕이 유대인들의 귀환을 허락하는 칙령을 발표할 때 그가 어느 정도 영향을 끼쳤을 가능성이 높다.

셋째, 하나님은 미래의 일에 대하여 다니엘에게 환상을 보여 주셨다. 다니엘서는 마지막 날들과 관련된 놀라운 예언을 하고 있다는 점에서 신약성경의 계시록과도 비교된다. 하나님은 이처럼 중요한 예언을 전임 사역자인 선지자에게 주지 않으시고 왕궁의 행정가인 다니엘에게 주셨다. 이것은 하나님이 다니엘을 높이 평가하셨음을 보여 준다.

다니엘서는 거의 같은 분량의 두 부분으로 나뉜다. 첫 번째 부분은 역사적인 서술을, 두 번째 부분은 계시적인 내용을 다루고 있다. 특히 다니엘서는 두 개의 언어로 기록되었다는 것에 주목할 필요가 있는데, 2장 4절부터 7장 28절까지는 아람어로 기록되었고, 나머지 부분은 히브리어로 기록되어 있다. 두 가지 언어로 기록된 이유는 그 내용과 관련이 있을 것이다. 아람어로 기록된 부분은 이방 세계에 속한 것들로서 유대인들과는 거의 관계가 없는 반면에, 히브리어로 기록된 부분은 유대인들에 관한 내용들이 대부분이다.

I. 역사적 사건에 관한 부분 1:1-6:28

A. 바벨론 포로와 네 친구들의 시험(1:1-21)

B. 느부갓네살의 꿈(2:1-49)

C. 세 친구들과 뜨거운 풀무불(3:1-30)

D. 느부갓네살의 꿈과 그의 광기(4:1-37)

E. 벨사살과 벽 위의 글씨(5:1-31)

F. 다니엘과 사자굴(6:1-28)

II. 예언적 부분 7:1-12:13

A. 네 짐승에 대한 환상(7:1-28)

B. 숫양과 숫염소에 대한 환상(8:1-27)

C. 70이레에 대한 환상(9:1-27)

D. 다니엘에게 나타난 사람(10:1-21)

E. 안티오쿠스 에피파네스와 적그리스도(11:1-45)

F. 대환란(12:1-13)

유다 왕국의 최종적 멸망 주전 597~586년

주전 597년의 경험이 유다로 하여금 당분간은 바벨론에 굴복하게 만들었을 것으로 추측하는 사람이 많겠지만 이것은 완벽한 착각에 지나지 않는다. 유다는 놀랍게도 그렇게 하지 않았다! 시드기야의 통치 기간은 끊임없는 선동과 소요 외에는 아무 것도 없었고 그러다가 결국 마치 자멸하기로 결심이라도 한 것처럼 마침내 낭떠러지를 향해 악셀레이터를 밟았다. 그 후 유다 왕국은 영원한 종말을 맞게 된다.

시드기야의 통치 1부:
주전 597년 이후의 유다 왕하 24:17-25:21; 대하 36:11-21; 렘 27-29장

여호야김의 어리석은 행동으로 인해 유다는 값비싼 대가를 치러야 했다. 주요 성읍들 가운데 라기스, 드빌 같은 성읍은 적의 맹공으로 점령되어 철저히 파괴되었다. 유다의 영토는 더욱 축소되었고 경제는 마비되었으며 인구는 형편없이 줄어들었을 것이다. 학자들은 웃시야가 통치하던 주전 8세기경 유다의 인구가 25만 명에 육박했으나 이 시기에는 그 절반 수준으로 떨어졌을 것으로 추정한다. 실제로 바벨론으로 끌려간 사람들은 많지 않았지만 전체 인구에 비하면 상당한 숫자였고, 게다가 그들은 나라의 핵심 지도층들이었다. 남아서 시드기야를 보좌한 귀족들은 하나같이 시국을 전혀 알지 못하고 무모하기 짝이 없는 광신적 애국주의자들뿐이었던 것으로 보인다.

또한 시드기야 자신도 그토록 중대한 시기에 국가의 운명을 이끌어 나갈 만한 인물이 못 되었다. 그는 측근 귀족들에게 단호히 맞서지도 못했고(렘 38:5) 백성 사이의 여론도 두려워한 약골 중의 약골(렘 38:19)이었다. 더구나 백성 가운데 많은 사람들이 그의 조카 여호야긴을 여전히 합법적인 왕으로 여기고 있었기 때문에 그의 지위는 참으로 애매할 수밖에 없었다. 바벨론에 끌려간 여호야긴은 느부갓네살 궁정에서 왕과 함께 식탁에 앉을 정도로 은급 수혜자가 되었으며, 바벨론 문서에도 그를 '유다의 왕'으로 부르고 있다. 심지어 바벨론에 있던 유대인들은 '여호야긴 왕의 포수(포로로 잡혀감)'를 연대의 기준점으로 삼기까지 했다(겔 1:2). 유다 땅에 남아 있던 많은 사람들도 이와 비슷한 감정을 가지고 그의 신속한 귀국을 열망했다(렘 27장). 게다가 시드기야는 바벨론이 지명한 봉신에 불과했던 탓에 통치 기간 내내 강력한 왕권을 행사할 수도 없었다.

유력자들이 포로로 잡혀가고 유나 땅에 남게 된 시드기야 주변의 고만고만한 귀족들은 이 기회를 틈타 자신의 세력을 공고히 하는 일에만 혈안이 되었다(겔 11:15; 33:24). 이들은 분명히 다윗 왕조의 소망을 시드기야에게 걸기 시작했을 것이다(렘 23:5). 그 소망을 여호야긴에게 걸었든 시드기야에게 걸었든 그와 같은 사고가 광범위하게 퍼져 있는 한 유다 땅에서 계속적인 소요는 불가피했다. 소요의 불꽃은 주전 595년에 유다 땅이 아닌 바벨론에서 먼저 폭동으로 점화되었다. 바벨론에 끌려온 유대인들 중 일부가 그들이 속히 해방될 것이라는 거짓 선지자들의 말에 자극을 받아 이 폭동에 개입한 것으로 보인다(렘 29:7-9). 소요 사태가 유대인들 사이에서 어느 정도까지 파급되었는지는 알 수 없지만, 선지자들 가운데 몇 사람은 틀림없이 선동적인 발언을 했다는 이유로 느부갓네살에게 처형되었을 것이다(렘 29:21-23)

바벨론 지역에서 일어난 폭동은 신속하게 진압되었지만, 그 불씨는 빠르게 유다 땅으로 옮겨 붙었다. 이듬해인 주전 594년, 에돔, 모압, 암몬, 두로, 시돈의 사절들(렘 27:3)이 예루살렘에 모여서 반란을 모의했다. 예루살렘에서도 거짓 선지자들은 여호와께서 바벨론 왕의 멍에를 부수었으며, 또 2년 내에 여호야긴 왕과 그밖의 포로들이 승리의 개가를 울리며 예루살렘으로 돌아올 것이라고 선포하면서 백성을 선동했다(렘 28:3). 예레미야는 여호와의 이름으로 말하는 이런 예언들이 모두 거짓말이라고 강력히 비난했고(렘 27장) 바벨론의 포로들에게 편지를 보내(렘 29장) 하루빨리 망상에서 벗어나 그곳에서 자리를 잡을 것을 당부했다. 하지만 어떠한 이유에선지(아마도 이집트가 확실한 지지를 표명하지 않았을 것이다) 반란 모의는 수포로 돌아갔고 시드기야는 바벨론에 사절을 보내(렘 29:3) 느부갓네살과 강화 조약을 맺고 그에게 충성을 바칠 것을 재차 다짐했다. 이로써 유다는 최종적인 파멸을 면하는 듯 보였다.

시드기야의 통치 2부:
예루살렘의 파괴와 3차 포로 왕하 25:1-21; 대하 36:11-19; 렘 37-39장

그러나 파멸의 단계는 단지 잠정적으로 연기되었을 뿐이었다. 그로부터 5년도 안 되어(주전 589년) 무모한 자신감에 넘쳐 전혀 누그러질 줄 모르는 맹렬한 애국심이 유다 땅에 만연하면서 국가를 돌이킬 수 없는 파국으로 몰고갔다. 우리는 어떠한 단계를 거쳐 유다가 이러한 지경에까지 이르렀는지는 정확히 알 수가 없다. 하지만 이집트와 모종의 양해가 오고 갔던 것은 확실하다. 이때 이집트는 프삼메티쿠스 2세(주전 595~589년)의 후계자인

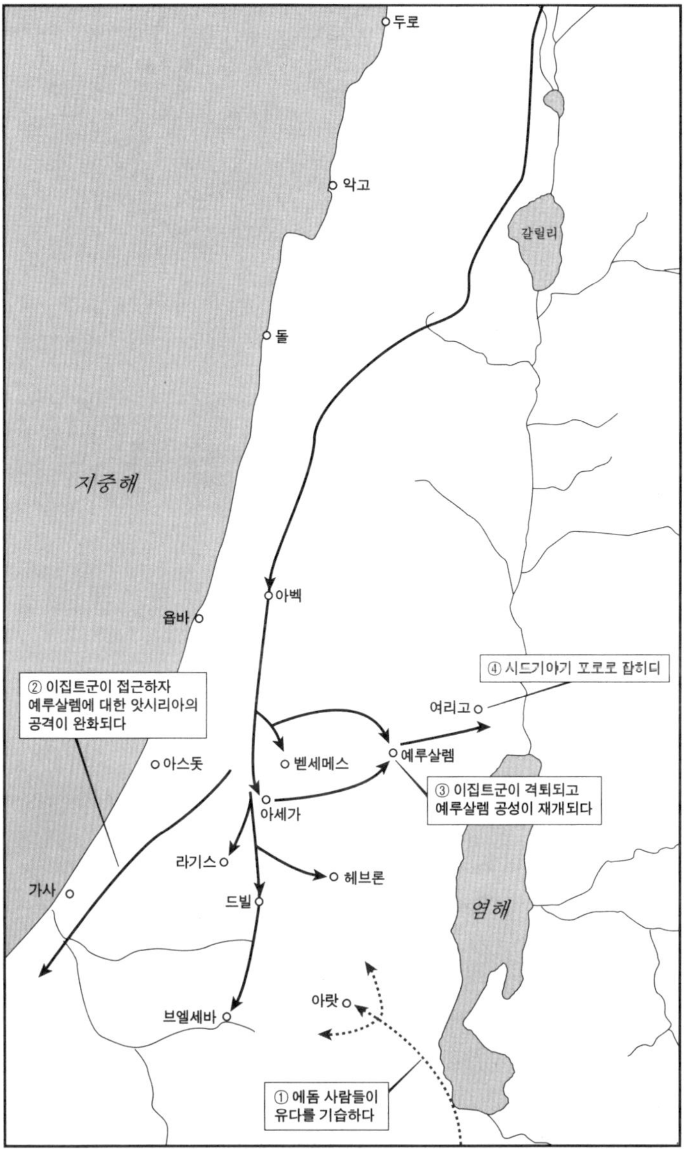

• 예루살렘의 파괴와 3차 포로

아프리에스(성경에서는 호브라, 주전 589~570년)가 파라오로 즉위했는데 그는 다시 가나안 지역에 간섭하려는 정책을 노골화했기 때문이다.

한편, 반란은 지중해변 국가들에 널리 파급되지는 않은 것으로 보인다. 예루살렘이 함락된 후 느부갓네살이 포위 공격한 바 있는 두로와 암몬만이 반란에 가담했던 것으로 보인다. 다른 나라들은 분명히 반란 모의에 미온적이거나 반대했으며, 에돔은 심지어 바벨론 편에 서기까지 했다(애 4:21; 시 137:7). 시드기야 자신도 예레미야와 여러 차례 의논하고 형세를 판단해 보면서 마음에 아무런 확신을 갖지 않았지만(렘 21:1-7; 37:3-10; 38:14-23) 광신적 애국주의자들인 측근 귀족들의 성화를 도저히 견뎌 낼 수가 없었다. 결국 시드기야의 도박은 이루어졌고 이에 대한 바벨론의 응징은 신속하고도 무자비하게 이루어졌다.

적어도 주전 588년 1월에는(왕하 25:1; 렘 52:4) 그들의 군대가 유다 땅에 당도해 예루살렘을 봉쇄하고(렘 21:3-7) 외곽의 거점들을 공략해 하나씩 점령해 나가 그 해 말에는 라기스와 아세가만이 남게 되었다(렘 34:7). 곧 아세가마저 무너지고 라기스가 홀로 남아 예루살렘을 지키는 마지막 보루가 되었다. 1935~1938년에 발견된 라기스 서간은 이 시기를 조명해 주는 밝은 빛이 되고 있다.

• 라기스 서신

이 서간에는 감시 초소의 책임자였던 한 군관이 라기스의 수비대장에게 보낸 편지가 포함되어 있는데 여기에는 아세가의 봉화 신호를 더 이상 볼 수 없다는 내용이 있다. 유다의 사기는 땅에 떨어졌고 지도급 인사들조차 유다의 처지가 절망적이라고 느꼈을 것이다. 라기스 서신에는 귀족들 가운데 일부가 백성의 '손을 약하게 한다'고 한탄하는 말이 적혀 있는데, 이것은 예레미야가 대적자들로부터 고발된 죄목이기도 했다(렘 38:4). 아무튼 이 시기에 예루살렘 사람들은 모두가 '손이 약해졌다'(극심한 두려움에 떨었다).

아마도 주전 588년 여름에 일단의 이집트 군대가 진격해 온다는 소식으로 인해 바벨론 군대는 예루살렘의 포위망을 일시적으로 풀지 않을 수 없었던 것 같다(렘 37:5). 이집트 군대는 시드기야의 직접적인 호소를 받고 움직인 것 같은데 그러한 사정을 라기스 서간은 잘 보여 주고 있다. 유다군의 사령관이 이 무렵에 이집트로 건너갔다는 내용이 있기 때문이다.

이집트의 도움으로 예루살렘 주민들이 모두 안도의 한숨을 내쉬고 있을 때 예레미야는 계속해서 주국 유다에 임할 최악의 사태를 예고했다(렘 37:6-10; 34:21). 그리고 틀림없이 아무도 그의 말을 달가워하지 않았을 테지만 그의 판단이 옳았음을 보여 주는 데는 그리 오랜 시간이 걸리지 않았다. 이집트 군대는 신속하게 격퇴되었고 바벨론 군대는 다시 예루살렘 포위 공격을 재개했다.

예루살렘은 영웅적인 힘을 발휘해 완강히 버텨 보았지만 그 운명은 이미 결정된 것이나 다름없었다. 단지 그때가 언제인가가 문제였을 뿐이다. 시드기야는 항복하고 싶었지만(렘 38:14-23) 그렇게 할 엄두를 내지 못했다. 주전 586년 7월(왕하 25:2; 렘 52:6) 예루살렘 도성에 식량이 바닥나자마자 바벨론군은 성벽을 뚫고 성 안으로 물밀듯이 밀려 들어왔다. 시드기야는 틀림없이 암몬에서 일시적인 피난처를 찾으려는 속셈으로 군사 몇 명과 함께 밤중에 요단 쪽으로 도망쳤지만(왕하 25:4; 렘 52:7) 여리고 부근에서 붙잡혀 리블라에 있는 바벨론 사령부로 끌려갔다. 반란의 수괴인 시드기야에게는 어떠한 자비도 베풀어지지 않았다. 그는 자기 아들들이 처형되는 것을 목격했고, 자신의 눈알도 뽑혀 앞을 못 본 채 사슬에 묶여서 바벨론으로 끌려가 그곳에서 최후를 맞이해야 했다(왕하 25:7; 렘 52:9-11).

한 달 후에 느부갓네살의 근위대장인 느부사라단이 예루살렘에 도착했고 그의 명령에 따라 바벨론 군대는 도성에 불을 지르고 성벽을 무너뜨렸다(왕하 25:8-21; 렘 52:24-27). 고위 성직자, 군관, 행정관료들, 지도층 인사들 가운데 상당수가 리블라에 있는 느부갓네살 앞으로 끌려가서 처형당했고(왕하 25:18-21; 렘 52:24-27) 주민들 가운데 일단의 무리는 바벨론으로 포로로 잡혀갔다. 유다의 운명은 이로써 처참한 종말을 맞았다.

에필로그:
예루살렘 멸망 그 이후, 4차 포로 왕하 25:22-26; 렘 40-44장

예루살렘 성벽이 무너지고 성전이 파괴됨으로써 유다 왕국에 대한 이야기는 끝이 났지만 여기에 한 가지 보태야 할 후기가 남아 있다(렘 40-44장; 왕하 25:22-26). 예루살렘을 파괴한 후 바벨론은 유다를 제국의 속주 체제로 편입시켰다. 국토는 당연히 완벽하게 절단이 났다. 성읍들은 파괴되었고 경제는 파탄 상태에 이르렀으며 지도급 인사들은 죽임을 당하거나 포로로 잡혀갔고 유다 땅에 남은 주민들은 주로 도저히 소란을 일으킬 만한 힘이 없다고 판단된 가난한 농부들뿐이었다(왕하 25:12; 렘 52:16).

느부갓네살은 귀족 출신의 그달리야(그다랴)를 총독으로 임명했는데,

그의 아버지 아히감은 전에 예레미야의 목숨을 구해 준 적이 있었고(렘 26:24) 할아버지인 사반은 요시야의 통치기에 국무대신으로 일하며(왕하 22:3) 대대적인 개혁을 주도하던 인물이었다. 그리고 그달리야 자신은 시드기야 통치기에 총리를 지낸 인물이었다. 아마도 철저히 파괴된 예루살렘에서는 더 이상 사람들이 살 수 없었기 때문에 그달리야는 자신의 총독 관저를 미스바에 둘 수밖에 없었다.

하지만 이러한 실험은 곧 실패로 드러났다. 그달리야는 백성을 달래려 했고(렘 40:7-12) 또 국토를 정상 상태로 회복시키려고 안간힘을 썼지만(렘 40:10) 완강한 저항자들은 그를 단지 강제 노역을 시키는 폭군 정도로 여겼다. 예레미야 41장 1-2절이나 열왕기하 25장 25절 모두 그의 재임 기간이 끝난 해를 말하고 있지 않기 때문에 그가 정확히 언제까지 총독의 직위에 있었는지는 알 수 없다. 그의 재임 기간이 1년이나 2년(아니면 좀 더 길었을 수도 있지만)이었을 수도 있지만, 우리는 그의 직위가 불과 2~3개월밖에 지속되지 않았을 것이라는 인상을 받는다.

어쨌든 왕족의 한 사람인 이스마엘은 단순히 귀족에 불과한 그달리야 총독의 통치를 달갑지 않게 여겼고 암몬 왕의 후원을 받고 그달리야의 암살을 도모했다. 이스마엘은 전에 암몬 땅으로 피신했고 또 거기서 피신한 유대인들을 중심으로 여전히 바벨론에 대한 저항 운동을 이끌었다. 친구들로부터 암살 음모에 대한 경고를 들었지만 그달리야는 고결한 성품 탓인지 그 경고의 말을 흘려들었다. 신뢰의 대가로 그달리야는 배신과 함께 이스마엘과 그의 공모자들에게 죽임을 당했는데, 이때 소수의 바벨론 수비대와 죄 없는 몇몇 구경꾼들까지 덩달아 죽었다. 그달리야 부하들의 맹렬한 추격에도 불구하고 이스마엘은 암몬 땅으로 도망하는 데 성공했다.

그달리야의 친구들은 아무 죄가 없었지만 느부갓네살의 복수가 두려웠다. 느부갓네살이 총독으로 임명한 그달리야와 함께 바벨론의 수비대들도 죽임을 당했기 때문이다. 이들은 예레미야의 진지한 간청을 뿌리치고 이집트로 도망하기로 결정하면서 예레미야까지 이집트로 강제로 데려갔다. 예레미야 52장 30절에 언급된 주전 582년의 포수는 이 사건에 대한 뒤늦은 보복의 성격으로 이루어졌을 것이다. 이때 유다 속주는 폐지된 것으로 보이며 영토의 상당 부분은 북쪽에 있는 사마리아 속주에 통합되었다.

이집트: 꺾여 버린 갈대

프삼메티쿠스 2세 주전 595~589년

프삼메티쿠스 2세는 그의 치세 3년에 누비아를 향한 출정을 감행했다. 왕 자신은 아스완 근처의 제1폭포까지 갔지만 그의 군대는 제3폭포(혹은 제4폭포)까지 도착했던 것으로 보인다. 아마도 이 시기에 아스완 맞은편에 있는 엘레판틴 섬에 유대인 식민 공동체가 배치되었을 가능성이 있다. 이 유대인 공동체에서는 훗날 페르시아 시대(주전 5세기)에 속하는 에스라/느헤미야 당시의 상황을 조명해 주는 다수의 아람어 문서들이 발견되었다(엘레판틴 문서). 프삼메티쿠스 2세는 주전 593년 누비아를 크게 이긴 승리의 여세를 몰아 가나안 땅을 향해 출정했다. 이 때문에 유다 땅의 시드기야는 예레미야 선지자의 경고에도 불구하고 '꺾인 이집트 갈대'에 의지하게 되었고,

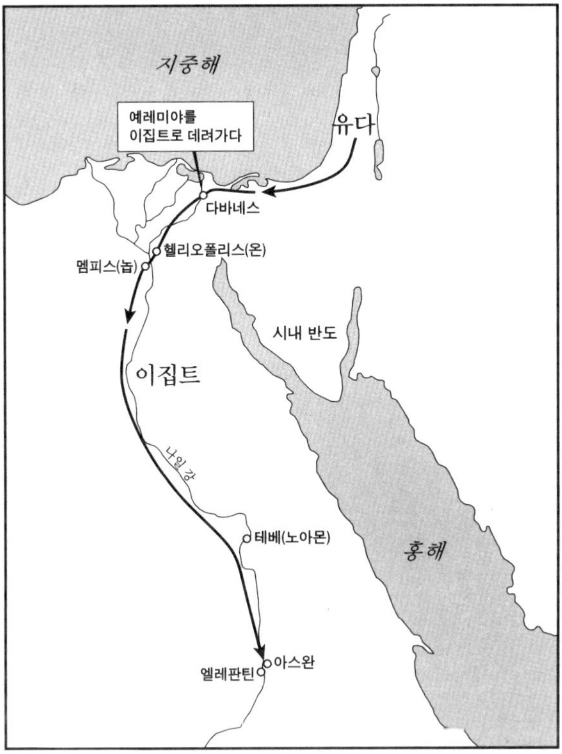

• 프삼메티쿠스 2세의 누비아 출정과 유대인 포로들의 이집트 정착

이는 느부갓네살의 분노를 자극했다.

아프리에스 주전 589~570년

군사적으로는 인상적인 승리를 보여 주지 못했지만 아프리에스(성경에서는 호브라, 렘 44:30)의 통치기는 이집트 자체만 놓고 본다면 번영과 진보의 시대였다. 아프리에스는 멤피스에 거주했는데 그곳에서 거대한 왕궁이 발견되어 한때 세간의 주목을 받기도 했다. 아프리에스는 느부갓네살의 예

루살렘 포위 공격 때 유다를 돕기 위해 주전 588년 소규모 병력을 파병했지만 아무 소용이 없었다(렘 37:5; 겔 29:1-16). 그의 파멸은 예레미야 선지자에 의해 예고되기도 했다(렘 44:30).

주전 570년, 아프리에스는 자신의 종말을 초래할 위험한 일에 말려들게 된다. 그리스 사람들이 구레네(현재의 리비아) 지역까지 밀려들어와 식민도시를 건설해 나갔는데 이로 인해 구레네 원주민들과 충돌이 빚어졌다. 당시 구레네 원주민의 지도자는 아프리에스에게 도움을 호소했고 북아프리카 지역에서 그리스 식민지들이 빠르게 세력을 확장해 나가는 것에 경계심을 품고 있던 아프리에스는 군대를 규합해 출정을 감행했다.

아프리에스는 원정대를 이집트 본토인만으로 구성했는데, 당시 이집트 군대의 주류를 차지하던 그리스계 용병들을 데리고 갔다가는 자신의 동족들과 싸우게 될 것이고 이는 효과적이지 않다고 판단했기 때문이다. 하지만 아프리에스는 구레네에서 크게 패하고 말았다. 이 소식이 이집트 본토에 전해지자 평소 군 내부에서 그리스계 용병들이 세력을 떨치는 것에 불만을 품고 있던 이집트 본토 출신 군사들이 아프리에스에 대항해 반란을 일으켰다. 아프리에스는 서둘러 아마시스를 진압군 사령관으로 파견했지만 반란군은 오히려 아마시스를 자신들의 왕으로 선포해 버렸다. 이로써 아프리에스의 운명은 끝이 나고 만다.

주전 6세기의 선지자들

위기에 처한 국가신학

국가신학의 의미를 아는 사람이라면 유다의 멸망과 함께 찾아온 국가신학의 위기를 직감할 수 있을 것이다. 국가신학의 핵심은 여호와께서 시온을 자신의 거처로 선택했다는 것과 다윗 왕조가 영원히 통치하고 그 원수들에게 승리하리라는 여호와의 약속이 불변함을 단언하는 것이다. 이 신학이 어떻게 앗시리아의 침공으로 말미암아 위기에 처하게 되었고, 또 이사야가 이 신학 속에 내재되어 있던 하나님의 징벌의 가능성을 강조함으로써 어떻게 이 신학을 재해석했는지는 이미 살펴보았다. 그리고 이사야가 예루살렘은 결코 점령되지 않으리라고 히스기야에게 선포한 것이 그대로 실현되고, 게다가 앗시리아의 붕괴로까지 이어지자, 국가신학은 이전보다 더 경직된 교의(dogma) 수준으로 발전하게 된 것도 언급했다. 즉 성전과 예루살렘 도성과 유대 국가의 신성불가침은 더 이상 백성의 마음속에 논란의 여지가 없는 맹신으로까지 자리 잡게 된 것이다.

요시야의 개혁은 백성에게 이런 '교의'의 기저에는 더욱 오래된 신학, 즉 시내 산 언약이 있다는 것을 상기시켰지만(특히 성전 수리 중 발견한 율법책으로 인해), 효과는 일시적이었다. 게다가 요시야가 비극적인 죽음을 맞은 데 이어 불행한 사건들이 이어지며 주변 정세가 암담해지자 백성은 여호와께서 다윗에게 주신 영원한 약속에 더욱더 필사적으로, 그리고 광신적으로 매달렸다. 그리고 여호와의 보좌가 있는 성전(렘 7:4; 14:21)과 여호와의 진노를 진정시키고 그분의 은혜를 얻을 수 있다고 생각되는 제의(희생제사)에서 마음의 안정을 찾으려고 했다(렘 6:14; 8:11; 14:10-14). 신학적 낙관론으로 마음이 들뜬 백성은 과거에 산헤립을 쳐부순 하나님이 느부갓네살도 쳐부수리라고 굳게 믿어 의심치 않았다(렘 5:12; 14:13). 예레미야의 가장 혹독한 반대자들(렘 26:7-11)은 자기 스승의 고매함에는 절반에도 미치지 못한 이사야의 옹졸한 제자들이었음에 틀림없다!

주전 597년에 일어난 재난은 과거 앗시리아의 침공으로 인해 제기되던 문제들을 다시금 재연시켰는데, 이번에는 그 강도 면에서 이전과 비교할 수 없을 만큼 거셌다. 이전에 유다는 결코 그와 같은 굴욕을 당한 적이 없었다. 여호와께서 계신 성전의 보화들은 약탈당했고, 다윗의 합법적인 후예(여호야긴)가 불명예스럽게 왕좌에서 쫓겨나 포로가 되어 먼 나라로 끌려갔다. 추측컨대 국가신학에 광신적으로 매달리던 백성은 이 같은 현실을 받아들이지 못했을 것이고, 그로 인한 반작용으로 여호야긴의 조속한 귀환을 바라는 소망이 불타올랐을 것이다(렘 27장). 또 시드기야에게 새로운 소망을 걸기도 했고 그러다가 마침내 나라 전체가 자멸적인 반역으로 곧장 휩쓸려 들어갔을 것이다.

이들은 주전 597년의 처참한 사건들은 이사야 선지자의 말대로 징벌을 통한 커다란 정화 작업에 불과하다고 보았고, 이 징벌 너머에서 하나님의 약속이 실현되리라 생각했을 것이다. 그때까지도 사람들은 나라가 망하리라는 생각은 꿈에도 하지 않았고, 끝까지 히스기야 때 그랬던 것처럼 여호와의 드라마틱한 개입을 기다렸다. 그러나 정작 종말이 왔을 때 공식적인 국가신학은 국가의 멸망을 도저히 해명할 수 없었다.

하나님의 주권과 공의의 문제

유다의 신학적 위기는 최후의 종말이 왔을 때 비로소 첨예화되었지만, 사실 문제점은 그 이전부터 나타나기 시작했다. 이들이 겪은 일련의 비극적인 사건들은 국가신학 자체만으로는 해명할 수 없는 여호와의 주권과 그분의 공의의 문제를 새롭게 제기해 주었다. 그러므로 이 시기의 선지자들이 이 문제를 집중적으로 설교할 수밖에 없었던 것은 결코 우연이 아니다. 예레미야서와 에스겔서를 비롯해 당시의 다른 문학들도 마찬가지였다. 이것은 바벨론군이 침공해 온 여호야김 시대에 말씀을 전한 것으로 보이는 하박국 선지자의 주요한 주제이기도 했을 것이다.

하박국은 이사야의 전통을 따라 바벨론을 여호와의 징계 도구로 보았고(합 1:2-11), 그들은 예정된 역할을 수행한 후에 심판을 받을 것이라고 말했다(합 1:12-2:17). 시온에서 다스리는 여호와는 유일한 하나님이시고(합 2:18-20) 공의로우며 능히 자기 백성을 구원할 수 있다고 믿은 하박국은 여호와의 권능 있는 개입(합 3장)과 바벨론에 대한 심판(합 2:6-17)을 신뢰하면서 기다렸다(합 2:4).

선지자들과 이스라엘의 미래

이 시기에 활동한 선지자들(예레미야, 에스겔)은 살아생전에는 주목받지 못했지만 누구보다 이스라엘을 소멸의 위기에서 구해 내는 데 결정적인 기여를 했다. 그릇된 소망을 가차 없이 꺾어 버리고 임박한 민족의 재난을 여호와의 주권적이고 공의로운 심판이라고 선언함으로써, 선지자들은 신앙에 입각해 그 비극을 앞서 설명했고 또 그렇게 함으로써 비극으로 인해 신앙이 파괴되는 것을 막을 수 있었다. 일종의 '예방주사'를 놓은 것이다. 확실히 국가 멸망과 성전 파괴라는 전대미문의 사건을 당하면서 많은 사람들이 신앙에서 떨어져 나가 암담한 절망에 빠지기도 했지만, 신실한 이스라엘 사람들은 이러한 충격을 통해 자신의 마음을 성찰하며 회개하게 되었다.

더욱이 이들의 메시지는 개인의 결단을 토대로 새로운 공동체를 형성하도록 촉진했는데, 이로 인해 유다 백성은 국가라고 하는 거대한 틀이 사라진 이후에도 존속할 수 있었다. 이로써 모든 백성이 자동적으로 소속될 수 있었던 과거의 국가적, 제의적 공동체는 바야흐로 끝나 가고 있었다. 만약 국가가 사라진 이후에도 이스라엘이 하나의 민족으로서 살아남으려면 개개인의 결단을 바탕으로 이루어진 새로운 공동체가 낡은 공동체를 대신해야만 했다. 선지자들의 설교는 바로 이러한 새로운 공동체를 준비했던 것이다.

예레미야는 국가적 제의를 신랄하게 비난했을 뿐만 아니라 그 제의의 희생제사 의식이 여호와께서 이스라엘 백성에게 원하시는 것에 비추어 본다면 다분히 주변적이며(렘 6:16-21; 7:21-23) 무엇보다 내면의 정화가 필요하다고 끊임없이 강조했다(렘 4:3, 14). 이것은 성전이 파괴된 이후 외면적인 제의가 사라진 상황에서도 신앙생활을 계속 해나가야 할 미래에 대한 대비책이었음에 틀림없다. 우리는 성전에서 드리는 희생제사와 제의 없이 신앙생활이 가능하다고 여기지만, 예전 사람들에게 이것은 꿈에서도 있을 수 없는 일이었다.

에스겔도 하나님의 공의에 대한 문제를 개인의 행실과 관련해서 설명함으로써(겔 18장) 집단적인 죄의 속박과 과거의 죄 때문에 영원히 저주를 받았다는 숙명론적인 감정으로부터 이스라엘 백성을 해방시키는 데 기여했다. 그리고 두 사람 모두 전심으로 여호와를 찾는다면 성전이나 제의가 없는 포로의 땅일지라도 여호와께서 그들을 만나 주신다는 것을 백성에게 확신시켰다(렘 29:11-14; 겔 11:16). 이런 설교를 마음으로 받아들인 사람들은 암울한 포로기에도 결코 자포자기하지 않았을 것이다.

예레미야와 에스겔은 당시에 만연하던 그릇된 소망을 꺾은 데서 그치지 않고 적극적인 소망을 제시하기도 했다. 왜냐하면 두 사람 모두 바벨론 포로생활은 과도기일 뿐이고(렘 29:10-14; 겔 11:16-21), 이 기간이 지나면 하나님의 미래가 열려 있다고 보았기 때문이다.

예레미야는 예루살렘이 멸망해 가고 있을 때도 "사람이 이 땅에서 집과 밭과 포도원을 다시 사게 되리라"고 선언하면서(렘 32:6-15) 부동산을 매입했는데, 이는 동포의 미래에 대한 긍정적인 믿음과 소망을 보여 주기 위함이었다. 이것은 단순한 소망이 아니라 예레미야 자신의 절망을 뛰어넘는 여호와의 목적에 대한 굳건한 믿음의 승리였다(렘 32:16-17). 그리고 이 믿음은 국가의 재건에 대한 어떤 기대나 그밖의 인간적인 노력이 아니라 여호와의 새로운 구속 행위에 토대를 두고 있었다.

> "여호와의 말씀이니라 보라 날이 이르리니 내가 이스라엘 집과 유다 집에 새 언약을 맺으리라 이 언약은 내가 그들의 조상들의 손을 잡고 애굽 땅에서 인도하여 내던 날에 맺은 것과 같지 아니할 것은

내가 그들의 남편이 되었어도 그들이 내 언약을 깨뜨렸음이라 여호와의 말씀이니라 그러나 그 날 후에 내가 이스라엘 집과 맺을 언약은 이러하니 곧 내가 나의 법을 그들의 속에 두며 그들의 마음에 기록하여 나는 그들의 하나님이 되고 그들은 내 백성이 될 것이라 여호와의 말씀이니라 그들이 다시는 각기 이웃과 형제를 가리켜 이르기를 너는 여호와를 알라 하지 아니하리니 이는 작은 자로부터 큰 자까지 다 나를 알기 때문이라 내가 그들의 악행을 사하고 다시는 그 죄를 기억하지 아니하리라 여호와의 말씀이니라"(렘 31:31-34).

이것은 여호와께서 이전에 이집트에서처럼 다시 자기 백성을 불러내어 그들의 죄를 용서하고 새로운 언약을 맺어 그들의 마음에 새 언약의 율법을 새겨 줄 것이라는 믿음이었다.

주전 586년 이후에 에스겔 역시 포로생활을 하는 동포들에게 위로와 소망의 말씀을 전했다. 새로운 출애굽을 통한 구원, 여호와께서 자기 백성을 본향으로 인도하기 전에 그들을 깨끗게 하기 위해 마련한 광야의 연단에 대해 설교했다(겔 20:33-38). 그는 다윗 가문의 통치 아래 이스라엘이 다시 회복될 것을 기대했지만(겔 34:23; 37:15-28), 자기 양 떼의 선한 목자이신(겔 34장) 여호와께서 이 일을 이루어 주실 것을 바랐다. 여호와는 죽은 백성의 뼈에 자기 영을 불어넣어 다시 '극히 큰 군대'로 일어나게 하고(겔 37: 1-14) 자기 백성에게 여호와 자신을 섬길 새로운 마음과 새로운 영을 부어 준 다음 그들을 고국으로 인도하여 그들과 영원한 평화의 언약을 맺고 그들 가운데 자기의 성소를 영원히 둘 것이라고 했다. 이들이 제시한 소망을 중심으로 새로운 이스라엘 공동체의 핵심인자들을 집결할 수 있었고, 또 암흑기 내내 꿋꿋이 하나님의 미래를 기다릴 수 있는 용기를 얻었다.

예레미야: 눈물과 사랑의 선지자

예레미야는 나훔, 스바냐, 하박국과 함께 주전 7세기에 사역한 선지자다. 그는 대선지자로서 주전 8세기의 이사야와 같이 주전 7세기에 우뚝 선 거인이었다. 그의 사역 연대는 요시야 13년부터 시드기야 11년까지로 선지서에 정확히 기록되어 있다(렘 1:2-3). 요시야 13년은 주전 627년으로 예레미야는 이때 처음 계시를 받았다. 하지만 우리가 기억해야 할 사실은 예레미야가 예루살렘이 함락된 이후의 포로기에도 사역을 계속했다는 것이다. 예레미야서 40-44장은 포로기 중에 일어난 사건들을 기록하고 있기 때문이다. 예레미야는 하나님께 불순종한 무리의 강요에 못 이겨 이집트로 함께 내려갔는데 그가 죽은 연대는 대략 주전 580년경으로 보인다. 그렇다면 그의 사역은 주전 627년경에 시작되어 주전 580년경에 마친 것이 되는데, 총 47년의 사역 기간은 아마도 이사야를 제외하고 가장 긴 시간이었을 것이다.

예레미야는 제사장 힐기야의 아들로 태어나 제사장들의 성읍인 아나돗에서 자랐다. 그는 젊은 나이에 선지자로 부르심을 받았는데 하나님은 그가 모태에서 형성되기도 전에 이 사역을 위해 그를 지명하셨다고 말씀하셨다. 그의 생애는 크게 세 부분으로 나눌 수 있다.

첫 번째는 그의 생애에서 가장 즐거웠던 시기다. 이 시기는 요시야가 다스리던 때로서 유다 땅에는 공의가 흘러넘쳤다. 나훔, 스바냐 선지자도 이 시기에 예레미야와 함께 사역했는데 이들은 아마도 요시야의 개혁 정책에 큰 영향력을 행사했을 것이다.

요시야 왕 18년에 율법책이 발견되었고 이를 통해 개혁 정책은 한결 탄력을 받았는데 이때는 예레미야가 부르심을 받은 지 5년이 되는 해였다. 예레미야는 이 시기에 요시야 왕과 밀접한 관계를 유지했음에 틀림없는데, 요시야가 죽었을 때 예레미야가 왕을 위해 애곡했다는 기록(대하 35:25)에서도 이를 확인할 수 있다. 이 시기에 예레미야에 대한 박해가 한 번 있었는데 그것은 고향인 아나돗에서였다(렘 11:18-23). 고향 사람들은 아마도 이 탁월한 젊은이를 시기한 모양인데 심지어 그의 목숨을 빼앗으려고까지 했다. 하나님은 아나돗 사람들에 대한 심판으로 그들에게 벌을 내리실 거라고 말씀하셨다.

두 번째는 첫 번째와는 정반대로 극심한 반대와 고통에 직면한 때다. 여호야김, 여호야긴, 그리고 시드기야로 이어지는 유다의 마지막 왕들이 통치한 시기였는데, 이들은 한결같이 악한 왕들이었다. 이 기간 중에 유다를 향한 바벨론의 공격이 세 차례나 있었고, 예레미야는 유다가 이방인의 손에 의해 정복될 것이라는 '인기 없는' 메시지를 선포했다. 당시에 이런 메시지를 선포한다는 것은 자칫 목숨을 내놓아야 할 정도로 위험한 일이었다.

여호야김 통치기에 바스훌은 예레미야를 때리고 여호와의 성전에 있는 베냐민의 문 위층에 차꼬를 채웠다(렘 20:2). 바스훌이 이렇게 한 이유는 예레미야가 성전 뜰에서 하나님이 백성의 죄악 때문에 성읍에 악이 임하게 하실 것이라는 메시지를 선포했기 때문이다. 이후에도 예레미야는 동일한 메시지를 전했는데 이 일로 인해 제사장과 거짓 선지자들은 예레미야를 죽이려고 했지만 성공하지 못했다(렘 26:11). 하지만 예레미야와 동일한 메시지를 선포하던 선지자 우리야는 결국 죽임을 당했다(렘 26:20-24).

여호야김 4년에 하나님은 예레미야에게 주신 말씀을 기록하도록 하셨는데, 예레미야는 바룩을 통해 이 말씀을 기록했다(렘 36:1-4). 그는 선지서를 백성에게 읽어 주었고, 이 소식을 들은 여호야김 왕이 자기 앞에서도 읽으라고 명령했다. 그러나 여호야김은 그 책을 읽고 나자마자 그것을 찢고 불속에 던졌다. 그는 아마 책을 불로 태움으로써 예언이 성취되지 않을 것으로 생각했을 것이다. 예레미야는 이에 겁내지 않고 다시 바룩이 받아 쓰도록 했는데, 이번에는 여호야김의 패역한 일까지 덧붙여서 기록했다(렘 36:27-32). 예레미야는 왕위에 오른 지 겨우 3개월 만에 바벨론에 포로로 잡혀간 여호야긴과는 거의 접촉하지 않은 것으로 보인다. 하지만 예레미야는 여호야긴이 포로로 잡혀갈 것을 예언하기도 했다(렘 22:24-30). 이후에 등장한 시드기야의 통치기는 예레미야에게 가장 큰 고통의 시간이 되었다. 예레미야는 왕과 백성에게 계속해서 바벨론에게 복종해야 한다고 선포했다.

> "왕과 백성은 바벨론 왕의 멍에를 목에 메고 그와 그의 백성을 섬기소서 그리하면 사시리라"(렘 27:12).

그러나 시드기야는 예레미야의 말에 귀를 기울이지 않고 바벨론에 대항하는 동맹군에 가담했다가 바벨론의 세 번째 침공, 즉 국가의 멸망을 초래할 침공을 맞았다. 시드기야 10년에 예레미야는 최근에 구입한 땅의 소유권을 주장하기 위해 아나돗으로 갔다가 반역죄로 체포되었다(렘 32:1-15). 예레미야가 감옥에 있은 지 며칠 후 시드기야는 그를 조용히 불러 "여호와께로부터 받은 말씀이 있느냐"(렘 37:17)고 물었다.

이에 대해 예레미야는 받은 말씀이 있다고 대답하면서 지금까지 선포했던 동일한 내용의 메시지를 전했다. 이에 시드기야는 예레미야에게 어느 정도의 자유를 허용했지만, 그의 원수들이 이것을 알고 예레미야의 생명을 요구했다. 그들은 예레미야를 잡아서 어두운 구덩이 속에 던져 넣었다(렘 38:6). 이때 예레미야는 구스 사람 에벳멜렉의 간청에 의해 왕의 허락을 받고 풀려났다(렘 38:7-13). 아마도 이 사건 직후 예루살렘은 함락되었고 예레미야의 예언이 그대로 임하게 되었을 것이다.

세 번째는 예루살렘이 함락된 후부터 예레미야가 죽을 때까지다. 이 시기 초반에는 비교적 형통한 시간을 보냈는데, 그 이유는 예루살렘에 대한 그의 예언이 모두 진실로 드러났기 때문이다. 그를 반대하던 제사장들과 거짓 선지자들은 입을 다물 수밖에 없었다. 바벨론이 임명한 유다 총독인 그달리야가 살아 있는 동안에 예레미야는 그의 조력자로서 행복한 관계를 유지할 수 있었다. 하지만 예레미야는 그가 전한 하나님의 말씀을 백성이 믿지 않음으로 인해 다시 역경의 길을 걸어야 했다. 백성을 따라서 이집트로 도주해야 했던 것이다. 예레미야는 이집트에서도 자신의 사역을 계속했고, 백성으로부터 존경을 받았을 것이다. 예레미야는 이렇듯 예루살렘이 함락된 후에도 살아남아 남은 백성의 목자로서 자기 역할을 충실히 감당했다.

예레미야서는 다음과 같이 요약될 수 있다.

I. 유다와 예루살렘에 대한 예언 1:1-25:38

A. 예레미야의 소명(1:1-19)

B. 유다의 극심한 죄(2:1-3:5)

C. 북방의 침입에 대한 예언(3:6-6:30)

D. 바벨론 유수(幽囚)에 대한 경고(7:1-10:25)

E. 깨어진 언약과 허리띠의 표적(11:1-13:27)

F. 기근에 대한 메시지(14:1-15:21)

G. 결혼하지 않은 선지자의 표적과 안식일에 대한 경고(16:1-17:27)

H. 토기장이 집의 표적(18:1-20:18)

I. 시드기야와 백성에 대한 바벨론의 심판(21:1-25:38)

II. 예레미야에 관한 일화들 26:1-45:5

A. 성전에서의 설교와 예레미야의 체포(26:1-24)

B. 바벨론의 멍에를 묘사하는 상징적 행위(27:1-28:17)

C. 포로에게 보낸 예레미야의 편지(29:1-32)

D. 메시아 왕국에 대한 예레미야의 메시지(30:1-31:40)

E. 예레미야의 땅으로 상징되는 영토의 회복(32:1-44)

F. 메시아 왕국에 대한 추가적 메시지(33:1-26)

G. 시드기야의 죄와 레갑 족속의 충성(34:1-35:19)

H. 기록되었다가 파기된 예레미야의 책(36:1-32)

I. 포위 기간 중 예레미야가 당한 수난(37:1-39:18)

J. 예레미야와 유다의 남은 자(40:1-42:22)

K. 예레미야와 애굽으로 향한 피난민들(43:1-44:30)

L. 바룩에게 준 예레미야의 메시지(45:1-5)

III. 나라들에 대한 예언 46:1-51:64

A. 애굽에 대하여(46:1-28)

B. 블레셋에 대하여(47:1-7)

C. 모압에 대하여(48:1-47)

D. 암몬, 에돔, 다메섹, 아라비아, 엘람에 대하여(49:1-39)

E. 바벨론에 대하여(50:1-51:64)

IV. 첨가된 역사적 서술 52:1-34

에스겔: 소망의 선지자

에스겔은 자신의 사역 연대에 대해 정확하게 언급하고 있다. 그는 주전 597년에 있었던 2차 포로 때 바벨론으로 잡혀갔다. 이것은 에스겔 33장 21절에 의해 증명되는데, 여기서 에스겔은 그가 예루살렘 성이 파괴되기 12년 전에 잡혀갔다고 말하고 있다. 예루살렘 성은 주전 586년에 파괴되었다. 주전 597년의 2차 포로기에는 여호야긴 왕을 포함해 1만 명이 잡혀갔다(왕하 24:11-16). 에스겔은 자신이 예언 사역을 위해 부르심을 받은 것이 "여호야긴이 사로잡힌 지 오 년"(겔 1:2)이라고 말하는데, 이때는 주전 592년이 된다. 에스겔은 포로로 끌려간 지 27년 되는 해까지 사역을 계속했고(겔 29:17) 그 해는 주전 571년이 된다. 따라서 에스겔은 적어도 22년 동안 예언 사역을 감당한 것으로 보인다.

에스겔의 사역을 이해하기 위해서는 먼저 연대기적으로나 사회적으로나 다니엘과 관련해서 살펴보는 것이 좋을 것이다. 다니엘은 에스겔보다 8

년 먼저 포로로 잡혀왔다. 그러므로 에스겔이 바벨론에 도착했을 때 다니엘은 이미 3년의 훈련 과정을 마치고 술객들의 책임자로서 5년 동안 사역한 뒤였다.

에스겔이 바벨론에 도착했을 때 이들 두 사람의 사회적 지위는 큰 대조를 이루었다. 다니엘은 이미 5년 동안 술객들의 책임자라는 고위 신분이었던 데 반해, 에스겔은 이제 막 끌려온 포로 중 하나였기 때문이다. 당시의 정황을 볼 때 이들 두 사람이 실제로 만났고, 긴밀한 우정을 나누었을 것으로 추측할 수 있다. 다니엘과 에스겔의 사역은 분명한 차이점이 보인다. 다니엘은 행정가로서 왕궁에서 사역했고, 에스겔은 돌아다니면서 설교하거나 자기 백성을 돌보는 사역을 담당했다. 수명에 있어서도 두 사람은 차이를 보이는데, 다니엘은 페르시아가 바벨론을 정복할 때까지 살아 있었던 데 반해, 에스겔은 아마도 느부갓네살의 통치가 끝나기 전에 이미 죽은 것으로 보인다.

I. 예루살렘의 멸망에 대한 예언 1:1-24:27

A. 에스겔의 소명(1:1-3:27)

B. 예루살렘의 멸망에 대한 예언(4:1-7:27)

C. 예루살렘의 죄와 임박한 심판에 대한 환상(8:1-11:25)

D. 죄로 인한 심판의 확실성(12:1-19:14)

E. 예루살렘 멸망 직전의 마지막 경고(20:1-24:27)

II. 이방 국가들에 대한 예언 25:1-32:32

A. 암몬, 모압, 에돔, 블레셋에 대한 예언(25:1-17)

B. 두로와 시돈에 대한 예언(26:1-28:26)

C. 애굽에 대한 예언(29:1-32:32)

III. 이스라엘의 회복에 대한 예언 33:1-48:35

A. 천년왕국 이전에 일어날 사건들(33:1-39:29)

1. 파수꾼의 비유(33:1-33)
2. 거짓 목자들과 참 목자(34:1-31)
3. 회복될 이스라엘 땅(35:1-36:38)
4. 마른 뼈와 두 개의 막대기에 대한 환상(37:1-28)
5. 파멸될 불경건한 나라들(38:1-39:29)

B. 천년왕국에서의 예배(40:1-48:35)

1. 천년왕국의 성전(40:1-43:27)
2. 천년왕국의 예배(44:1-46:24)
3. 천년왕국의 땅(47:1-48:35)

왕국 멸망 후부터 느부갓네살이 죽을 때까지 주전 586~562년

예루살렘 도성과 성전의 파괴, 그리고 뒤이은 포로생활은 이스라엘 역사에서 커다란 분수령이 된 사건이었다. 국가가 파괴되었고 국가 제의도 중단되었으며 오랜 국가적-제의적 공동체는 결딴이 났다. 이스라엘은 당분간 어느 모로 보나 이미 하나의 민족으로 볼 수 없게 되었다. 그런데 놀랍게도 이스라엘의 역사는 완전히 끝난 것이 아니었다. 이스라엘은 재난을 이기고 살아남았고 또한 옛 공동체의 잿더미에서 새로운 공동체를 형성해 하나의 민족으로서 삶을 재개했다. 그리고 이 모든 것은 포로생활 속에서 또한 그것을 극복하는 과정 속에서 잉태된 것이었다.

느부갓네살의 통치 말기

아마도 지금까지 우리의 관심은 유다 왕국을 최종적으로 멸망시킨 바벨론의 느부갓네살 왕에 대한 이야기까지로 제한되어 있었을 것이다. 그럼에도 우리는 관심의 폭을 예루살렘 멸망 이후의 바벨론 제국으로까지 넓혀야 하는데 이것은 이후에 펼쳐지는 바벨론 제국의 이야기가 포로기 시절 유대인들의 삶을 이해하는 데 중요한 단서를 제공해 주기 때문이다.

느부갓네살은 자신의 통치 말까지 제국의 영토를 그대로 유지했을 뿐 아니라 오히려 좀 더 확장할 수 있었다. 당시 근동 세계에서 느부갓네살의 가장 위험한 경쟁자이자 동맹자는 메대 왕 키약사레스였다. 그는 앗시리

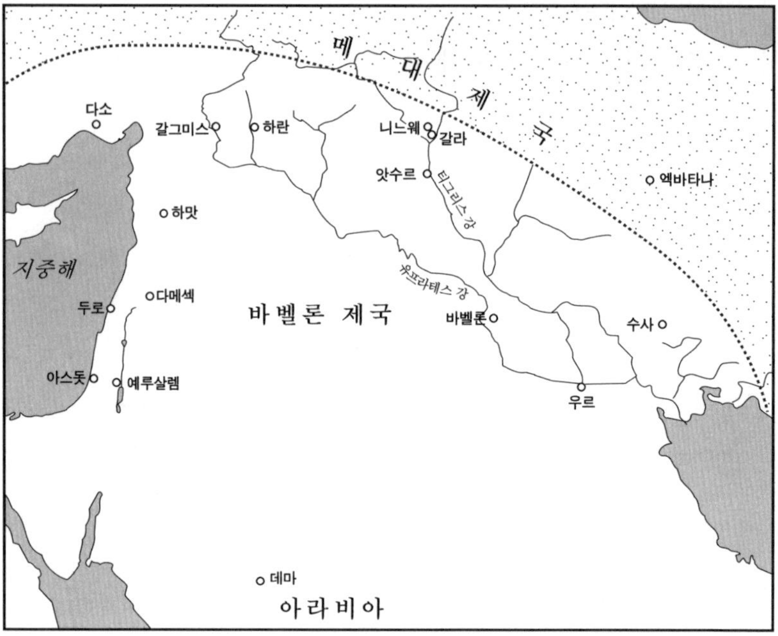

• 메대와 바벨론

아를 멸망시킬 당시 바벨론의 동맹자(키약사레스는 느부갓네살의 장인이었다)였고, 느부갓네살이 메소포타미아 지역 하부를 중심으로 영토를 확장해 나갈 때 키약사레스도 메소포타미아 지역의 상부를 중심으로 그에 견줄 만한 제국을 만들어 가고 있었다. 엑바타나를 수도로 한 메대 제국은 이란의 산지 족속들을 복속시킨 후 아르메니아를 가로질러 서쪽으로 소아시아까지 진출했고 거기서 리디아 왕 알리야테스와 충돌했다. 느부갓네살은 주전 585년 할리스 강을 국경선으로 메대와 리디아가 조약을 맺을 때 중재자 역할을 했는데, 이는 메대의 지나친 팽창을 막기 위함이었다. 이후 느부갓네살은 길리기아 지방을 자신의 영토로 복속시켰다.

주전 585년 느부갓네살은 두로를 포위 공격했다. 하지만 에스겔 선지자가 두로의 파멸을 노래했고(겔 26-28장) 느부갓네살 자신도 13년 동안 이 도시를 봉쇄했음에도 두로는 끝까지 항전했다. 이후에도 두로는 반독립 국가 형태로나마 존속을 유지했다. 주전 582년에는 바벨론이 총독으로 세운 그달리야가 암살된 것을 빌미로 유다 땅을 침공해 다시금 4차 포로 시대가 발생했다.

예레미야(렘 43:8-13; 46:13-26)와 에스겔(겔 29-32장)은 모두 느부갓네살이 계속해서 이집트까지 침공하기를 기대했지만 그는 이집트를 침공하는 것은 모험이라고 생각했는지 한동안 이런 시도를 하지 않았다. 그러나 이집트 침공에 대한 야욕이 그에게 전혀 없었던 것은 아니었고, 마침내 그 시기가 점차 도래하고 있었다. 주전 570년에 이집트의 파라오인 아프리에스는 구레네의 그리스인들에게 대패한 뒤 아마시스가 이끄는 군대의 반란에 직면했다. 뒤이어 벌어진 전투에서 아마시스는 스스로 왕이 되었고, 아프리에스는 목숨을 잃었다. 주전 568년 느부갓네살은 이집트에서 일어난 혼란기를 틈타 이집트를 침공했다. 하지만 그의 침공은 완전한 정복이 아니라 더 이상 가나안 지역에 간섭하지 못하게 하기 위한 일종의 무력시위 차원이었다. 그런 목적이었다면 느부갓네살은 소기의 목적을 달성했다고 볼 수 있다. 그 후 이집트와 바벨론은 오랜 동안 우호적인 관계를 유지했기 때문이다.

유다 땅에 남은 사람들

느부갓네살의 군대는 유다 땅을 도살장으로 만들었다. 고고학적 증거가 웅변적으로 증거해 주듯이 유다의 심장부에 있던 모든 요새화된 성읍들은 이즈음 철저히 파괴되었고, 그 대부분은 이후에도 오랜 세월 동안 재건될 수 없었다(애 2:2, 5). 유다 땅의 인구는 서서히 물이 빠지듯 줄어들었다. 바벨론에 포로로 잡혀간 사람들은 차치하고라도 유다 땅에 남은 수천 명의 사람들 역시 전쟁, 기아, 질병으로 목숨을 잃었고(애 2:11; 19-21; 4:9) 어떤 사람들은 처형되었다. 주전 8세기경 웃시야 왕의 전성기 시절에 아마도 25만 명이 넘었고, 주전 597년의 포수 후에도 그 절반이 되었을 유다의 인구는 주전 538년경 최초의 포로들이 돌아온 후에도 거의 2만 명을 넘지 못했던 것으로 보아 그 중간 시기의 인구 밀도는 거의 처참할 지경이었다고 보아야 한다.

그달리야가 암살된 후 유다는 주체성을 잃어버렸고 북쪽에 있는 사마리아 속주에 통합되었으며, 남쪽 지역은 아랍의 압박으로 고향 땅에서 밀려난 에돔 족속들이 유입되어 그들의 땅이 되어 갔다. 유다 남부 지역은 신약시대 이후까지 에돔 족속의 땅이 되었고, 이후에는 '이두메'로 불리게 된다. 이후 50년 동안 유다 땅에서 일어난 일들에 대해서 우리가 아는 것은 거의 없다. 짐작컨대 시국이 안정되어 감에 따라 흩어졌던 난민들이 돌아와서(렘 40:11-12) 유다 땅에 남아 있던 주민들과 다시 합류해 근근이 목숨을 연명해 갔을 것이다. 그러나 그들의 처지는 처참하고 기구했다(애 5:1-18). 성전은 비록 완전히 불타 버렸지만 순례자들이 끊임없이 찾아와 검게 그을린 폐허와 잿더미 가운데서 희생제물을 봉헌하는 성지의 역할을 계속했다. 하지만 많은 선지자들은 이들이 갖고 있던 신앙이 결코 순수한 형태의 여호와 신앙과는 거리가 멀다고 느꼈다(겔 33:24-29; 사 57:3-13; 65:1-5).

여기서 우리가 기억할 것은 유다 땅의 파멸에도 불구하고 이전의 북왕국 영토는 거의 해를 입지 않은 채로 남아 있었다는 사실이다. 사마리아,

갈릴리, 요단 동편에서는 이스라엘 주민들이 이전과 같이 생존을 이어 가고 있었다. 이들의 신앙 역시 극심한 혼합주의적 성격을 띠고 있었고 오랫동안 이방의 지배 아래에서 살아왔기 때문에 민족주의의 불꽃도 거의 꺼져 갔을 것이 분명하다. 이스라엘 땅에 남아 있는 자들은 여전히 수적으로 다수였을지 몰라도 이스라엘의 장래를 위해 그들이 주도적으로 할 수 있는 것은 그다지 많아 보이지 않았다. 그렇다. 이스라엘의 진정한 구심점은 일시적으로 본토를 떠나 있었던 것이다.

바벨론에 포로로 잡혀간 사람들

반면 바벨론에 포로로 잡혀간 사람들 대부분은 과거 유다 왕국에서 정치적, 종교적, 지성적으로 지도층에 있던 인물이었다. 이것이 그들만이 특별히 선택되어 바벨론으로 잡혀온 이유였다. 물론 그들의 수는 그리 많지 않았다. 예레미야 52장 28-30절에는 세 차례에 걸쳐 포로로 잡혀온 자들의 총수를 4,600명이라고 기록하고 있다. 이 포로들은 비록 수적으로는 소수였지만 이스라엘의 신앙에 새로운 방향성을 부여하고 이스라엘 땅에서 유대인 공동체를 재건하기 위한 추진력과 잠재력을 갖고 있는 사람들이었다.

바벨론에 잡혀온 포로들이 겪은 고초와 굴욕은 간과할 수 없겠지만 그들의 처지가 지나치게 가혹했던 것 같지는 않다. 바벨론에서 멀지 않은 남부 메소포타미아로 옮겨진 그들은 그 지방의 주민들 가운데 흩어져 살지 않고 일종의 수용소에 거주했던 것으로 보인다(겔 3:15; 스 2:59; 8:17). 물론 그들은 자유롭지 못했지만 그렇다고 사슬에 묶인 죄수의 신분도 아니었다. 그들은 집을 짓고 농업에 종사하는 것이 허용되었으며(렘 29:5) 자신들이 할

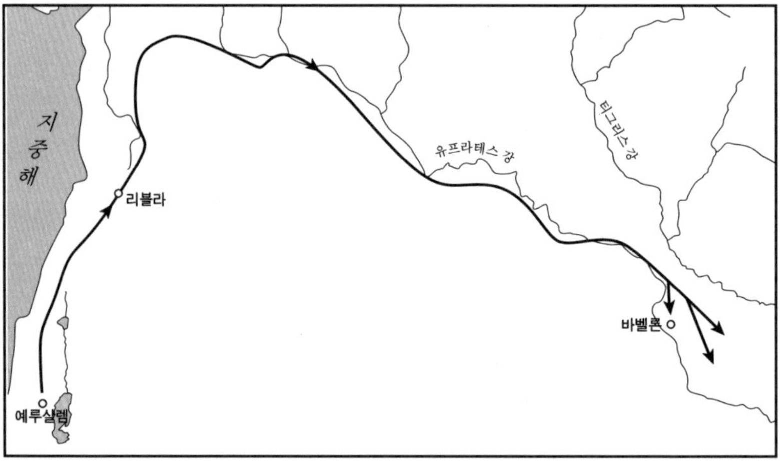

• 포로로 끌려간 유다 백성

수 있는 방식으로 생계를 영위해 나갈 수 있었다. 포로들의 상황에 대해서는 알려진 것이 거의 없다. 이미 언급한 대로 그들 가운데 일부는 주전 595년의 소요 사건에 연루되어 보복당하기도 했다(렘 29장). 주전 592년 이후 여호야긴 역시 어떤 반역 사건에 연루된 탓인지 감옥에 갇히게 되었다(왕하 25:27-30).

이런 특별한 사건들을 제외하면 바벨론에 잡혀온 유대인 포로들이 유별난 고초를 겪었다는 증거는 거의 없다. 이들에게는 오히려 유다 땅에 남겨진 자들보다 더 좋은 기회들이 열려 있었다. 많은 유대인들은 시간이 지나자 장사를 시작했고 그로 인해 부자가 된 사람들도 있었다.

이집트와 그밖의 지역 사람들

강제로 바벨론으로 끌려온 것이 아니라 자발적으로 고국을 버리고 안

전한 생활 터전을 찾아간 사람들도 있었다. 이들은 확실히 적지 않은 수였을 것이다. 상당수의 사람들이 이집트로 도망갔다. 그달리야가 암살된 후 예레미야를 데리고 이집트로 도망간 일단의 무리를 언급했지만(렘 42장 이하), 아마도 이들이 이집트로 향한 최초의 무리는 아니었을 것이다.

사실상 많은 유대인들은 유다 왕국의 험난하기만 했던 마지막 세기 동안 자진해서 이집트로 피난했거나 용병 또는 다른 형태로 이집트에서 정착을 시도했던 것 같다. 그리고 나라가 망하자 그 피난민의 수는 더욱

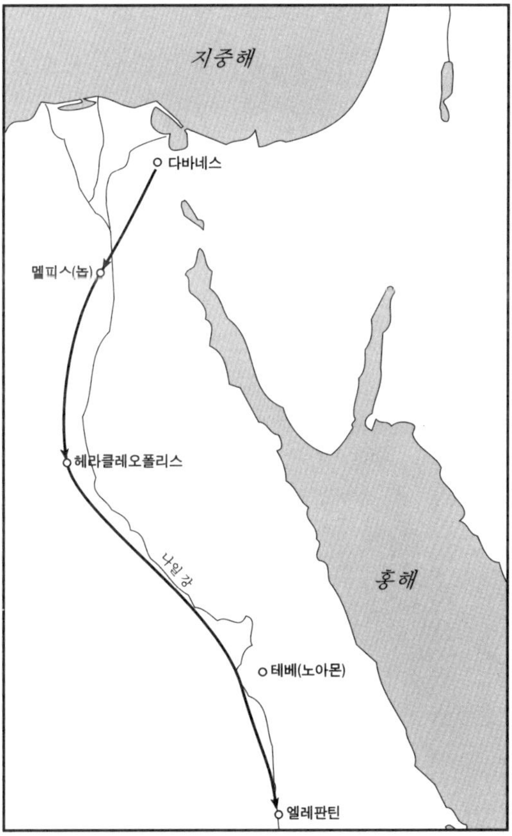

이집트에 정착한 유다 백성

늘었을 것이다. 예레미야를 데리고 간 무리는 국경 지대에 있는 다바네스에 정착했고(렘 43:7) 다른 무리는 하부 이집트의 다른 도시들에 정착했다(렘 44:1). 짐작컨대 그들의 후손은 페르시아 시대에도 계속 그곳에 머물러 살다가 훗날 알렉산더 대왕의 정복 이후 프톨레미 시대에 접어들면서 이집트 땅을 세계에 흩어진 디아스포라 유대인들의 중심지로 만든 대규모 이주자들과 합세했을 것이다. 이들의 역사에서 특히 흥미로운 것은 주전 5세기 내내 나일 강 제1폭포 근처의 엘레판틴 섬에 존재하던 유대인 군사 식민지다. 거기서 나온 증거 자료들에 따르면 이 공동체는 26왕조의 파라오 중 하나인 프삼메티쿠스 2세에 의해 건설된 것으로 보인다.

상세한 것은 알 수 없지만 유대인들은 이집트가 아닌 다른 나라들로도 피난을 갔을 것으로 보인다. 성경은 그들 가운데 상당수가 바벨론의 침략을 피해 모압, 에돔, 암몬으로 도망했다고 기록하고 있다(렘 40:11). 그들 가운데 일부는 전란이 끝난 후에 다시 고국으로 돌아왔겠지만 많은 사람들은 그대로 눌러앉았을 공산이 크다. 그 당시에는 아직 온 세계에 흩어져 사는 '유대인 디아스포라'의 개념은 없었지만, 이후 유대인 역사에서 영원히 뒤집을 수 없는 이 거대한 조류(디아스포라)는 이즈음부터 시작되었다고 볼 수 있다. 즉 '이스라엘이 열방들 가운데 흩어져 살기 시작했다'는 것이다(신 28:64). 그리고 이스라엘은 다시 어떤 정치적 조직체나 지리적 영토를 갖출 수 없을 것이다. 이스라엘의 미래가 어떻게 전개되든 과거의 체제로 완전히 복귀되기는 이미 불가능했다.

시련 속에서 피어난 강인한 소망

포로생활과 이스라엘의 신앙

이스라엘을 덮친 엄청난 재난을 생각할 때 우리는 이스라엘이 지중해 변에 인접한 다른 군소 국가들처럼 역사의 소용돌이 속에 휩쓸려 들어가 하나의 민족으로서 주체성을 영원히 상실하지 않았다는 사실에 기이함을 느끼게 된다. 그리고 누군가가 "왜 이스라엘이 그렇게 되지 않았느냐?"고 묻는다면 그 대답은 '이스라엘의 신앙'에 있다고 해야 할 것이다. 하지만 이런 대답은 간단한 몇 마디 말로 해치워 버리면 안 된다. 왜냐하면 포로생활은 이스라엘의 신앙을 극한까지 시험했기 때문이다. 이스라엘의 신앙이 이런 위기 상황을 극복한 것은 자동적으로 이루어진 일이 아니라 오로지 끊임없는 자기 성찰과 피나는 재적응을 통해서 된 일이었다.

불굴의 이스라엘 신앙

시련이 가혹했음에도 이스라엘의 신앙은 그 시련에 의연히 맞서며 놀라운 불굴의 힘과 의지를 보여 주었다. 이스라엘의 신앙 앞에 놓인 문제, 즉 본질적으로 민족의 재난에 대해 적합한 신학적 해명을 제시하고 미래를 위한 소망의 불꽃을 살려 나가는 문제에 대한 해결책은 그 비극 속에서 이스라엘을 이끌어 나가던 선지자들, 특히 예레미야와 에스겔에 의해 오래 전부터 이미 준비되어 왔다.

이 선지자들은 국가 멸망과 성전 파괴의 비극이 민족의 죄에 대한 여호와의 의로운 심판이라고 끊임없이 선언함으로써 그 비극을 조리 있게 설명하고, 또한 그 비극을 이스라엘의 역사적 신앙에 배치되는 사건이 아니라 오히려 그 진실성을 입증하는 사건으로 볼 수 있게 해주었다. 이리하여 백성은 바벨론 포수를 당연한 징벌이자 새로운 미래를 위해 이스라엘을 준비시키는 정화 과정으로 보게 되었다. 선지자들은 이런 설교를 통해 여호와는 포로생활을 하는 땅에서조차 그들로부터 멀리 떨어져 있지 않다는 것을 백성에게 확신시켜 줌으로써 새로운 공동체를 위한 길을 예비했던 것이다.

포로기에 하나의 새로운 공동체가 실제로 출현하기 시작했다. 그것은 더 이상 국가적-제의적 공동체가 아니라 여호와의 율법에 순종하는 것을 특징으로 하는 공동체였다. 율법에 대한 강조(때론 지나치게 보일지라도)가 포로들 사이에서 점차 높아졌다는 것은 충분히 이해할 만하다. 왜냐하면 국가와 제의가 끝장이 난 상황에서 자신들이 유대인임을 나타낼 수 있는 표식은 그것밖에 없었기 때문이다. 특히 안식일과 할례는 둘 다 오래된 제도였지만 이 시기에 유례없이 강조되기 시작했다. 그리고 점차 안식일의 엄격한 준수가 충실한 유대인의 증표가 되었다. 이러한 것들이 제3자가 볼 때는 신앙의 주변적인 것에 불과해 보일지 모르지만, 포로로 잡혀온 유대인들에게는 이미 신앙의 가시적인 상징들이 사라진 상황에서 그들이 붙들 수 있는 거의 유일한 것이었음을 이해해야 한다.

귀환을 소망하다

포로들이 소망하는 미래는 가까운 시일 내에 그들이 고국으로 귀환하는 것이었다. 그리고 이러한 소망은 결코 사라지지 않았다. 일부 사람들은 이내 체념하고 바벨론의 생활에 적응했음에 틀림없지만, 포로 공동체에서 소위 '남겨진 자'들은 그 상황을 최종적인 것으로 받아들이기를 온몸으로 거부했다. 이것은 선지자들이 국가의 파멸을 수시로 예언하면서도 여호와의 목적은 자기 백성의 궁극적인 귀환이라는 것을 포로들에게 계속해서 확신시킨 데도 그 이유가 있었다(렘 32:6-15; 겔 37장). 이스라엘 백성은 포로생활을 과도기로 본 것이다.

이미 언급한 대로 주전 595년(또는 주전 594년)의 소동 이후로 포로들이 그곳에서 공공연한 소요를 일으켰다는 기록은 어디에도 없다. 하지만 이것이 체념을 의미한 것은 아니었다. 그들은 이곳으로 끌고 온 바벨론을 사무치도록 증오하는 한편 머나먼 시온을 향한 깊은 향수에 빠져 있었다(시 137편)

"우리가 바벨론의 여러 강변 거기에 앉아서 시온을 기억하며 울었도다"(시 137:1).

"예루살렘아 내가 너를 잊을진대 내 오른손이 그의 재주를 잊을지로다"(시 137:5).

"내가 예루살렘을 기억하지 아니하거나 내가 가장 즐거워하는 것보다 더 즐거워하지 아니할진대 내 혀가 내 입천장에 붙을지로다"(시 137:6).

그들은 여호와께서 교만한 바벨론을 심판할 것이며 종국에는 그들을 해방시키실 것을 열렬히 기다렸다(사 13:1-14:23). 폐허가 된 거룩한 도성 예루살렘은 그들의 마음을 짓눌렀고, 그들은 자기 죄를 고백하면서 거룩한 도성의 재건을 위해 여호와의 강력한 개입을 간구했다.

아마도 대부분의 포로들은 과거와 같은 형태의 국가 재건을 바랐을 것이다. 다윗 신학은 포로기에도 결코 사멸되지 않은 것이다(겔 34:23; 37:24-28). 그즈음 느부갓네살의 아들이 여호야긴을 감옥에서 석방하자(왕하 25:27-30) 백성 사이에서 여호야긴이 본국으로 돌아가 왕위에 복귀하리라는 소망이 한껏 고조되었다.

한편 어떤 사람들은 에스겔서 40-48장에 묘사된 하나님 나라처럼 그들이 재건할 나라는 이미 소멸한 다윗 왕국의 단순한 연장선이 아니라 옛 지파 동맹 체제를 이상적으로 수정한 국가 형태일 것이라고 웅장하게 설계하고 있었다. 이들이 꿈꾼 것은 사독 가문 출신의 한 제사장에 의해 주재(主宰)되고 세속의 군주는 주로 제의를 유지하며 전적으로 보조적인 역할만을 담당하게 되는 신정 국가였다. 부정하거나 이교도적인 것들은 무엇이든지 제의로부터 엄격하게 배제될 것이었다(겔 44:4-31). 그 중심에는 재건된 성전이 있고, 바로 이 성전에 여호와께서 다시 돌아와 그 보좌에 영원히 앉으실 것이었다(겔 43:1-7). 그것은 하나의 유토피아로서 열두 지파들을 모두 요단 서편에 배치한 것을 볼 때(겔 47:13-48:29) 현실에 거의 맞지 않는 구상이었다. 그럼에도 이런 구상은 미래를 강력하게 형상화하도록 했다. 포로로 잡혀온 유대인들은 이제까지 신앙 속에서만 존재하던 새로운 예루살렘을 기대하며 그것에 온통 관심을 쏟았다.

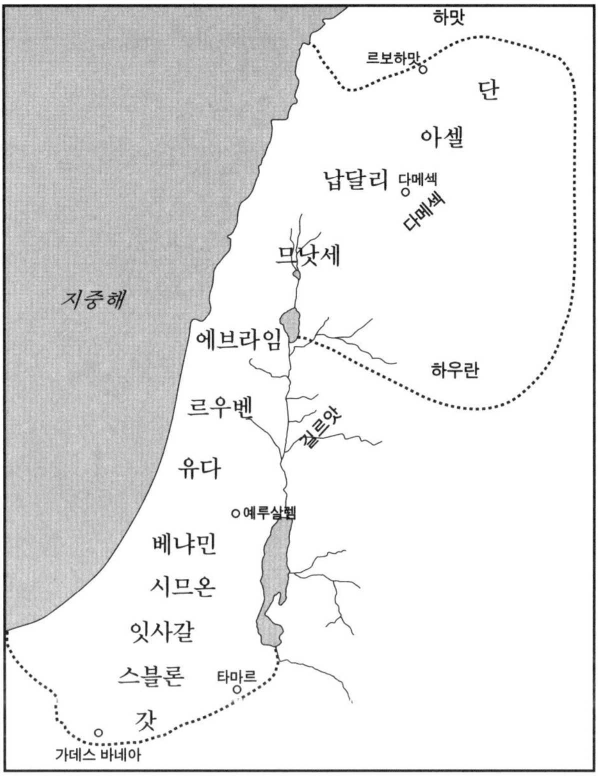

• 회복된 지파들에 대한 에스겔의 환상

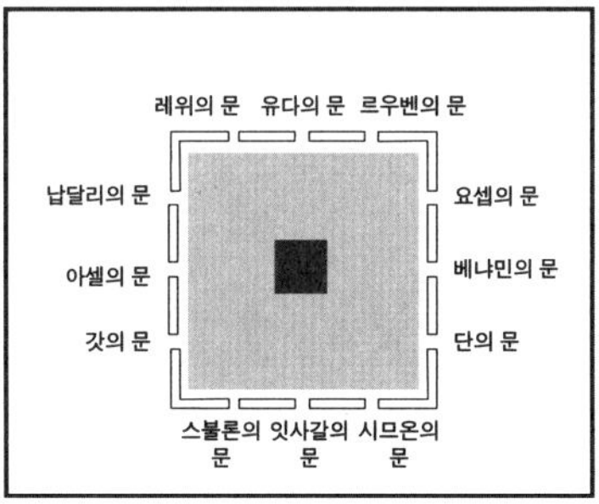

느부갓네살이 죽고 바벨론 제국이 멸망하기까지 주전 562~539년

느부갓네살과 그의 부왕(나보폴라살)에 의해 창건된 바벨론 제국은 실로 단명한 제국이었다. 이 제국은 예루살렘이 멸망한 후 25년이 지나 느부갓네살이 죽자(주전 562년) 곳곳에서 제국의 종말적 징후들이 나타나기 시작했다. 느부갓네살이 죽은 후 바벨론 제국의 상황이 극도로 불안정했기 때문에 이 시기에 맞추어 꺼져 가던 유대인들의 소망도 다시금 고조되었음에 틀림없다.

느부갓네살의 후계자들

느부갓네살이 죽자 바벨론의 세력은 급속도로 기울었다. 느부갓네살이 죽은 후 바벨론 제국이 멸망하기까지 그의 후계자들의 면면을 살펴보면 다음과 같다.

아멜마르둑 주전 562~560년

성경에서는 바벨론에 포로로 잡혀온 유다 왕 여호야긴을 감옥에서 풀어 준 에윌므로닥(왕하 25:27-30)으로 나오는 아멜마르둑은 재위 2년 만에 그의 매부인 네리글리살에게 무력으로 왕위를 찬탈당했다.

네리글리살 주전 560~556년

느부갓네살의 사위였던 네리글리살은 성경에는 예루살렘이 마지막으로 포위되었을 때 시드기야 왕 앞에 나타난 바벨론의 군관 네르갈사레셀(렘 39:3, 13)로 등장한다. 그는 처남인 아멜마르둑의 왕위를 찬탈했지만 매우 정력적으로 활동해 한때는 서부 길리기아까지 원정을 감행하기도 했다. 하지만 그는 4년의 짧은 통치를 마치고 자연사했고 그의 미성년자 아들인 라바시마르둑이 왕위를 계승했다.

라바시마르둑 주전 556년

네리글리살의 미성년자 아들인 라바시마르둑은 3개월의 짧은 통치 후 하란 출신의 나보니두스에게 암살당했다.

나보니두스 주전 556~539년

하란 출신의 아람인이던 나보니두스가 바벨론에서 권력을 획득할 수 있었던 것은 마르둑 제사장들의 권력이 경제적으로나 종교적으로 지나치게 비대해지는 것에 분개하던 반대파의 지지를 등에 업었기 때문이다. 하지만 그의 오랜 통치는 바벨론에 커다란 알력을 가져왔고, 결국 바벨론 제국 최후의 왕으로서 페르시아에 멸망당하는 단초를 제공하게 된다.

나보니두스는 자신의 고향 하란의 주신인 '신'(Sin, 달의 신)의 광신자였다. 그는 주전 610년에 바벨론-메대 연합군의 공격으로 인해 파괴된 하란의 신전을 재건했고, 여기서 더 나아가 바벨론의 만신전에서 최고 신의 지위를 차지하고 있던 마르둑을 폐하고 그 자리에 자신이 섬기던 '신'(Sin)을 놓으려고 애썼다. 하지만 그의 혁신적인 조치들은 많은 사람들, 특히 마르둑 제사장들의 미움을 살 수밖에 없었다. 게다가 나보니두스를 지지하던 세력은 마르둑 제사장들의 권력이 지나치게 비대해지는 것을 경계한 것이지 바벨론의 주신인 마르둑을 폐하자는 급진파가 결코 아니었다.

나보니두스는 통치 초기에 반란을 진압하기 위해 길리기아와 시리아 지방으로 출정한 후 곧 자신의 거처를 아라비아 사막에 있는 오아시스 도시인 테마로 옮겨 그곳에서 10년간 머물렀다. 이 기간 동안 정사는 아들인 벨사살에게 맡겼는데, 그가 바로 다니엘서에 등장하는 인물이다(단 5:1).

그러나 나보니두스 왕이 축제 때도 바벨론으로 오지 않았기 때문에 바벨론 제의력에서 최고의 행사인 신년 축제마저 생략되는 지경에 이르렀다. 많은 바벨론 시민들은 이를 신성모독으로 여겼고, 이를 계기로 나보니두스가 수도 바벨론을 떠난 이유가 그의 종교 정책으로 인해 야기된 폭동 때문임을 알게 되었다. 하지만 테마로 옮긴 나보니두스가 단순히 그곳을 자신의 도피처로 삼아 숨어 있기만 한 것은 아니었다. 그는 이 기회를 이용해 메카에 이르는 남쪽 대상로를 따라서 급성장하고 있는 오아시스 도시들에 대한 바벨론 제국의 지배권을 확대하고 있었기 때문이다.

나보니두스는 결국 바벨론으로 돌아왔고 백성의 환영을 받았지만 그의 파격적인 종교 정책을 둘러싼 알력은 그 후에도 계속되었다. 그의 통치 말기에 바벨론은 이미 사분오열되어 일개 지방 국가로 전락했고, 멀리 페르시아에서 불어오는 위협을 대처할 힘이 비축되어 있지 않았다.

혜성처럼 나타난 고레스

이 무렵 쇠약해진 바벨론으로서는 도무지 대처할 수 없는 새로운 위협이 다가오고 있었다. 이미 언급한 대로 바벨론의 가장 위험한 동맹국이자 경쟁국은 메대 제국이었는데, 당시 이 나라는 키약사레스의 아들 아스티게스(주전 585~550년)가 다스리고 있었다. 메대인은 바벨론이 쇠약해진 틈을 이용해 바벨론 제국의 영토를 공공연히 위협했기 때문에, 메대 제국 내에서 고레스가 반란을 일으켰을 때 바벨론 사람들은 내심 쾌재를 불렀다.

메대 제국에서 일어난 반란의 주동자는 페르시아 사람 고레스였는데, 그는 남부 이란에 있는 안샨(과거 엘람 왕국의 수도)의 봉신 군주로서 메대 왕과 혈연관계에 있던 왕족 출신이었다. 만약 나보니두스가 처음에 고레스의 반란을 지지했다면, 그는 곧 자신의 지지를 철회하고 돌이킬 수 없는 후회와 탄식 모드로 들어갔을 것이다. 주전 550년 무렵 고레스는 이미 메대 제국의 수도인 엑바타나를 점령하고 아스티게스를 폐위시킨 후 거대한 메대 제국을 고스란히 접수해 버렸기 때문이다.

나보니두스는 고레스에게서 이전의 메대인들에게서 느꼈던 것보다 더 큰 위협을 느꼈고, 이것은 이집트의 파라오인 아마시스, 리디아 왕 크로이소스와 함께 고레스에 대항하는 방위 동맹의 체결로 이어졌다. 하지만 이것도 이미 부질없는 짓이 되고 말았다. 갑작스레 부상한 고레스의 파상공세를 어느 누구도 막아내지 못했기 때문이다.

주전 546년에 고레스는 리디아로 진격해 들어갔다. 분명히 그는 이 과정에서 상부 메소포타미아와 북부 시리아, 길리기아 지방을 바벨론의 압제로부터 해방시켰을 것이다. 그런 다음 그는 한겨울에 할리스 강을 건너 리디아의 수도인 사르디스를 기습 공격해 점령함으로써 리디아 왕국을 자신의 영토로 합병시켰다. 이것은 그야말로 전광석화와 같이 빠르게 이루어졌다. 이로써 에게 해에 이르기까지 소아시아 대부분의 지역은 고레스의 지배하에 들어갔다. 이집트와의 방위 동맹은 휴지 조각이 되었고 바벨론은 홀로 남게 되었다.

하지만 코너에 몰린 바벨론에게는 몇 년간의 유예 기간이 주어졌다. 고레스가 리디아를 접수한 후 원정의 방향을 남쪽 바벨론이 아닌 동쪽으로 정했기 때문이다. 그는 오늘날 아프가니스탄까지 이르러 자신의 영토를 확장했다. 고레스는 불과 몇 차례의 신속한 군사 작전을 통해 이전의 어느 나라보다도 훨씬 광대한 제국을 창건한 것이다. 한편 이즈음 바벨론 사람들은 이제 아무런 가망도 없음을 직감하고 있었다. 고레스는 마음만 먹으면 원하는 때에 얼마든지 바벨론을 점령할 수 있었기 때문이다. 남은 문제는 단지 '언제 그것을 실행하느냐' 하는 것뿐이었다. 그리고 그 시기는 오래지 않아 찾아왔다.

바벨론의 최종적인 붕괴

바벨론의 멸망은 신속히 그리고 놀라울 정도로 쉽게 도래했다. 이미 바벨론의 서쪽 지역인 상부 메소포타미아와 시리아 지방은 상실된 상태였고 동쪽에 있는 엘람 지방도 그러했다. 나보니두스가 엘람의 총독으로 임명한 고브리아스는 오히려 고레스에게 자진 투항했고, 이후에는 고국 바벨론을 침입해 약탈까지 일삼았다. 바벨론 내부에서도 공포(사 41:1-7)와 극단적인 불만의 징후들이 만연했다. 나보니두스는 급진적인 종교개혁으로 인해 이미 백성의 신뢰를 잃은 지 오래였고, 상당수의 백성이 그를 암살하고자 했다. 주전 539년(바벨론 멸망의 해)에 나보니두스는 오랫동안 폐지했던 신년 축제를 부활시키면서 사태를 수습해 보려 했지만 이미 때는 너무 늦었다.

바야흐로 바벨론을 날려 버릴 만한 결정타가 준비되고 있었다. 페르시아 군대는 이미 국경 지대에 집결해 있었고 여름이 되자 총공격을 개시했다. 바벨론의 상황은 너무나 절망적이었다. 나보니두스는 분명히 바벨론의 방위를 위해 자신의 모든 군사적, 정치적 역량을 집중하고자 지방 도시의 신상들을 수도인 바벨론으로 옮겨 왔을 것이다. 하지만 이 조치는 신상들을 빼앗겨 버린 지방민들의 사기를 떨어뜨렸고 이로써 나보니두스에 대한 증오만 증폭시키는 결과를 낳았다.

티그리스 강변 오피스에서 벌어진 단 한 번의 교전에서 바벨론은 참패했고, 바벨론의 운명은 그것으로 끝났다. 이로써 저항은 와해되었다. 주전 539년 10월 고브리아스는 한 번도 싸우지 않고 바벨론에 무혈입성했다. 도망갔던 나보니두스는 곧바로 사로잡혀서 포로가 되었다. 수주 후에 고레스는 승리의 개가를 부르며 바벨론에 입성했다.

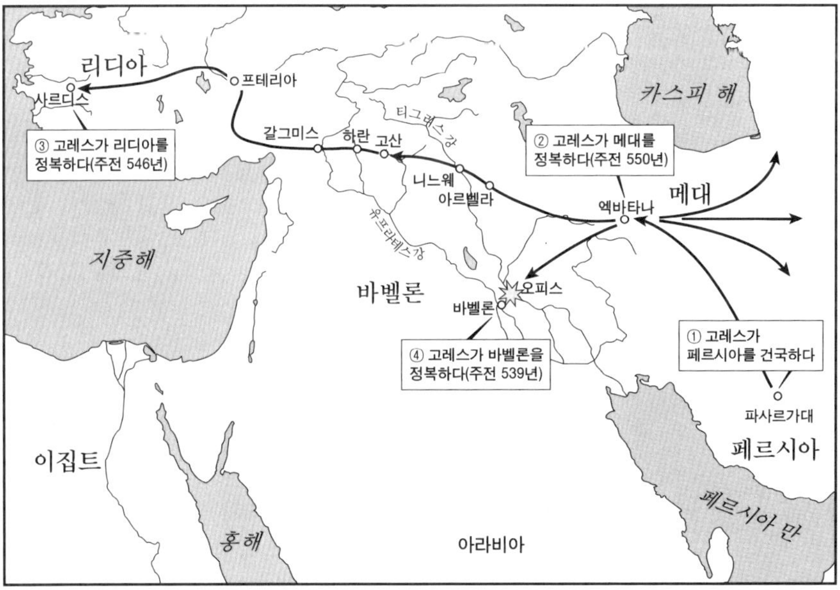

• 고레스의 정복

• 바벨론에서 발견된 고레스 원통 비문

고레스는 바벨론 사람들로부터 해방자로서 열렬한 환영을 받았고, 자신을 환대하는 바벨론 시민들에게 최대한의 아량을 베풀었다. 바벨론 사람들은 정세의 변화에 빠르게 순응했고, 고레스 역시 이후 자신의 통치 기간 내내 하나의 코드가 될 '관용'을 보여 주었다. 수도 바벨론도, 지방에 있는 군소 도시들도 전혀 피해를 입지 않은 것이다. 페르시아의 군사들은 주민들의 종교적 감정을 존중하고 그들에게 공포감을 주지 않도록 하라는 고레스의 특별 명령을 전달받았다. 이로써 나보니두스가 시행하던 모든 억압적인 상황들은 호전되었다. 나보니두스가 강제로 수도로 옮겨 온 신상들도 원래의 도시로 옮겨졌고, 그의 말썽 많은 개혁 조치들도 일순간에 폐지되었다. 바벨론의 전통적인 신인 마르둑 숭배는 계속되었고, 고레스 자신도 공공연하게 그 예배에 참석하며 힘을 실어 주었다. 실제로 고레스는 마르둑 신을 받들면서 자신은 마르둑 신의 지명을 받아 바벨론의 합법적인 왕으로서 통치한다고 선언하기까지 했다. 그리고 그는 바벨론의 통치자로서 자신의 아들 캄비세스를 임명했다. 고레스의 승리로 바벨론 제국 전체는 그의 지배 아래 편입되었다. 주전 538년에는 이집트 국경선에까지 이르면서 지중해변의 모든 국가들이 고레스의 수중에 떨어졌다.

1879년에 고대 바벨론에서 발견된 고레스 원통 비문에는 고레스를 '바벨론의 구원자'로 묘사하며, 고레스가 추방당한 민족들을 고국으로 돌려보내고 바벨론 통치하에서 무시되던 속국 민족들의 신전들을 재건하도록 허락했다는 내용이 기록되어 있다.

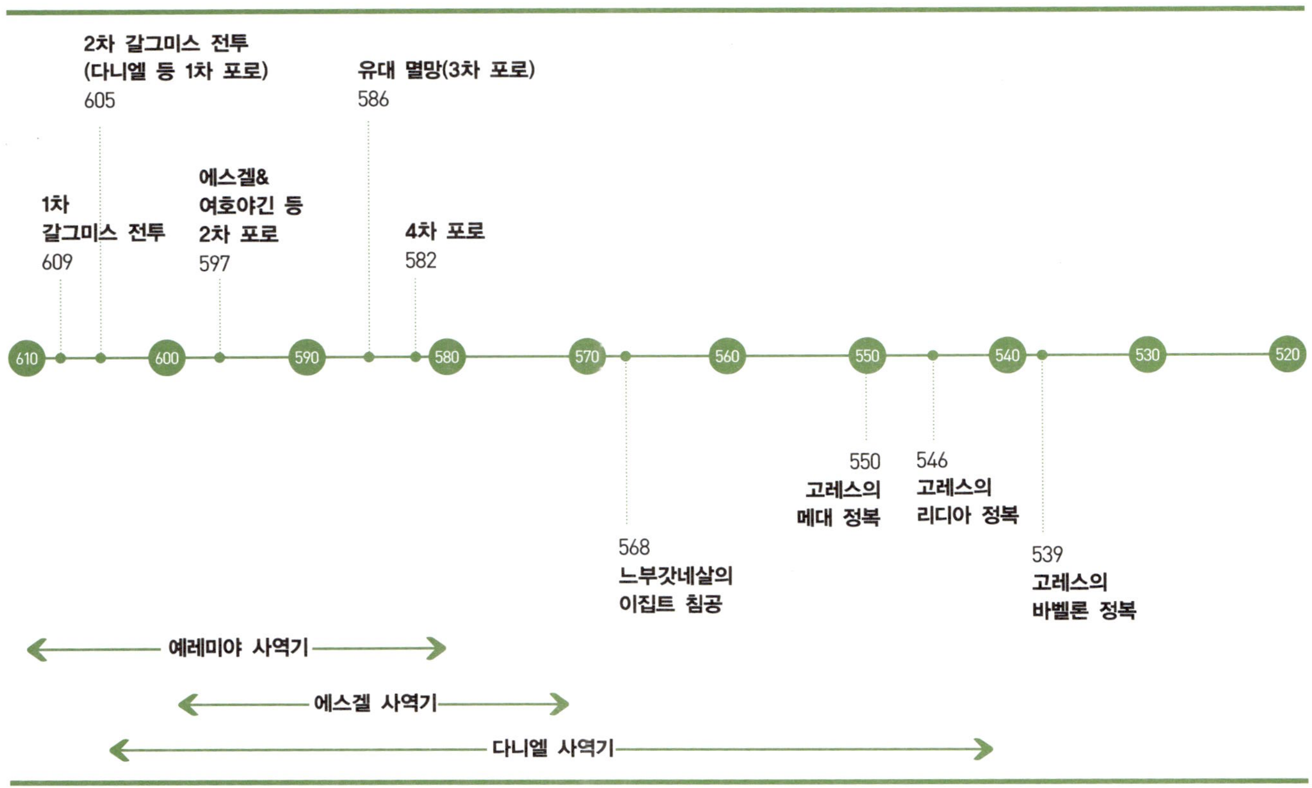
610
600
590
580
570
560
550
540
530
520
1차
갈그미스 전투
609
2차 갈그미스 전투
(다니엘 등 1차 포로)
605
에스겔&
여호야긴 등
2차 포로
597
유대 멸망(3차 포로)
586
4차 포로
582
568
느부갓네살의
이집트 침공
550
고레스의
메대 정복
546
고레스의
리디아 정복
539
고레스의
바벨론 정복
예레미야 사역기
에스겔 사역기
다니엘 사역기

해방 전야:
이스라엘의 신앙에 대한 선지자들의 재해석

급변하는 당시의 국제 정세를 바라보며 유대인들의 가슴속에는 잠재되어 있던 해방에 대한 소망이 타올랐을 것이다. 이와 함께 이러한 사건들은 이스라엘의 신앙을 좀 더 깊이 있게 재해석할 필요성을 한층 절감하게 했을 것이다. 당시에는 더 이상 국지적인 사건이 아니라, 세계적인 사건들이 과거 어느 때보다도 훨씬 광대한 무대를 배경으로 숨 가쁘게 전개되고 있었다. 군소 국가들, 그리고 군소의 신들이 경쟁하는 시대는 이미 끝난 지 오래였기 때문이다. 많은 유대인들은 여호와께서 이 같은 제국들의 격돌과 풍랑 속에서 어떤 역할을 해주기를 기대했을 것이다. 그리고 억눌려 있던 신앙에 대한 의구심도 봇물 터지듯 터져 나왔을 것이다.

여호와는 선지자들이 주장하는 것처럼 참으로 세상 역사를 주관하며 최종적으로 승리의 결말로 이끌어 가실 것인가? 이스라엘의 역사와 현재의 고난은 과연 그분의 주권적인 목적에 비추어 해석될 수 있는가? 그분은 참으로 자기 백성의 정당함을 입증할 권능을 가지고 있는가?

이처럼 국제화된 시대에서 유대인들의 시야가 넓어짐에 따라 이스라엘의 신앙은 좀 더 대담하고 보편적인 재해석을 필요로 하게 되었다. 특히 바벨론의 붕괴 직전의 상황을 다루고 있는 이사야 40-55장(편의상 이 부분을

'이사야 후반부'라 부르고자 한다)은 이런 관점에서 우리가 주목해 볼 만한 부분이다. 당시 이스라엘의 신앙에서 요구되던 적응력과 재해석을 부여하고 있기 때문이다.

한 분이신, 그리고 역사의 주관자이신 하나님

이사야 후반부의 메시지는 직접적으로는 기진맥진해 있던 이스라엘 민족을 위로하는 내용을 담고 있다. 그의 메시지는 이스라엘의 참회가 받아들여졌고 또한 여호와께서 곧 자신의 권능과 한량없는 자비로 그의 백성을 모아서 고향으로 인도할 것이라는 여호와의 결심을 알리는 천상의 포고로 시작된다(사 40:1-11). 그의 모든 예언은 자기 백성을 구속하러 오시는 하나님에 관한 사상으로 요약된다. 이러한 확신은 고레스의 혜성과 같은 등장과 임박한 바벨론의 붕괴를 통해 얻어진 것이다.

이스라엘의 신앙에 함축되어 있던 유일신 사상을 가장 명확하고도 일관되게 표현한 사람이 이사야다. 그는 여호와를 비할 바 없는 권능을 가진 신으로 묘사한다. 여호와를 아무런 도움이나 매개물 없이 만물을 지으신 창조주, 천군과 자연력의 주님으로 묘사한다. 그러므로 지상의 그 어떤 세력도 그분께 대항할 수 없고, 이 세상의 그 무엇에도 그분을 비길 수 없다(사 40:12-26). 그는 이방신들을 지독한 풍자로써 조소하면서(사 44:9-20) 이방신들은 아무것도 아니기 때문에(사 41:21-24) 역사 속에서 아무 것도 할 수 없는 나무토막들과 쇠붙이라고 불렀다(사 40:19; 46:5-7). 여호와는 처음이자 마지막이며, 오직 한 분이신 신으로서 그분 외에는 다른 어떤 신도 없다고 했다(사 44:6; 45:18; 46:9).

이와 같은 신학을 선포함으로써 이사야는 여호와께서 역사를 절대적으로 주재하신다는 것을 동포에게 확신시킬 수 있었다. 그는 극적이고도 힘 있게 천상의 법정을 묘사한다. 열방의 신들은 이 법정에 출두해 자신의 능력을 보여야만 한다(사 41:1-4; 43:9). 하지만 그들은 그렇게 하지 못하고 벌벌 떤다.

이와 반대로 여호와는 역사의 무대인 우주의 창조주이자 그곳에서 생겨나는 만물의 주권적인 주님이시다(사 45:11-13, 18; 48:12-16). 그분은 예부터 하나의 분명한 목적이 있었고 그 목적에 이바지하도록 아브라함과 야곱을 부르셨다(사 41:8-10; 51:1-3). 그의 백성 이스라엘은 열방에 하나님을 알리는 증인들이다(사 43:8-13; 44:6-8).

다른 선지자들처럼 이사야도 바벨론 포수를 이스라엘의 죄악에 대한 여호와의 공의로운 심판으로 이해했다(사 42:24; 48:17-19). 그러나 바벨론 포수는 그분의 목적을 포기하는 것이 아니었다. 왜냐하면 이스라엘을 깨끗게 한 다음 구속하는 것이 여호와의 본래 의도이기 때문이다(사 48:9-11).

이사야는 고레스를 여호와의 목적을 이루는 은밀한 도구라고 환영하면서 여호와께서 그를 불러 시온의 재건을 위해 사용하실 것이라고까지 담대하게 설파했다(사 44:24-45:7; 46:8-11). 이런 식으로 이사야는 이스라엘의 역사적 신앙의 견지에서 제국의 전모를 요약해 제시함으로써 세계사의 도전에 대한 답을 주었다. 모든 것은 홀로 하나이신 여호와의 목적 안에서 그 권능에 의해 일어난다. 그러므로 전능하신 구원의 하나님을 의뢰하라고 그는 이스라엘 백성에게 호소한다(사 40:27-31; 51:1-16).

여호와의 미래: 그분의 통치의 보편적인 승리

이사야는 고레스가 유대인의 귀환을 실현할 것으로 기대했지만, 그는 이러한 소망을 단순히 이스라엘 땅으로의 귀환과 다윗 왕조의 부활이라는 대중의 기대를 훨씬 뛰어넘는 차원으로 올려놓았다. 오히려 그는 출애굽과 같은 사건의 재현, 이스라엘의 재구성, 세계에서 여호와의 왕적인 통치의 확립을 고대했다. 거듭해서 그는 '새 일'이 일어날 것이라고 선언했다(사 42:9; 43:19; 48:3, 6-8). 바로 이 새 일을 낳기 위해 여호와께서 참아 왔다는 것이다. 이 결정적인 사건은 꽃이 만발하고 물이 넘쳐흐르는 사막을 통과하는 대로(大路)로 묘사되고 있다(사 40:3-5; 41:18; 42:16; 49:9-11; 55:12).

이사야는 다가올 구원을 새로운 출애굽, 그러니까 이스라엘 역사의 뼈대를 이루며 더욱 웅대하고 장엄한 규모로 재현되는 사건으로 묘사했다. 이사야가 기대한 것은 분명히 다윗 왕조의 단순한 회복이 아니라 그 너머에 여호와의 통치로 인한 최종적인 승리와 그로 인한 역사의 대전환이었다.

여기서 더 나아가 이사야는 여호와의 통치는 온 세상을 포괄해 유대인들뿐만 아니라 이방 민족들에게도 미칠 것이라고 선언했다. 물론 그는 이스라엘이 선택받은 백성임을 투철하게 믿었기 때문에 이스라엘이 하나님의 경륜 속에서 특별하고도 두드러진 지위를 차지한다는 사실을 의심하지 않았다. 그러나 그는 열방들이 여호와를 하나님으로 인정하게 될 때를 내다보았다(사 49:6). 그는 열방들의 역사가 놀랍도록 역전되는 것을 보고 여호와의 권능이 힘 있게 드러나는 것을 알아보리라고 기대했다. 그때에 열방들은 우상숭배의 잘못을 깨닫고 인간을 구원할 수 있는 유일한 하나님께 돌아올 것이다(사 45:14-25). 심지어 이사야는 고레스가 그의 승리를 가져온 여호와의 손길을 알아차리고 그분을 참 하나님으로 인정하게 될 것을 기대했다(사 45:1-7).

그는 이런 식으로 여호와께서 온 세상을 다스리는 주관자이시며 이방인들도 그분의 통치를 받아들이도록 촉구하고 있다. 순종적인 이방인들을 신앙의 울타리 안으로 기꺼이 받아들이면서 이사야는 자칫 이스라엘의 신앙이 편협하고 배타적인 민족주의적 견지에서 해석되는 것을 배격한 것이다.

이스라엘의 사명과 숙명적인 과업: '여호와의 종'

하지만 가장 심오한 것은 아직 이야기되지 않았다. 이사야는 이스라엘이 행해야 할 의무를 제시했는데, 그것은 바로 이스라엘이 자신의 존재 자체를 통하여 역사에서 여호와의 목적을 증거하고 그럼으로써 그분이 한 분 참 하나님이심을 증거하는 증인의 역할을 해야 한다고 선언했다(사 43:8-13). 그러므로 이스라엘의 역할은 결코 수동적인 것이 아니라 막중한 책임을 수반하는 적극적인 것이었다.

이스라엘은 여호와 이외의 다른 어떤 신에게도 예배해서는 안 되고 충성스럽게 그분의 언약과 율법을 지켜야 하며 또한 하나님의 계획을 적극적이고도 숙명적인 과업과 의무로서 감당해야 했다. 여호와께서 역사적 사건들의 위대한 주역이고 고레스는 한낱 그분이 쓰시는 정치적 대리자라면, 여호와의 참된 도구는 그분의 종 이스라엘이다. '여호와의 종'이라는 인물을 통해 이사야는 이스라엘의 숙명적인 과업과 현재 당하는 고난에 대해 심오한 해석을 부여했다.

구약성경 전체에서 '여호와의 종'이라는 개념보다 더 특이하고 심오하면서도 깊은 감동을 주는 개념은 없다. 여호와의 종은 이사야의 예언 전체에 걸쳐 거듭 등장하는데, 이른바 '종의 노래들'(사 42:1-4; 49:1-6; 50:4-9; 52:12-53:12) 외에는 언제나 이스라엘과 동일시되고 있다. 하지만 종의 노래들에 등장하는 여호와의 종은 여호와의 선택을 받아 그의 영을 수여받고 겸손하게 그러나 끊임없이 수고하면서 열방들에게 여호와의 법을 제시할 사명을 지닌 자로 본다.

그는 여호와의 목적을 이루기 위한 도구로서 비록 현재는 좌절하고 낙심하더라도 이스라엘을 하나님께로 돌아오게 하고 또 흑암 가운데 있는 열방들에게 빛이 되어야 하는 숙명적인 과업을 가지고 있다. 그는 이러한 숙명에 순종하면서 고통과 핍박에도 불구하고 자신의 정당함을 여호와께서 신원해 주실 것이라고 확신하고 있다(사 50:4-9).

이 종에게는 최종적인 승리가 약속되어 있다. 죄도 없으면서 불평 한마디 없이 대속적인 성격을 띠고 있다(사 52:13-53:12). 그가 자신의 목숨을 많은 이를 위한 속죄의 제물로 내놓을 때, 그는 수많은 자손을 얻게 되고 또한 자신의 수고로 말미암아 하나님의 목적이 승리하는 것을 보게 될 것이다. '여호와의 종' 개념은 포로기 이후에 이스라엘이 민족적인 정체성을 유지하고 존속시키는 데 크게 이바지했다. 그리고 신약시대를 살아가는 기독교인들은 '때가 차서' 십자가에 못 박혀 죽었다가 다시 살아나신 그분, 곧 예수 그리스도 안에서 '여호와의 종'의 전형이 성취되었다고 믿는다.

단원 평가 문제

01. 다음 중 2차 갈그미스 전투 당시 신흥 바벨론의 군대를 이끈 사람은 누구인가?
(1) 나보폴라살 (2) 느부갓네살
(3) 함무라비 (4) 네코 2세

02. 다음 중 요시야 왕의 아들이 아닌 사람은?
(1) 시드기야 (2) 여호야김
(3) 여호아하스 (4) 아몬

03. 다음 중 상부 이집트의 수도인 테베(노아몬)를 점령한 앗시리아의 왕은 누구인가?
(1) 앗수르바니팔 2세 (2) 에살핫돈
(3) 산헤립 (4) 사르곤 2세

04. 다음 중 히스기야 왕의 직계 후손인 왕족 신분으로서 선지자가 된 사람은 누구인가?
(1) 예레미야 (2) 이사야
(3) 스바냐 (4) 하박국

05. 다음 중 다니엘이 바벨론 포로로 잡혀간 시기는 언제인가?
(1) 주전 609년 (2) 주전 605년
(3) 주전 597년 (4) 주전 586년

06. 다음 중 예루살렘이 함락된 후 총독이 된 그달리야가 통치한 도시는 어디인가?
(1) 길갈 (2) 베들레헴
(3) 기브아 (4) 미스바

07. 다음 중 선지자 에스겔이 바벨론에 포로로 잡혀간 시기는 언제인가?
(1) 주전 609년 (2) 주전 605년
(3) 주전 597년 (4) 주전 586년

08. 다음 중 예레미야를 데리고 이집트로 망명한 유다의 피난민들이 정착한 도시는 어디인가?
(1) 다바네스 (2) 고센
(3) 엘레판틴 (4) 람세스

정답

01. 2, 02. 4, 03. 1, 04. 3, 05. 2, 06. 4, 07. 3, 08. 1,

09. 다음 중 감옥에 갇힌 여호야긴을 풀어 준 바벨론의 왕은 누구인가?
(1) 느부갓네살 (2) 아멜마르둑
(3) 네리글리살 (4) 나보니두스

10. 페르시아 제국의 창건자인 고레스가 리디아 왕국의 수도인 사르디스를 점령한 때는 언제인가?
(1) 주전 612년 (2) 주전 546년
(3) 주전 539년 (4) 주전 522년

09. 2, 10. 2

Part
19

위대한 정복자와 포로의 귀환

페르시아 시대: 포로 귀환기

주전 539~331년

주전 600년에서 주전 500년까지는 근동 지방의 격변기였다. 세기의 초반에는 4대 세력이 근동 지방에서 각각 전략적으로 중요한 위치를 차지하고 있었다. 신흥 바벨론 제국은 메소포타미아와 가나안 지역을, 아마시스가 통치하던 이집트도 번성을 거듭해 세력을 확장해 나갔다. 메대는 메소포타미아 북부 지역을 차지한 후 엑바타나를 수도로 삼고 제국을 이루었다. 리디아는 기게스와 크로이소스 왕 때 팍톨루스 강에서 채취한 금을 이용해 근동 세계 최대의 부자 국가로 성장했다. 하지만 수십 년이 지난 후에 이 네 세력은 근동 세계 변방에 있던 '페르시아'라고 하는 복병을 만나 모두 정복당하고 만다. 이 같은 국제 정세를 틈타 유대인들은 포로생활의 종식과 국가 재건이라는 새로운 기회를 엿볼 수 있었다.

이번 장은 《역사 드라마로 읽는 성경》 구약 편의 마지막 장으로서 페르시아 제국의 창건자인 고레스를 시작으로 제국의 마지막 왕인 다리우스(성경에서는 다리오) 3세가 죽기까지의 기나긴 시기를 다루고자 한다. 일명 '페르시아 제국 시대'로 불리는 이 시기는 고레스가 바벨론에 무혈입성한 주전 539년부터 마케도니아(마게도냐)의 알렉산더 대왕에 의해 페르시아의 마지막 왕인 다리우스 3세가 죽는 주전 331년까지의 긴 시간을 포함한다. 성경적으로는 학개, 스가랴, 에스라, 에스더, 느헤미야, 말라기서가 해당된다.

여기서는 아무래도 장 제목이 '페르시아 시대'인 만큼 페르시아의 왕들을 중심으로 단락을 나누는 게 이해하기 좋을 것이다. 고레스를 시작으로 다리우스 3세까지 이어지는 페르시아 제국의 왕들은 다음과 같다.

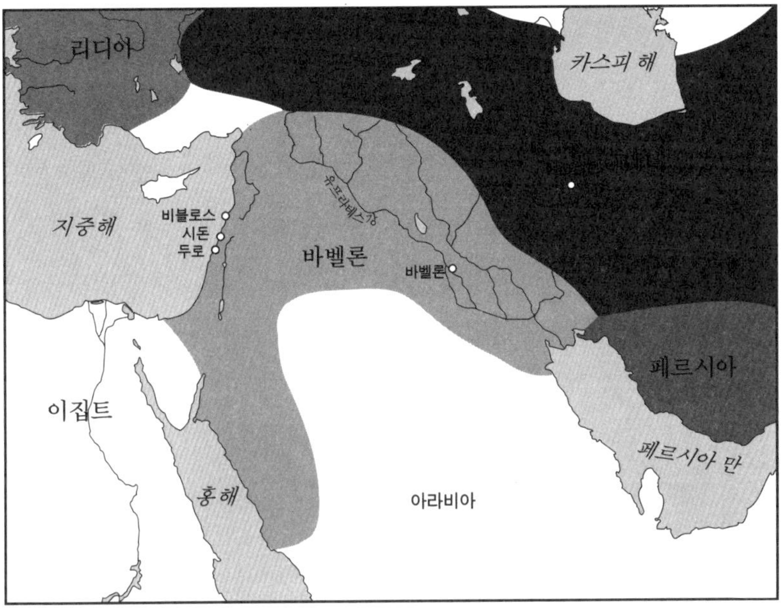

• 주전 6세기 초의 근동

◆◆◆

페르시아 제국의 왕들

고레스(주전 559~530년)

캄비세스 2세(주전 530~522년)

다리우스 1세(주전 522~486년)

크세르크세스 1세(주전 486~465년)

아닥사스다 1세(주전 465~425년)

크세르크세스 2세(주전 423년)

다리우스 2세(주전 423~404년)

아닥사스다 2세(주전 404~359년)

아닥사스다 3세(주전 359~338년)

아르세스(주전 338~336년)

다리우스 3세(주전 336~331년)

고레스 주전 559~530년: 위대한 정복자, 그리고 1차 포로 귀환

고레스와 관련된 출생의 비밀

35년 동안 통치한 아스티게스(주전 585~550년)는 아쉽게도 메대 제국의 마지막 왕이 되었다. 그는 연약한 통치자로 여겨지는데 그 이유는 고레스에게 너무도 허무하게 패함으로써 거대한 메대 제국을 변방의 소국에 불과하던 페르시아에게 고스란히 바쳤기 때문이다. 메대 제국의 마지막 왕인 아스티게스와 메대 제국을 무너뜨리고 페르시아 제국을 창건한 고레스와 관련된 재미난 전승이 그리스 역사가 헤로도토스가 쓴 《역사》에 기록되어 있다.

메대의 왕 아스티게스에게는 만다네라는 딸이 하나 있었다. 어느 날 아스티게스 왕은 이상한 꿈을 꾸었는데, 그 꿈이 참으로 해괴망측했다. 꿈속에서 그의 딸 만다네가 소변을 보았는데 그 소변으로 인해 메대 제국의 도시 전체가 물에 잠긴 것이다. 아스티게스 왕은 메대 땅의 내로라하는 해몽가들을 불러 자신의 꿈을 해석하도록 명령했다. 그런데 해몽가들이 풀어낸 꿈의 해석 역시 범상치 않았다. 이들의 해몽은 만다네가 낳을 아이가 아스티게스 왕을 반역하고 결국은 메대 제국 전체를 집어삼킬 것이라는 엄청난 내용이었다. 꿈의 해석을 듣고 고민을 거듭하던 아스티게스 왕은 그렇다고 해서 자신의 친딸을 차마 죽일 수가 없었다. 고육지책으로 아스티게스 왕은 만다네를 메대 제국에서 가장 구석에 처박혀 있는 변방의 도시 국가인 페르시아의 캄비세스에게 시집보내기로 결정했다.

그런데 캄비세스에게 시집간 만다네가 임신을 했을 때 아스티게스 왕은 이전보다 더 뒤숭숭한 꿈을 꾸었나. 그러자 그는 만다네가 낳을 아이를 죽이는 것이 후환을 없애는 유일한 길이라 판단하고, 자신의 오른팔과도 같은 신하 하르파고스에게 명해 자신의 손자가 태어나는 즉시 죽이도록 명령했다. 하지만 하르파고스는 왕의 명령을 따르지 않고 만다네가 낳은 아들을 산속에 있는 소치기 내외에게 맡겼다. 때마침 소치기의 집에서도 아들이 하나 태어났는데 그 아들이 태어나자마자 죽고 말았다. 그러자 소치기의 아내는 만다네 공주의 아들을 자신의 아들로 키우고 자기 아들의 시신을 왕자의 시신으로 속여서 장례를 치르게 했다. 만다네와 캄비세스는 아들이 죽은 줄로만 알고 페르시아로 돌아갔다.

그렇게 메대에서 소치기의 아들로 자라던 만다네 공주의 아들이 어느덧 열 살이 되었다. 이 아이가 친구들과 놀면서 재미난 일이 벌어졌다. 아이는 제왕 놀이 중에 자신이 왕으로 뽑히자 아이들에게 정확히 역할을 분담시키고 모든 일을 자신에게 보고하게 하고 명령을 어긴 아이는 심하게 매질을 한 것이다. 그때 심하게 매를 맞은 아이는 메대 귀족의 아들이었다. 이 귀족은 자신의 아들이 고작 소치기의 아들에게 맞았다는 사실에 분개한 나머지 왕에게 소치기의 아들을 고발했다. 이렇게 해서 아스티게스 왕은 소치기의 아들을 만나게 된다.

이 운명적인 만남에서 아스티게스 왕은 소치기의 아들이 자신의 손자임을 한눈에 알아보았다. 그리고 그 늠름하게 자란 외손자의 모습을 보고 찔림을 받았는지 어쩌지를 못하다가 부모가 있는 페르시아로 돌려보내기로 했다. 아스티게스 왕은 대신 자신의 명을 따르지 않은 신하 하르파고스만큼은 용서할 수 없었다.

왕은 신하 하르파고스를 식사에 초대해서 하르파고스의 아들을 죽여서 요리한 음식을 먹게 하는 잔인한 방법으로 처벌을 내렸다. 이에 원한을 품은 하르파고스는 아스티게스 왕에 대한 반란을 도모하는데, 이때 그는 왕의 외손자인 고레스를 메대와 페르시아 전체의 왕으로 내세우게 된다. 결국 피하려고 했지만 아스티게스 왕은 자신의 꿈이 현실이 되는 상황을 도저히 막을 수 없었던 것이다. 고레스는 메대의 수도인 엑바타나로 진군하여 메대를 정복함으로써 마침내 자신의 할아버지인 아스티게스 왕의 꿈을 실현시키고야 만다(주전 550년).

메대와 페르시아의 관계

성경에는 '메대와 바사(페르시아)'라는 말이 가끔 등장하는데 그러면 메대와 페르시아의 관계는 어떠했을까?

> "그런즉 왕이여 원하건대 금령을 세우시고 그 조서에 왕의 도장을 찍어 메대와 바사의 고치지 아니하는 규례를 따라 그것을 다시 고치지 못하게 하옵소서 하매"(단 6:8).

> "왕위에 있은 지 제삼년에 그의 모든 지방관과 신하들을 위하여 잔치를 베푸니 바사와 메대의 장수와 각 지방의 귀족과 지방관들이 다 왕 앞에 있는지라"(에 1:3).

페르시아는 메대 제국에 속한 변방의 작은 소국이었다. 오늘날의 이란 남서부에 위치한 페르시아는 메대 제국의 전성기를 이끌던 키악사레스 왕 때 메대 제국의 영토로 편입된 것으로 보인다. 페르시아 제국의 창건자인 고레스도 엄밀하게 말하면 메대 제국의 마지막 왕인 아스티게스의 손자였기 때문에 메대와 페르시아를 전혀 다른 별개의 국가로 보기가 애매하다. 그래서인지 메대 제국을 접수한 페르시아는 다른 속국들과 달리 메대인들에게는 매년 내는 납세의 의무에서 면제해 주는 특권을 부여했다. 이런 이유로 그리스인은 메대와 페르시아 사람들을 종종 단순히 '메대인'이라고 불렀다. 페르시아인과 메대인을 구별해서 생각한 것은 주전 4세기 그리스의 데모스테네스(아테네 정치가) 시대부터였다.

고레스의 리디아 왕국 정복 스토리

페르시아는 고레스가 왕이 되어 리디아를 정복하기 전까지는 시장도 없고 사치와 낭비와는 거리가 멀 정도로 가난한 나라였다. 이런 페르시아에게 리디아 정복은 전체 역사에서 하나의 이정표가 되었는데, 이는 리디아 정복으로 인해 페르시아가 동방의 부를 대표하는 나라로 탈바꿈했기 때문이다. 주전 676년, 키메르족이 아나톨리아(지금의 터키) 지방을 공격해 고르디움에 수도를 둔 프리기아 왕국을 멸망시킴으로써 아나톨리아 서부에 위치한 리디아는 그 지역에서 중요한 왕국이 되었다.

리디아 왕국에는 금과 은의 천연적 혼합물인 호박금이 풍부했는데, 프리기아 왕국이 사라진 상황에서 아나톨리아 지역의 패자가 된 리디아는 중개 무역을 통해 엄청난 부를 쌓아 갔다. 기게스 왕 통치기에 리디아는 근동 세계에서 최초로 동전을 주조한 것으로도 유명하다. 이 동전은 나중에 그리스와 페르시아에 전해져 근동 세계에서 주화 사용이 보편화되었다.

리디아는 마지막 왕인 크로이소스(주전 560~547년) 때 왕국 내에서 넘쳐나는 금과 그리스 델포이의 신탁을 위해 바치는 화려한 예물로 유명해졌다. 어느 날 크로이소스는 델포이에서 "할리스 강을 건넌 후에 대제국을 파괴할 것이다"라는 신탁을 듣고 용기를 얻어 할리스 강을 건넜다. 당시 세력을 뻗어 나가던 페르시아의 고레스를 향해 진군한 것이다. 이것이 주전 547년 11월, 갑바도기아에 있는 프테리아에서 발생한 리디아-페르시아 전쟁의 서막이다.

이 전쟁에서 장창을 든 기마부대를 앞세운 리디아 군대와 수적으로 우세한 페르시아 군대는 승패를 가르지 못하고 계속 지지부진한 상태에서 사상자만 늘어 갔다. 이때 크로이소스는 이번 전쟁을 단지 탐색전으로 여기고 본 게임은 이듬해 봄에 펼쳐야겠다고 결정하고 전쟁을 위해 고용한 용병들을 해산시켰다. 하지만 이것은 크로이소스 혼자만의 생각이고 또 착각이었다. 고레스가 이런 크로이소스의 생각을 역이용해 자신도 군대를 해산시키는 척하면서 사실은 리디아의 수도인 사르디스까지 비밀리에 추격해 들어갔기 때문이다.

사태를 파악하고 뒤늦게 군대를 정비한 크로이소스는 사르디스 평원에서 고레스와의 결전을 준비했다. 리디아는 이번에도 위력적인 기마부대를 최전방에 배치했다. 이때 고레스는 군량을 나르기 위해 동원한 낙타들을 최전방에 배치하는 엉뚱한 전략을 펼쳤는데, 이것이 전쟁을 승리로 이끈 묘수 중의 묘수가 되었다. 낙타가 풍기는 지독한 냄새에 동요된 리디아의 말들이 놀라 날뛰기 시작했기 때문이다. 리디아군은 서둘러 사르디스 성 안으로 철수했고 전쟁은 곧 공성전의 양상으로 전개되었다. 공성전은 2주 만에 끝났고 이로써 사르디스가 정복되면서 동방의 부를 상징하던 리디아 왕국은 고스란히 페르시아의 고레스에게 넘어갔다(고레스는 리디아 왕 알리야테스의 외증손자임).

고레스는 장작더미 위에 크로이소스를 올려놓고 처형하고자 했다. 그런데 그때 크로이소스가 모든 것을 체념한 채 혼자서 중얼거리는 것이 고레스의 눈에 띄었고 이를 본 고레스의 마음에 강한 궁금증이 생기면서 이후의 스토리는 전혀 의외의 방향으로 전개된다. 통역을 통해 고레스는 크로이소스가 그리스 7명의 현인 중 하나인 솔론(주전 638~558년)의 이름을 부르며 중얼거린 것임을 알게 되었다. 이를 신기하게 여긴 고레스는 크로이소스를 장작더미에서 내려 그를 살리려고 했지만 이미 장작더미에는 불이 붙은 상태였다. 그런데 이때 갑자기 하늘에서 비가 내려 장작더미의 불

을 꺼 버리는 놀라운 일이 발생했다. 이에 하늘이 크로이소스를 살렸다고 생각한 고레스와 죽음의 문턱에서 간신히 벗어난 크로이소스 간에 진솔한 대화가 오고갔다. 크로이소스는 오래전 리디아를 방문한 그리스의 철학자 솔론과 나눈 대화를 통해 인간의 진정한 행복과 철학적 사고를 주제로 고레스와 토론을 벌였다.

당시 각국을 여행 중이던 솔론이 리디아를 방문해서 크로이소스를 만난 일화는 이랬다. 아테네의 델포이 신전에 가장 많은 예물을 바치며 고대 근동의 최고 부자로 알려진 크로이소스는 아테네에서 온 철학자 솔론을 보자 은근히 자신의 부를 과시하고 싶은 마음에 이런 질문을 던졌다.

"솔론이시여, 여러 나라를 여행하며 만난 사람 중에 누가 가장 행복해 보였습니까?"

크로이소스는 솔론이 자신을 지명해 주길 바랐지만 솔론은 아테네의 어떤 가난한 집안에 효자 2명을 둔 어머니가 가장 행복한 사람이라고 대답했다. 그러자 크로이소스는 "두 번째는?", "세 번째는?"을 반복하면서 자신이 행복한 사람의 상위 리스트에 오르기를 기대했다. 하지만 솔론은 마지막으로 이렇게 대답했다.

"끝까지 지켜야 할 것을 다 지킨 사람이 행복한 사람입니다."

· 솔론

크로이소스는 고레스 왕에게 죽임을 당하게 되자 모든 것을 잃고 아무 것도 지키지 못한 자신을 한탄하면서 그제야 솔론이 한 말의 의미를 깨닫게 되었다고 말했다. 이 말에 깊은 감명을 받은 고레스는 이후 크로이소스를 평생의 친구 겸 조언자로 삼았다. 고레스가 죽으면서 아들 캄비세스에게 크로이소스를 가장 정중하게 모시라고 유언을 남길 정도로 두 사람은 긴밀한 우정을 나누었다.

전쟁에서 이긴 고레스의 병사들이 관습대로 리디아 땅에서 약탈을 하려 하자 크로이소스는 고레스에게 말했다. 리디아의 모든 부가 이미 고레스의 것인데 왜 병사들에게 약탈을 하게 하느냐고. 고레스는 크로이소스의 말에 공감하여 병사들의 약탈을 중지시켰고 그날부터 리디아의 모든 부는 고스란히 고레스의 소유가 되었다. 리디아 정복을 통해 어마어마한 부를 획득한 고레스는 엄청난 군자금을 확보하게 되었고 이로써 제국으로 향하는 탄탄대로가 열렸다. 특히 리디아의 크로이소스를 통해 그리스의 철학과 학문을 접하게 된 고레스는 상당한 지식과 교양을 갖추게 되었고, 이후 앗시리아 제국의 공포 정치와 바벨론 제국의 억압 정치와는 달리 관용 정책을 펴게 되었다. 바벨론을 점령하자마자 유대인 포로들을 고국 유다 땅으로 돌려보내는 칙령을 발표한 것도 이런 배경에서 이루어진 것이다.

고레스의 정책

고레스는 바벨론에서 그의 재위 제1년을 맞이하면서(주전 538년) 바벨론에 포로로 잡혀온 유대인들이 그들의 고국인 유다 땅으로 돌아가 유대인 공동체 및 성전 재건을 허락하는 포고령을 발표했다(스 1:2-4; 6:3-5). 조서 형식으로 왕실 기록 보관소에 보관된 이 포고령은 성전을 재건할 것과 그 경비를 왕실 금고에서 지출할 것을 규정하고 건축을 위한 개략적인 명세도 정해 놓고 있으며 과거 느부갓네살이 빼앗아 간 성전의 기물들도 원래 위치로 가져다 놓도록 지시하고 있다. 고레스는 성전의 재건을 명령했을 뿐 아니라 고향으로 돌아가기를 원하는 유대인들에게는 귀환을 허용했다. 그리고 바벨론에 남아 있는 유대인들에게는 기부금을 통해 이 사업을 돕도록 촉구했다.

고레스와 같은 위대한 정복자가 유대인과 같은 정치적으로 중요하지 않은 민족의 일에 그토록 관심을 보인 것이 놀라울지도 모른다. 그러나 위대한 정복자가 된 고레스가 이후에 보여 준 전반적인 정책들을 알 때 고레스의 유대인 귀환 정책을 새롭게 이해할 수 있다. 고레스는 고대 세계에서 진정 개화되고 계몽된 통치자 중 한 사람이었다.

과거 앗시리아인들처럼 탄압과 압제를 통해 민족 정서를 짓밟아 버리는 것이 결코 능사가 아님을 고레스는 깨달았는데, 이것은 분명 리디아의 크로이소스 왕과의 만남이 가져다준 통찰이었을 것이다. 고레스의 통치 철학은 속국의 백성이 제국의 틀 안에서 가급적 문화적 자율성을 누리도록 허용하는 것이었다. 고레스와 그의 후계자들이 지배층으로서 페르시아 제국의 고위 관료와 군대 조직을 확고히 장악했지만 그들의 통치 자체는 결코 가혹하지 않았다. 오히려 속국 신민들의 관습을 존중하고 그들의 기존

제의를 보호 육성하며, 가능하면 토착민 군주들에게 책임을 맡기기를 좋아했다. 바벨론에 입성한 후 보여 준 고레스의 정책은 이러한 전형을 따른 것에 불과했다. 따라서 고레스가 유대인의 귀환을 허용하고 더구나 대대로 섬겨 오던 성전 제의를 복구하는 일을 돕고 이 업무를 그들의 왕족 출신인 세스바살에게 맡긴 것은 그가 추구한 정책들에 부합한 조치였다.

하지만 우리는 여기서 유대인들의 문제가 어떻게 그토록 빨리 고레스의 주목을 받게 되었는지에 대해서는 잘 알지 못한다. 단지 이에 대해 학자들이 추측하는 몇 가지 정황들만 제시할 수 있을 뿐이다.

첫째, 그즈음 영향력 있는 유대인들이 바벨론 궁에서 상주할 기회를 얻었을 수도 있는데(마치 다니엘처럼), 그렇다면 이들을 통해 유대인 문제가 일찍부터 부각되었을 것이다.

둘째, 이스라엘 땅은 이집트의 국경지대 가까이에 있기 때문에 고레스

• 파사르가대에 있는 고레스의 묘

로서는 자신의 충성스런 속국 신민들을 그런 곳에 정착시키는 것이 유리했을 것이다.

주전 530년, 거의 일흔이 다 된 나이에도 종군을 멈추지 않던 고레스는 고대 근동 세계에서 가장 넓은 제국을 세울 수 있었지만 그 해 7월 말경 전사함으로 파란만장한 생을 마감했다. 헤로도토스의 기록에 따르면, 고레스는 마사게타이의 여왕 토미리스와 싸우다 전사했다고 한다. 위대한 군주인 고레스의 시신은 그의 무덤이 있는 파사르가대로 운구되었다. 이 무덤에는 다음과 같은 내용의 비문이 있다.

"죽을 수밖에 없는 인생들아! 나는 페르시아 제국을 설립했고 아시아의 주인이었던 캄비세스의 아들, 고레스다. 나와 나의 무덤에 원한을 품지 말지어다."

1차 귀환

고레스가 창건한 페르시아 제국의 역사는 성경적으로도 의미가 있는데 페르시아 시대에 3차에 걸친 유대인들의 귀환이 일어났기 때문이다. 3차에 걸친 유대인들의 귀환을 정리하면 다음과 같다.

1차 귀환: 주전 538년, 고레스 왕 때 세스바살의 주도로 이루어졌다.
2차 귀환: 주전 458년, 아닥사스다 왕 때 에스라의 주도로 이루어졌다.
3차 귀환: 주전 444년, 아닥사스다 왕 때 느헤미야의 주도로 이루어졌다.

여기서는 고레스 왕 통치기에 있었던 1차 귀환을 중심으로 살펴보고

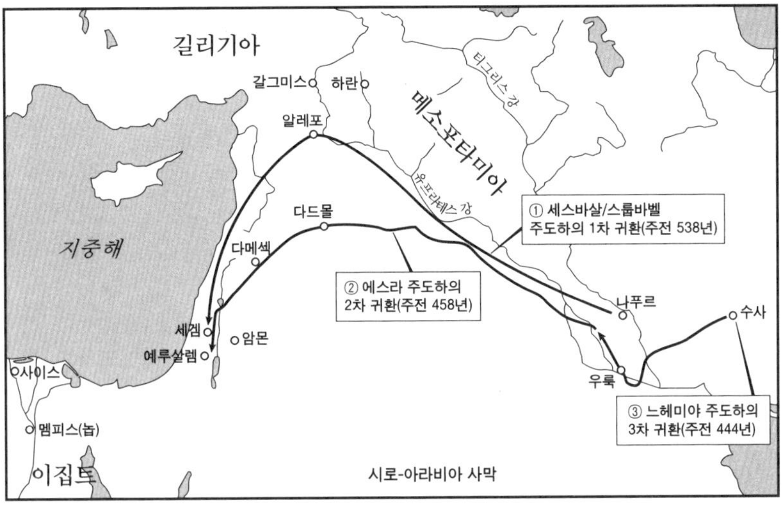

• 3차에 걸친 유대인 포로들의 귀환

자 한다.

이스라엘로 귀환하다 스 1-2장

고레스의 칙령을 받고 1차 귀환민 무리를 이끈 지도자는 왕족 중 한 사람인 세스바살이었다. 그는 분명 여호야긴의 아들로 기록되어 있는 세낫살(대상 3:18)과 동일인물일 것이다. 이때 돌아온 사람들은 노비 7,337명 외에도 4만 2,360명으로 기록되어 있다(스 2:64-65). 이것은 큰 숫자이긴 하지만 바벨론에 살던 모든 유대인을 포함한 것은 아니었다. 이보다 50년 후인 에스더 시대에 단 이틀 동안 그곳에 살던 유대인들이 7만 5,000명의 원수들을 죽일 수 있었던 것을 볼 때 그때까지도 바벨론 지역에는 상당한 숫자의 유대인이 살고 있었던 것으로 보인다. 이미 살펴본 것처럼 바벨론 지역에서 유대인의 생활 여건은 그리 나쁘지 않았고, 이때는 어느 정도 정착이 이루어진 시점이었기 때문에 기회가 주어졌을지라도 고국 유다로 돌아가는 일에 많은 사람들이 선뜻 동참하지 않았던 것으로 보인다. 아무래도 이스라엘 땅은 나이 많은 노인들이나 기억하고 있을 정도로 멀리 떨어진 곳이었고, 게다가 그곳까지의 여행은 어렵고 위험하기까지 했다. 바벨론에서 잘살게 된 유대인들 가운데 다수는 이 역사적인 귀환 행렬에 동참하지 않고 단지 재정적으로 돕는 선에서 만족했다(스 1:4, 6). 아마도 아주 대담하고 열정적인 소수의 사람들만이 세스바살이 인도하는 1차 귀환민의 무리에 합류했을 것이다.

1차 귀환민들이 이후 어떻게 되었는지는 거의 알려진 것이 없다. 세스바살의 이후 행적은 그의 조카이자 후임자인 스룹바벨의 행적과 겹쳐서 기록되어 있기 때문에 더욱 난해하다. 그럼에도 이스라엘 땅에 도착한 세스바살이 즉시 성전 재건 작업에 착수해 실제로 주춧돌을 놓기 시작한 것은 분명해 보인다. 성경은 이 공을 세스바살에게 돌리기도 하고(스 5:16), 때로는 스룹바벨에게 돌리기도 하지만 말이다(스 3:6-11). 1차 귀환민들의 도착과 함께 모종의 정규적인 제의가 즉시 재개되었다는 것은 거의 확실해 보인다. 실제로 성전이 폐허로 있었던 시기에도 모종의 제의가 행해졌지만(렘 41:5) 의심할 여지없이 이것은 산발적이고 비정규적인 행사에 그쳤을 것이다. 1차 귀환민들의 도착으로 제의는 재개되었고, 이것은 재건 사업의 진정한 시작을 의미했다. 비록 보잘것없는 시작이긴 했지만 어쨌든 시작은 시작이었다.

성전 건축과 대적들의 반대 스 3-4장

귀환한 사람들은 가장 먼저 해야 할 일이 예루살렘 성전을 재건하는 것임을 잘 알았다. 이런 이유로 성전 재건 사업은 곧 시작되었다. 그들은 먼저 제단을 짓고 율법에 기록된 희생제사를 다시 드렸는데 이것은 귀환 첫해 7월에 시행되었다. 이듬해 2월에는 성전 재건이 시작되었다. 먼저 기초를 놓는 작업부터 시작했는데 백성은 그것을 기념하는 행사를 거행했다. 많은 사람들이 기뻐했지만 이전의 솔로몬 성전의 영광을 기억하는 사람들은 다시 지어질 성전의 보잘것없는 규모 앞에 대성통곡하기도 했다(스 3:8-12). 그러나 이때 예기치 않은 어려움이 발생했다. 북쪽 사마리아인들의 반대가 시작되었고(스 4:1-5), 성전을 건축하던 유대인들은 자신들의 집을 세우거나 농사를 짓는 일에 더 많은 시간을 소비했다(학 1:3-11). 내우외환이 겹치자 성전 재건 사업은 중단되었고, 성전의 기초만 놓인 채 학개가 예언을 시작한 주전 520년까지 무려 16년 동안 방치되었다.

캄비세스 2세 주전 530~522년: 이집트를 손에 넣다

캄비세스의 통치기

고레스가 살아 있을 동안에는 그가 창건한 제국의 확고한 평화를 어지럽힐 만한 소요는 전혀 없었다. 고레스가 약사르테스 강 건너편의 유목민들을 원정하는 중에 전사하자 그의 뒤를 이어 이미 바벨론에서 수년 동안 통치 수업을 받고 있던 맏아들 캄비세스가 왕이 되었다. 캄비세스는 자신의 왕권에 위협이 된다는 이유로 동생 스메르디스를 제거하고 왕권을 확고히 다지는 일부터 시작했다. 8년간의 캄비세스 치세 중에 이루어진 가장 큰 업적은 이집트를 페르시아 제국의 영토로 통합한 것이다(주전 525년). 당시 이집트의 파라오였던 아마시스는 사모스의 전제 군주와 동맹을 맺고 또 그리스인 용병들을 좋은 조건으로 고용함으로써 국가적 위기를 극복하려 애썼지만 모든 것이 허사로 돌아갔다. 자신이 고용한 용병대장이 페르시아인들에게 투항하여 이집트의 방위 계획을 누설했기 때문이다.

그러는 동안 아마시스는 죽고 그의 아들이자 26왕조의 마지막 왕인 프삼메티쿠스 3세가 침략자들을 저지해야 했다. 하지만 그에게는 그럴 만한 힘이 없었다. 마침내 이집트 전체는 점령되어 페르시아 제국의 속주로 떨어졌다. 캄비세스의 그밖의 정복 사업(에티오피아, 암몬의 오아시스 정복)은 성공하지 못했고 카르타고에 대한 원정 계획도 불가능해졌지만, 캄비세스는 리비아, 바르카 등지에서 그리스인들을 복속시킬 수 있었다.

이집트에서 캄비세스의 거취에 대해서는 많은 논란이 있다. 고대의 역사가들은 캄비세스가 자신의 신민이 된 백성의 종교적 감정을 무시하고 신성모독과 음탕한 짓을 저질렀다고 비난하는데 이것은 분명 지나친 감이 있다. 캄비세스가 간질 환자로서 정신이 온전하지 않았고, 또한 이보다 1세기 이후의 것으로 보이는 엘레판틴 문서에서 캄비세스가 이집트의 신전들을 파괴했다고 기록하고 있지만, 그가 종교 문제에 있어서 부왕의 정책을 손바닥 뒤집듯 엎었을 것 같지는 않다.

어쨌든 이집트에 살던 유대인들 입장에서는 캄비세스에게 불평을 늘어놓을 만한 하등의 이유가 없었다. 왜냐하면 그가 엘레판틴에 있던 유대인 성전에는 손 하나 까딱하지 않았기 때문이다.

이집트: 친그리스 정책의 덫에 걸리다

이 시기에 이집트에서는 26왕조의 마지막 두 왕인 아마시스와 프삼메티쿠스 3세가 다스렸다.

아마시스 **주전 570~526년**

아마시스는 그리스계 용병들에 대한 불만이 폭발해 반란을 일으킨 이집트 본토 출신의 군대에 의해 파라오로 옹립되었다. 하지만 그의 통치는 그에게 '그리스 애호가'란 별명을 붙여도 좋을 만큼 친그리스 정책으로 일관했다. 그는 그리스 델포이 신전의 재건뿐 아니라 그리스의 다른 몇몇 신전들에도 많은 기부를 했고, 심지어 아내도 구레네(리비아) 출신의 그리스 여인 라디케를 맞았다. 헤로도토스는 아마시스를 '음주와 주연을 즐긴 바람둥이'로 묘사하고 있다.

• 26왕조의 이집트

일관된 친그리스 정책 중에도 아마시스는 자신을 왕좌에 올린 이집트 본토인들을 잘 회유해야 했다. 이런 조치의 일환으로 그는 삼각주 지역에서 점차 영향력을 확대해 가는 그리스 상인들의 공동체를 사이스 남서쪽에 있는 큰 성읍인 나우크라티스에 한정시켰다. 이런 아마시스의 정책은 가히 정치적인 걸작품이라 할 만한데, 그 이유는 이 정책이 이집트 본토인과 그리스인들을 모두 만족시켰기 때문이다. 나우크라티스는 이후 '에게 해-이집트' 교역 활동의 거대한 중심지가 되었고, 이로써 잘나가는 경제를 통해 양측이 윈윈할 수 있었다. 하지만 이런 경제 부흥도 아마시스의 통치 말에 페르시아의 캄비세스가 이집트 침공을 추진하면서 종말을 고해야 했다.

프삼메티쿠스 3세 주전 526~525년

주전 526년 아마시스가 죽자, 그의 아들 프삼메티쿠스 3세가 그의 뒤를 이어 왕위에 올랐다. 하지만 그는 1년도 채 안 되어 페르시아 왕 캄비세스의 공격을 받았고 이로써 이집트의 26왕조도 문을 내리게 된다.

다리우스 1세 주전 522~486년: 제국의 전성기, 그리고 2차 성전 완공

다리우스 1세의 등극과 이에 따른 소요들

주전 522년으로 접어들자 페르시아 제국은 나라를 갈가리 찢어 놓을 만한 일련의 소요 사태에 휩싸였다. 그 해에 캄비세스는 이집트 원정을 마치고 돌아오는 길에 이스라엘의 갈멜 산 근처에 진을 쳤는데, 그곳에서 가우마타가 일으킨 반란의 소식을 들었다.

가우마타는 캄비세스가 암살한 그의 동생인 스메르디스로 가장하며 왕권을 잡았다. 그 후 어떤 사정인지는 분명히 밝혀지지 않았지만 캄비세스는 이 일로 인해 자살로 생을 마감했다.

이에 캄비세스의 측근 군관이자 왕족의 방계 가문 출신인 다리우스는 즉시 왕위 계승권을 주장하고 나섰다. 그는 군대의 전폭적인 지지를 받고 진격해 반란을 일으킨 가우마타를 사로잡고 처형했다. 하지만 다리우스의 승리는 그의 지위를 확고히 해주기는커녕 제국 전역에 걸쳐 반란의 소용돌이를 불러일으켰다. 반란은 메대, 엘람, 파르사, 아르메니아와 이란 등 거의 페르시아 전 지역에 걸쳐 일어났다. 이 반란은 급기야 멀리 이집트와 소아시아 지방에까지 파급되었다.

바벨론에서는 나보니두스의 아들인 니딘투벨이 스스로를 느부갓네살 3세라 부르며 반란을 일으켰다가 수개월 후 다리우스에게 붙잡혀 처형당했다. 다리우스는 왕위에 오른 뒤 처음 2년 동안은 진선의 곳곳을 휘젓고 다니며 동분서주해야 했다. 아마도 주전 520년 말이 되어서야 그는 왕으로서 지위를 인정받을 수 있었을 것이다.

캄비세스가 죽고 다리우스 1세가 안정을 찾기까지 2년(주전 522~520년)의 시간 동안 페르시아는 문자 그대로 자칫 제국이 산산조각 날 위기에까지 몰렸다. 도처에서 민족주의적 감정이 폭발함에 따라 긴장과 흥분의 도가니로 빠져들었고, 이것은 유다 땅의 작은 공동체도 예외가 아니었다. 이 시기에 동면하던 유대인들의 소망이 깨어났을 것이다. 아마도 기다리던 바로 그 시간, 즉 이사야가 노래했듯이(사 61장) 열방이 붕괴되고 개가 속에서 여호와의 통치가 확립될 시간이 마침내 도래했다고 여겼을 것이다.

가슴 벅찬 성전 재건

메시아의 소망과 약동: 학개와 스가랴의 활동

때가 무르익었다고 확신한 몇몇 선지자들은 이러한 소망을 바탕으로 유다 백성을 독려해 성전 재건 공사를 재개하도록 촉구했다. 이들 가운데 학개와 스가랴가 있었다. 두 사람은 당시의 소요를 여호와의 결정적인 개입의 전주곡으로 보았음에 틀림없다. 이들은 포로기 이전 유다 왕국의 공식적인 신학이던 다윗 언약으로 거슬러 올라가서 그 약속들의 성취가 임박했다고 천명했다. 그들의 설교에 의해 고무되고 흥분한 유대인 공동체는 성전 건축을 본격적으로 착수했다.

특히 학개는 여호와의 집은 폐허로 방치한 채 자신들의 집에 안주하고 있는 백성의 나태함과 무관심을 신랄하게 공격했다. 그는 유대인 공동체가 그동안 겪은 고난의 세월은 바로 그러한 무관심과 영적인 나태함에 대한 하나님의 징벌이라고 설교했다(학 1:1-11; 2:15-19). 여호와께서 다시 시온을 거처로 삼아 통치하실 것으로 확신한 그는 성전의 완공이야말로 가장 시급하고 중차대한 일이라고 가르쳤다. 엄격한 격리주의자였던 학개는 유다 땅에 만연한 종교적 혼합주의에서 돌아설 것을 촉구하면서 혼합주의자들과 접촉하는 것은 심지어 시체를 만지는 것처럼 부정한 것이라고 선언했다(학 2:10-14).

성전의 규모가 예전에 비해 너무 초라하다며 실망하는 백성에게 학개는 여호와께서 곧 열방을 무너뜨리고 성전을 그들의 보화로 가득 채워 솔로몬 성전보다 훨씬 더 화려하게 꾸밀 것이라고 고무시켰다(학 2:1-9). 심지어 그는 스룹바벨을 메시아의 견지에서 말하면서 그가 오래지 않아 페르시아 제국의 세력이 붕괴한 후 통치하게 될 선택받은 다윗 가문의 왕이라고 환영했다(학 2:20-23).

스가랴의 예언들은 다리우스가 승리를 거두고 유대인들의 소망이 그리 쉽게 실현되지는 않으리라는 것이 어느 정도 분명해진 시점에서 나왔다. 스가랴의 설교는 상당 부분 신비에 가까운 이상의 형태, 즉 후대에 널리 유행하게 될 '묵시 문학'의 선구자로 볼 수 있는 독특한 양식으로 표현되었다. 학개와 마찬가지로 스가랴도 당시의 소요 속에서 여호와의 임박한 개입을 알리는 징표를 보았고, 바벨론에 거주하는 유대인들이 임박한 여호와의 진노를 피하여 시온으로 귀향해야 한다고 촉구했다(슥 2:6-13).

다리우스가 사태를 평정했을 때도 그는 계속해서 백성에게 열방의 붕괴는 단지 늦추어졌을 뿐 곧 닥쳐올 것임을 확신시켰다. 스가랴에게 여호와의 왕적인 통치의 중심인 성전의 완공은 가장 시급한 일이었다. 그는 백성을 독려했고, 성전 재건 공사를 시작한 스룹바벨은 하나님의 영에 힘입어 성전 완공을 보게 될 것이라고 선언했다(슥 4:6-10). 그는 그때에 예루살렘은 하나님의 백성과 이방인들이 온 세계에서 몰려옴에 따라(슥 8:1-8) 발 디딜 틈이 없어서 성벽 밖으로 사람들이 넘쳐날 만큼 큰 도성이 될 것이라고 약속했다(슥 1:17; 2:1-5). 새 예루살렘에서 대제사장 여호수아와 다윗 가문의 군주 스룹바벨이 하나님의 은혜를 전하는 통로가 될 것이라고 그는 말했다(슥 4:1-6; 10-14).

학개와 스가랴는 포로기 이전의 국가신학 속에 내재되어 있던 소망들, 즉 여호와께서 시온과 다윗 왕조를 선택했다는 것에 바탕을 둔 소망들이 머지않아 성취될 것임을 천명했다. 이들의 설교는 대담하고 선동적이며 페르시아 입장에서 본다면 지극히 위험하기도 했다. 하지만 이들의 설교는 이들이 염두에 둔 당장의 목적에 크게 이바지했다. 즉 성전 재건 공사가 급속도로 진행되었기 때문이다.

학개: 성전 재건을 촉구하다

학개는 자신의 사역 연대를 정확하게 언급하고 있다. 그는 다리우스 왕 2년(주전 520년) 6월 1일에 자신에게 계시가 임했다고 말했다(학 1:1). 또한 그에게 임한 다른 세 개의 계시도 정확한 날짜를 기록하고 있는데, 이것은 모두 다리우스 왕 2년에 일어났다. 학개가 자신의 선지서에 기록한 계시들은 주전 520년 4개월 동안 그에게 임한 것이다.

앞에서 살펴본 것처럼 다니엘은 주전 535년경까지 바벨론에서 살고 있었기 때문에 학개의 사역은 이보다 약 15년 후에 유다 땅에서 시작된 것이다. 학개는 비슷한 시기에 사역한 스가랴 선지자와 함께 기초만 놓고 16년 동안 방치되어 있던 성전 재건 공사를 서둘러 마무리하도록 격려하는 임무를 부여받았다.

학개서는 오바댜서 다음으로 짧아 겨우 2장으로 이루어져 있다. 여기서 학개는 하나님이 계시하신 4개의 메시지를 전달하고 있다.

첫 번째 메시지는 주전 520년 6월 1일에 주어졌는데, 백성으로 하여금 성전 재건 공사를 마무리하도록 촉구하는 내용이다. 백성은 16년 동안 성전 공사를 방치한 채 자기 생활에 바빴지만 그들의 기대처럼 번영하지도 못했다. 그들은 곡식을 심었지만 늘 양식이 부족했고 그로 인해 물가는 천정부지로 뛰었다. 이것은 하나님께서 복을 거두어 가셨기 때문이다. 이에 대한 해결책으로 학개는 성전 재건을 제시했고, 결국 6월 24일 성전 재건 사업이 다시 시작되었다.

두 번째 메시지는 같은 해 7월 21일에 주어졌는데, 여기서 학개는 성전 재건 공사를 이끄는 두 명의 지도자인 스룹바벨과 여호수아를 격려하고 있다.

세 번째 메시지는 같은 해 9월 24일에 주어졌는데, 그 내용은 하나님은 단순히 성전이 재건되고 희생제사를 드리는 것 이상의 것을 원하신다고 백성에게 경고하고 있다. 하나님은 백성이 마음으로 하나님과 올바른 관계를 맺기 원하신다는 것이다.

네 번째 메시지는 세 번째 메시지와 같은 날 주어졌는데, 여기서 하나님은 세상의 왕국들을 멸망시키고 자신의 영광스러운 왕국을 세우실 것을 말씀하고 있다.

Ⅰ. 경제적인 압박의 원인인 성전 건축의 중단(1:1-15)

Ⅱ. 격려의 메시지(2:1-9)

Ⅲ. 희생제사보다 중요한 순종(2:10-19)

Ⅳ. 세상 왕국들의 멸망(2:20-23)

스가랴: 마음을 다해 건축하라

학개와 동시대 사역자인 스가랴는 자신이 세 번에 걸쳐서 계시를 받은 때를 정확히 언급하고 있다. 첫 번째 계시는 주전 520년 8월(슥 1:1)에, 두 번째 계시는 같은 해 11월(슥 1:7)에, 세 번째 계시는 2년 후인 주전 518년 9월(슥 7:1)에 임했다. 네 번째 계시는 스가랴 9장 1절에 언급하고 있지만 그 정확한 시기는 말하지 않고 있다. 하지만 네 번째 계시는 아마도 주전 480년 이후에 주어진 것으로 보이는데, 그 이유는 계시에서 다루는 내용이 그 이후로 세력이 확장된 그리스와 관련되어 있기 때문이다(슥 9:13). 스가랴는 학개보다 연하로서 주전 480년 이후에도 살았던 것으로 보이지만 학개는 주전 520년에 있었던 그의 사역 이후에 곧 죽은 것으로 보인다.

학개와 스가랴의 사역은 성전 재건에 초점이 맞추어져 있었고, 그 과업을 급히 수행하도록 촉구하기 위해 하나님은 주전 520년 6월에 학개를, 그리고 두 달 후인 8월에는 스가랴를 부르셨다. 그럼에도 두 선지자의 사역은 약간의 차이가 있다. 학개는 성전 재건을 위해 백성의 행동을 촉구하는 데 초점을 맞춘 반면, 스가랴는 성전 재건에 임하는 백성의 자세와 태도를 주로 다루고 있다.

I. 성전 건축 기간 중의 메시지 1:1-8:23

A. 첫 번째 메시지: 회개를 향한 부르심(1:1-6)

B. 두 번째 메시지: 8개의 환상들(1:7-6:15)

1. 화석류 나무 사이에 선 말 탄 자(1:7-17)
2. 네 개의 뿔(1:18-21)
3. 척량 줄을 잡은 자(2:1-13)

4. 대제사장 여호수아의 정화(3:1-10)

5. 순금 등대(4:1-14)

6. 하나님의 심판을 간직한 날아가는 두루마리(5:1-4)

7. 에바 가운데 앉은 여인(5:5-11)

8. 하나님의 심판의 네 병거들(6:1-8),

환상 후 여호수아의 상징적인 면류관(6:9-15)

C. 세 번째 메시지: 금식과 먼 미래의 일들(7:1-8:23)

II. 성전 건축 후의 메시지 9:1-14:21

A. 첫 번째 예언(9:1-11:17)

1. 세상 왕국들의 파멸과 이스라엘의 구원(9:1-10:12)

2. 참 목자의 거부와 거짓 목자의 다스림(11:1-17)

B. 두 번째 예언(12:1-14:21)

1. 세상 왕국들에 대한 이스라엘의 승리(12:1-13:6)

2. 메시아의 최후 승리(13:7-14:21)

2차 성전 완공 스 5-6장

학개와 스가랴의 예언은 유다 땅에 선동적인 반향을 일으켰다. 그러나 그 핵심 당사자인 스룹바벨에 대한 소문이 페르시아 당국에까지 들렸다면 어떤 일이 일어날 것인가는 쉽게 추측할 수 있다. 그리고 분명히 그런 일이 일어나도록 부추긴 사람들이 있었을 것이다. 짐작컨대 그들은 바로 사마리아의 귀족들이었을 것이다. 이들은 성전 건축을 돕겠다고 제의했다가 스룹바벨로부터 매몰찬 거절을 받은 적이 있기 때문이다(스 4:1-5).

어쨌든 모종의 소문은 강 서쪽의 태수인 닷드내의 귀에까지 들어갔다. 왜냐하면 그가 개입하여 어떻게 된 일이냐고 물어 왔기 때문이다. 그러나 그는 스룹바벨에게 경고할 만한 아무런 빌미를 발견하지 못했다. 오히려 그가 올린 보고를 통해 다리우스는 엑바타나의 왕실 기록보관소에서 발견된 고레스의 칙령 내용을 확인시켜 주었다. 칙령에는 유대인들의 성전 건축과 제의 유지를 위한 경비를 국고에서 보조해 주고 절대 간섭하지 말라고 명시되어 있었다. 이후 성전 재건 작업은 순조롭게 진척되어 마침내 주전 515년 3월에 완공되어 벅찬 감격 속에 봉헌되었다(스 6:13-18).

하지만 학개와 스가랴에 의해 설파된 메시아적 소망들은 당장에 실현되지 않았다. 다윗 왕권은 재건되지 않았고 약속의 시대는 동터 오지 않았다. 성전 재건 후 스룹바벨에게 무슨 일이 일어났는지는 베일에 싸여 있다. 아마도 페르시아인들이 유다 땅의 동향을 눈치채고 그를 제거했을 가능성도 있다. 이후에 스룹바벨에 대한 이야기를 더 이상 들을 수 없고, 게다가 그의 가문 중에서 어느 누구도 그를 계승하지 않았던 것으로 보아 충분히 가능성이 있는 추측이다. 그리하여 유다 땅에는 에스라와 느헤미야가 귀환해 올 때까지 수년 동안 대제사장 여호수아와 그의 후계자들을 중심으로 일종의 신정 공동체로서 존속했던 것으로 보인다(느 12:26). 그리고 행정상으로는 처음에도 그랬던 것처럼 사마리아 속주에 통합되어 다스려졌을 가능성이 크다(느 5:14). 의심할 여지없이 유대인 공동체는 메시아적 소망이 한껏 달아올랐다가 이내 꺾여 버리자 감당하기 힘든 실의와 절망에 빠졌을 것이다. 다윗 왕조의 회복은커녕 국가적 회복의 기미마저 전혀 보이지 않았기 때문이다.

다리우스 1세의 통치

선지자들이(학개 & 스가랴) 페르시아 제국의 멸망을 내다보고 있었지만, 다리우스는 자신의 등극과 때를 맞춰 일어난 반란들을 성공적으로 진압했고, 이후에는 모든 면에서 자신이 고레스 대왕의 훌륭한 후계자임을 여러 방면에서 드러냈다. 그는 광범위한 원정을 감행해 동쪽으로는 인도까지,

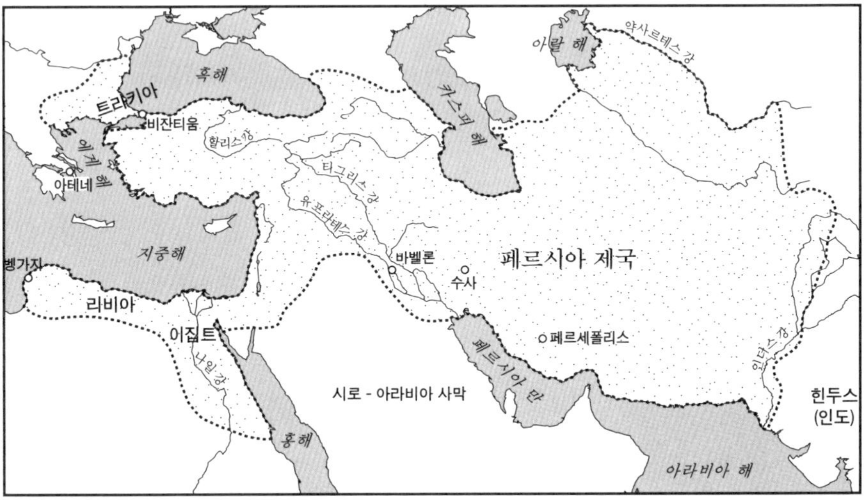

• 페르시아 제국의 최대 영토

서쪽으로는 아프리카 해안을 따라 벵가지에 이르기까지, 그리고 북쪽으로는 보스포루스 해협을 지나 러시아 남부의 스키타이족의 땅에까지 군대를 보냈다. 주전 6세기가 끝나기 전에 제국의 판도는 인더스 강 유역에서부터 에게 해까지, 약사르테스 강에서 리비아까지 이르렀고, 유럽에서는 트라키아 지방을 거쳐 다뉴브 강까지 미쳤다. 더욱이 다리우스는 이 광대한 영토를 확고한 체제로 정비했는데, 영토 전체를 20개 주로 나누어 페르시아나 메대의 귀족 출신 중에서 태수를 선발해 파견했다.

• 왕좌에 앉아 있는 다리우스 1세의 부조

다리우스의 업적은 다양하고 실로 눈부시기까지 했다. 페르세폴리스 등지에 세워진 건축물들, 나일 강과 홍해를 연결시키기 위해 판 운하, 제국 영토의 한쪽 끝에서 다른 쪽 끝까지 교통을 용이하게 만든 도로망, 광범위한 법률 개혁, 금융과 상공업을 크게 진흥시킨 표준 화폐제도의 개발 등 가히 다리우스의 치세는 페르시아 제국의 전성기라 불러도 아깝지 않은 시기였다. 다만 한 가지, 다리우스가 야심차게 추진했지만 실패한 것이 딱 한 가지 있다. 바로 그리스 침공이다. 흔히 마라톤 전투로 불리는 페르시아-그리스 전쟁에서 다리우스는 처참한 패배를 맛보았는데, 그것이 다리우스 통치기에 있었던 유일한 옥의 티였다.

마라톤 전투

마라톤 전투가 일어난 발단을 추적하면 다리우스의 스키타이족 정벌까지 올라간다. 무적임을 자랑하던 다리우스의 군대는 기마 민족인 스키타이족 군대에게 밀려 불명예스런 퇴각을 해야 했다. 스키타이족 원정 실패는 주전 546년 리디아 왕국을 정복하면서 자연스럽게 페르시아의 식민지로 편입된 이오니아 해안(소아시아 서부)의 그리스 식민 도시들의 반란을 초래했다. 반란의 중심에는 밀레투스(행 20:15, 성경에서는 밀레도)가 섰고, 반란은 곧 무자비하게 진압되었다. 하지만 밀레투스 측에서 그리스 본토에 요청한 군사적 원조에 아테네가 20척의 군함을 파견함으로써 전쟁은 마라톤 전쟁으로 불리는 대규모 국제 전쟁으로 비화되었다. 다리우스는 아테네가 이오니아 반란의 배후 역할을 했다는 이유를 내세워 대대적인 그리스 원정을 감행한 것이다.

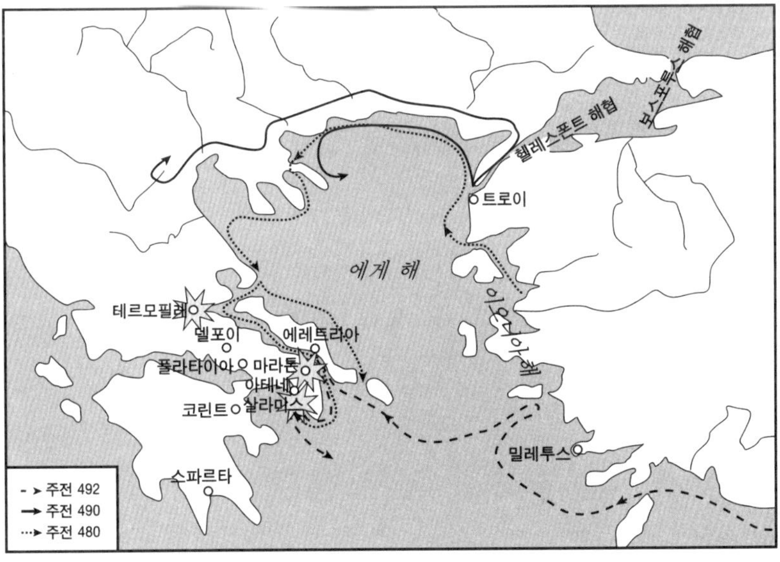

• 마라톤 전투

주전 492년 다리우스는 사위인 마르도니우스를 총사령관으로 임명해 해륙 양면으로 그리스 본토를 공격했다. 이로써 그리스로 들어가는 관문인 트라키아 해안이 페르시아의 수중으로 떨어졌다. 그러나 폭풍으로 인해 페르시아 해군의 함선 300척이 파선되고 1만 명의 군사가 물에 빠져 죽자 다리우스는 원정을 일단 중지시켰다. 2년 후인 주전 490년에 다리우스는 2차 원정군을 파병했다. 그는 우선 에레트리아를 파괴하고 아테네를 직접 공격하기 위해 아테네 북동쪽에 있는 마라톤 평원에 상륙했다. 이런 곳에서 전투를 벌인다면 수적으로 월등히 우세한 페르시아 군대가 유리할 것이 명약관화했다. 하지만 밀티아데스를 총사령관으로 하는 1만 명의 아테네 군대는 2만 명의 페르시아 군대에 맞서 놀라운 승리를 거두었다.

이 전쟁에서 페르시아가 6,400명의 전사자를 낸 반면 아테네는 불과 192명의 전사자에 그쳤다. 글자 그대로 그리스의 엄청난 대승이었다. 전투 결과를 걱정하며 광장에 모여 있던 시민들 앞에 한 명의 전령이 나타났는데, 그 전령은 가쁜 숨소리와 함께 "우리 군대가 이겼다"는 한 마디를 남기고 전사했다고 한다. 오늘날 최장거리 경주인 마라톤의 기원이 된 이 전투는 바로 이 전령이 아테네까지 쉬지 않고 달려온 거리(42.195km)를 달리며 전쟁의 승리를 기념하는 것이다.

크세르크세스 1세 주전 486~465년: 에스더서에 등장하는 무능한 왕

크세르크세스의 통치

다리우스의 왕위를 계승한 그의 아들 크세르크세스는 아주 무능한 인물이었다. 크세르크세스는 즉위하자마자 부왕이 죽기 전에 이집트에서 일어난 반란(주전 486년)과 얼마 뒤에 바벨론에서 일어난 반란(주전 482년)을 처리하지 않으면 안 되었다. 이집트 반란을 진압한 크세르크세스는 동생을 이집트 총독으로 앉혀 뒷일을 수습하게 했다. 한편 바벨론 반란 역시 진압되었는데, 지긋지긋하게 반란을 일삼는 바벨론 지역은 특별히 가혹하게 다루어졌다. 성벽이 무너지고 신전은 파괴되었으며 마르둑 신상은 녹여서 없애 버렸다.

이집트와 바벨론의 반란을 차례로 진압한 후에야 크세르크세스는 아버지 다리우스가 부탁한 과업인 그리스 침공에 눈을 돌릴 수 있었다. 주전 480년에 감행된 그리스 원정에서 그는 헬레스폰트(현재 다다넬스 해협)에 다리를 놓은 다음 대군을 거느리고 마케도니아로 진격했다. 그리고 테르모필레에서 영웅적인 스파르타군을 제압하고 아테네를 점령한 뒤 그곳의 아크로폴리스에 불을 질렀다.

페르시아의 기세는 마라톤 전투 때와는 확연히 달랐고 이번만큼은 작은 도시국가들의 연합체인 그리스의 운명도 다하는 듯 보였다. 하지만 그 후 아테네는 놀라운 힘으로 전세를 뒤집었다. 살라미스 해전에서 대패한 크세르크세스는 페르시아 함대의 3분의 1을 잃었고, 플라타이아에서는 아테네의 육군이 힘을 발휘해 페르시아 대군을 격퇴했다. 주전 466년까지 산발적으로 계속된 전투에서 패전만을 거듭하던 크세르크세스는 마침내 유럽에서 손을 떼고 그의 함대도 에게 해 수역에서 완전히 물러나지 않을 수 없었다.

에스더: 위기를 기회로 바꾸다

고레스 칙령 이후 유대인들의 귀환이 시작되었지만 여전히 많은 유대인들은 과거 바벨론 땅에서 살고 있었다. 에스더서는 바벨론 지역에서 살던 유대인들이 전멸될 위기에 처했다가 하나님의 도우심으로 구원받게 된 극적인 에피소드를 다루고 있다. 에스더서는 크세르크세스(성경에서는 아하수에로) 왕 3년에서 12년 사이의 기간(주전 483~471년)을 배경으로 하고 있다. 그러니까 에스더서는 페르시아가 그리스와 살라미스 해전을 벌이는 역사적인 기간을 배경으로 하고 있는 것이다.

이야기는 크세르크세스 왕 3년부터 시작된다. 잔치가 계속 연장되고 있는 동안 크세르크세스 왕은 왕후 와스디로 하여금 축제에 참석한 손님들 앞에서 그녀의 아름다움을 과시하도록 요구했다. 그녀가 이를 거절하자 왕은 분노하며 왕후를 폐위시켰다. 그리고 이런 가혹한 조치는 페르시아 제국 내에서 모든 부인들이 남편을 존경하도록 모범을 보이기 위한 것이라고 말했다.

새 왕후를 선택해야 하는 상황에서 왕후 간택을 위한 미인경연대회가 열렸다. 왕이 선택할 수 있도록 전 지역에서 처녀들을 불러 모았는데, 이중에는 기스(사울 왕의 아버지)의 자손인 유대인 고아 에스더도 있었다. 에스더는 수사에 있는 왕궁에서 일하는 삼촌 모르드개의 집에서 자랐다. 아름답게 치장하는 준비가 무려 1년이나 계속되었다. 마침내 미인대회가 열리고 왕은 가장 매력적인 사람으로 에스더를 선택했다. 그녀는 크세르크세스 왕 7년에 왕후가 되었다.

이 일 후에 크세르크세스 궁정의 지도자였던 하만이 모든 유대인들을 죽일 공모를 했다. 모르드개는 아말렉 사람인 하만에게 존경을 나타내지 않았는데, 이 일로 인해 하만은 제국 내에 있는 모든 유대인들을 죽이고자 하는 엄청난 계획을 꾸민 것이다. 하만은 크세르크세스 왕을 설득해 아달월 13일에 모든 유대인들을 처형한다는 조서를 내리도록 했다. 하만은 유대인들이 페르시아 제국에 위험을 가져올 뿐 아니라, 왕은 이들의 재산을 몰수함으로써 큰 이득을 얻을 수 있다고 설득했다. 당시까지만 해도 크세르크세스 왕은 에스더가 유대인임을 알지 못했다.

모르드개가 이러한 사실을 에스더에게 전히지 에스더는 왕이 부르지 않았음에도 불구하고 용기를 내어 왕에게 나아갔다. 그리고 놀라운 기지를 발휘해 도리어 유대인들이 하만을 비롯한 원수들과 싸울 수 있도록 하는 조서를 써달라고 요청했다. 이 요청은 하만이 참석한 특별 잔치에서 이루어졌는데, 에스더의 백성을 음모한 자가 누구냐고 물었을 때 에스더는 정확히 하만을 가리켰다. 이에 분노한 왕은 하만이 모르드개를 매달고자 준비한 바로 그 나무에 하만을 매달아 처형할 것을 명령했다. 또한 왕은 에스더가 요청한 조서를 허락했다. 이후 유대인들이 그들의 처형자가 될 뻔한 사람들과 싸운 결과 7만 5,000명의 적들이 죽임을 당했다.

아닥사스다 1세 주전 465~425년와 2차, 3차 귀환: 예루살렘 성벽을 재건하다

아닥사스다의 통치

크세르크세스가 자신의 침대에서 암살되면서 그의 작은아들 아닥사스다 1세가 왕위를 계승했다. 그는 합법적인 상속자들을 모두 제거한 후 왕권을 장악했기 때문에 그의 통치는 출발부터 그리 상서롭지 못했다. 국외적으로도 이미 키프로스(성경에서는 구브로) 섬에 대한 그리스인들의 공격에 시달려 온 그는 주전 460년에는 이나로스가 이끄는 이집트 반란에 직면했다. 이내 멤피스를 제외하고 하부 이집트의 전 지역이 페르시아 군대로부터 해방되었다. 강 서쪽 지역의 태수인 메가비주스가 지휘하는 페르시아 군대는 주전 456년 이집트로 진격해 들어갔지만 반란은 2년이 지난 주전 454년에야 겨우 진압되었다. 하지만 이번에는 반란을 진압하러 간 메가비주스 자신이 이집트에서 반란을 일으켰고(주전 449년) 그는 왕으로부터 자신의 직위를 보장받았다.

이외에도 아닥사스다는 국내의 혼란과 그리스인들의 연전연승으로 인해 마침내 굴욕적인 칼리아스 평화조약에 조인하지 않을 수 없었다(주전 449년). 이 조약으로 인해 아테네와 동맹을 맺은 소아시아의 그리스 도시들은 페르시아의 속박에서 벗어났고, 페르시아 정규군은 할리스 강을 경계선으로 더 이상 서쪽으로 넘어올 수 없었다. 아울러 페르시아 함대는 에게 해 근처에 얼씬거릴 수도 없게 되었다. 이 조약은 분명 페르시아에게 굴욕을 안겨 주었고, 페르시아 제국의 종말이 아직 요원하다고 하더라도 그 약화의 기미는 이때부터 뚜렷이 나타나기 시작했다고 할 수 있다.

한편 그리스에서는: 페리클레스 시대

그리스는 3차에 걸친 페르시아 전쟁(주전 492년, 주전 490년, 주전 480년)에서 페르시아를 격파한 후 전성기로 접어들었다. 아닥사스다의 통치기는 대략 아테네의 황금기와 일치한다. 전쟁 승리의 일등 공신은 아테네와 스파르타였지만 쇄국주의를 표방하는 스파르타가 에게 해 일대의 그리스 도시국가들의 맹주로 나서는 것은 애초에 무리였다.

이런 상황에서 주전 477년 아테네를 중심으로 델로스 동맹이 맺어졌는데, 이 동맹에 가입한 도시국가(폴리스)들은 공납금을 에게 해 중앙의 작은 섬인 델로스의 아폴로 신전에 바쳤고 회의도 그곳에서 열렸다. 이로써 아테네는 점차 제국화되면서 델로스 동맹의 그 풍부한 재력으로 민주정치

파르테논 신전

• 페리클레스 상

와 문화를 발전시켜 나갔다. 아테네는 동맹 도시들이 바친 자금으로 아테네 시민들의 생활을 보조했고 파르테논 신전 등 대규모의 건축물을 세웠다. 그리고 동맹 도시들에게 민주정치를 보급하는 한편, 그리스 각처의 학자들을 아테네로 불러들여 문화의 중심지로 발전해 나갔다. 그리스 역사에서 황금기로 불리는 이 시기에 아테네의 통치자는 페리클레스(주전 461~429년)였는데, 이 당시 아테네 거리에는 소크라테스(고대 그리스의 철학자), 소포클레스(고대 그리스의 비극 시인), 아이스킬로스(고대 그리스의 비극 작가), 피디아스(고대 그리스의 조각가)와 같은 사람들이 활보하고 다녔다.

주전 515년부터 450년까지 유대인들의 운명

여기서 우리가 살펴보고자 하는 것은 2차 성전이 완공된 주전 515년부터 에스라, 느헤미야가 이끈 2차, 3차 귀환민들이 도착하는 주전 450년경까지 유대인들의 운명이다. 결론부터 말한다면 우리는 이 시기에 유대인들의 상황에 대해서 거의 아는 바가 없다. 하지만 유다 땅에 있던 공동체의 장래는 불투명해졌고 이에 따라 의기소침해졌다는 것은 분명하다.

다윗 왕조의 부활이 현실화될 수 없음을 깨닫게 되자 페르시아 제국 도처에 흩어져 살던 유대인들은 더 이상 새긴 사업에 흥미를 잃었고, 대부분은 각자의 처소에서 그대로 눌러 사는 데 만족했을 것이다. 유다의 인구는 조금씩 늘어났지만 이사야, 스가랴, 학개 선지자들이 말한 것처럼 유대인들의 대규모 귀국은 일어나지 않았다.

페르시아 제국 내의 유대인 공동체들

별로 알려진 바는 없지만 이 무렵 유대인들은 페르시아 제국의 여러 지역에 정착해서 잘 살고 있었다. 특히 바벨론은 이후 여러 세기에 걸쳐 유대인들의 생활 중심지 중 하나였기 때문에 그곳에서 유대인 공동체가 흥왕하였을 것으로 쉽게 추측할 수 있다. 바벨론에서 살던 유대인들의 일부는 매우 부유해졌고, 느헤미야와 같은 일부 사람들은 페르시아 궁정에서 높은 벼슬에 오르기도 했다.

앞서 언급한 바 있는 나일 강 제1폭포 근처의 엘레판틴 섬에 정착한 유대인 공동체는 그곳에서 나온 풍부한 아람어 문서들 덕분에 주전 5세기 내내 존재했음이 알려졌다. 이곳의 유대인들은 독자적인 성전을 갖추고 있었는데, 이들의 신앙은 극히 비정통적인 여호와 신앙으로서 아람족에서 기원한 각종 혼합주의적 제의를 결합시킨 것으로 보인다. 유대인이라고 자처한 이들은 유대 땅에 있는 동포들과도 혈연적인 유대를 보였지만 결코 이스라엘의 역사와 신앙의 주류에 서지는 못했다.

유대 공동체와 주변 민족들

2차 성전을 재건한 후 여러 집단들이 계속해서 유대 땅으로 이주했기 때문에(스 4:12) 주전 5세기 중엽에 유다의 인구는 배로 늘어났을 것이다. 학자들은 이즈음 유대 땅의 인구를 5만 명 내외로 추산하고 있다. 그럼에도 유대 땅에서 유대인들의 지위는 극도로 불안정했다.

스룹바벨 이후 유다에는 토착민 출신의 총독이 없었고 행정상으로는 사마리아 당국에 의해 관리되었다. 단지 유대인 내정의 경우만 대제사장들이 맡아서 처리했을 것이다. 성경에는 여호수아, 요야김, 엘리아십으로 이어지는 당시 대제사장의 계보가 언급되어 있다(느 12:10, 26). 사마리아 속주의 관리들과는 끊임없이 알력 다툼이 있었던 것으로 보인다. 이들은 가혹한 세금을 부과했고 자신들이 임명한 대리인들이 권력을 휘두르며 횡포를 일삼는 것을 묵인했다(느 5:4, 15). 이 시기 내내 유대인들은 군사적 보호나

자위 수단이 전혀 없었기 때문에 거듭되는 습격과 보복에 시달리고 골탕을 먹으면서 자신들의 절망적인 처지를 뼈저리게 느꼈을 것으로 보인다.

이러한 상황에서 인근의 다른 종족들과도 팽팽하게 긴장감을 유지하며 지낸 것 같다. 특히 에돔족은 적대 관계에 있었는데, 이미 언급한 대로 에돔족은 아랍족의 압박으로 고향 땅에서 쫓겨나 헤브론을 북쪽 경계로 해서 남부 가나안 지역의 대부분을 차지하고 있었다. 이스라엘의 선지자들은 이스라엘이 자기 땅을 도로 찾고 이스라엘의 원수들, 특히 에돔을 멸망시킬 여호와의 날을 고대하였다. 에돔인과 아랍인 역시 이에 대하여 똑같은 증오로 대응했고 자기들이 할 수 있는 온갖 방법을 동원해 이스라엘을 괴롭혔다.

적절한 방어 수단이 없었던 유대인들은 아닥사스다의 치세 때 자구책을 강구하기 위해 예루살렘에 요새를 재건하기 시작했다(스 4:7-23). 이 공사가 주전 445년 이전에 이루어졌다는 것 외에는 정확히 언제 이 공사가 수행되었는지 알 수 없다(스 4:23; 느 1:3). 이 일은 아마도 메가비주스가 이집트에서 일으킨 반란(주전 449년)에서 고무되었을 가능성이 높다. 이런 상황에서 사마리아의 귀족들은 유대인이 폭동을 일으키려 한다고 다시 페르시아 당국에 고발했고 결국 공사를 중지하라는 왕명을 받아 냈다. 그들의 의도는 유다 땅을 언제까지나 방어력이 없는 무력한 상태로 묶어 두는 데 있었을 것이다.

사상누각의 유대인 공동체

성전의 완공은 유대인들에게 하나의 예배 공동체라는 정체성을 갖게

해 주었다. 하지만 유다 땅의 유대인 공동체의 종교적, 그리고 도덕적 기풍은 그다지 좋은 편이 아니었다. 실망은 환멸을 낳았고, 다시 환멸은 종교 및 도덕적 해이를 낳았다. 자기 직무에 싫증이 난 제사장들은 여호와께 병들고 흠 있는 짐승들을 바치는 것을 잘못이라고 전혀 생각하지 않았고(말 1:6-14), 율법을 집행할 때 편파적인 처사를 함으로써 성직의 품위를 실추시켜 백성의 빈축을 샀다(말 2:1-9). 사람들은 십일조를 내지 않았기 때문에(말 3:7-10) 레위인들은 생계를 위해 자신의 직무를 버리지 않을 수 없었다. 더구나 신앙에 충실해 봤자 아무런 유익도 없다는 풍조가 뿌리를 내리고 있었다(말 2:17; 3:13-15).

이러한 태도는 당연히 도덕의 광범위한 문란을 가져왔고 공동체가 내부로부터 붕괴될 위기를 몰고 왔다. 이혼이 성행해 사회적 문제가 되었고(말 2:13-16), 고용인의 임금을 속여 착취하고 힘없는 동포들을 등쳐먹으며 자신의 이익을 챙겼다(말 3:5). 유다 땅의 공동체가 하나의 창조적 실체로서 살아남으려면 철저한 대책이 요구되었고 반드시 새로운 길을 모색해야만 했다.

말라기: 구약 시대 마지막 선지자

구약의 마지막 선지자인 말라기는 자신의 사역 연대에 대해 아무런 언급을 하지 않고 있다. 그럼에도 많은 학자들은 말라기가 주전 5세기 중반의 느헤미야와 동시대 사람일 것이라는 데 동의한다. 1장 10절, 3장 1절에 함축된 성전의 존재는 주전 515년 2차 성전이 재건된 이후의 연대를 입증해 준다. 하지만 말라기 연대에 대한 가장 강력한 증거는 말라기가 말하는 죄들과 느헤미야가 말하는 죄들 사이에 존재하는 병행 관계다. 제사장들의 타락(말 1:6-2:9; 느 13:4-9; 29-30), 이방인과의 결혼(말 2:10-12; 느 10:20; 13:1-3; 23-27), 약자들에 대한 학대(말 3:5; 느 5:1-13) 등이 그것이다.

때는 바야흐로 학개, 스가랴 선지자가 성전 완공 이후에 펼쳐질 엄청난 청사진을 제시한 지 70여 년의 세월이 흐른 뒤였다. 메시아와 하나님의 영광스런 임재에 대한 약속들이 휘황찬란하게 주어졌지만 유다 땅에서 유대인들의 상황은 영적으로나 물질적으로나 모두 열악했다. 경제적 궁핍과 계속되는 흉작과 전염병이 그러했다.

말라기는 다음 네 부분으로 이루어져 있다. 첫 번째 부분은 하나님의 백성인 이스라엘을 향한 하나님의 크신 사랑에 대한 언급이다. 두 번째 부분은 모세의 제사 제도를 수행하지 않는 제사장들에 대한 책망을 다룬다. 세 번째 부분은 백성 사이에 만연한 죄악들에 대한 책망을 다룬다. 여기에는 이방인과의 혼인, 십일조를 무시한 죄, 흠 있는 희생물을 드린 죄 등이 언급되어 있다. 마지막 부분은 하나님의 율법을 철저히 지키고 그리스도의 강림을 기다리라는 충고가 결론적으로 언급되어 있다.

Ⅰ. 이스라엘에 대한 하나님의 사랑(1:1-5)

Ⅱ. 제사장들에 대한 책망(1:6-2:9)

Ⅲ. 백성에 대한 책망(2:10-4:3)

Ⅳ. 율법을 지키고 그리스도의 강림을 기다리라는 충고(4:4-6)

에스라가 이끈 2차 귀환: 개혁에 박차를 가하다

왕의 조서 스 7장

80년 전 1차 귀환민을 이끈 세스바살 때와 같이 에스라 역시 페르시아 왕으로부터 귀환에 대해 주목할 만한 특권을 받았다. 이 특권은 원하는 모든 사람들을 데려갈 수 있는 권한이었다. 즉 아닥사스다 왕과 궁정의 조언자들을 비롯해 페르시아에 있는 유대인들로부터 예루살렘 성전을 위한 금과 은을 받을 수 있는 권한, 필요할 때는 강 서편 총독으로부터 국고를 끌어낼 수 있는 권한, 성전의 제물로 쓰일 동물들을 살 수 있는 권한, 성전에서 일하는 사람들을 페르시아 제국에 바치는 세금 납부로부터 면제시키는 권한, 그리고 유대 땅에서 치안 판사를 임명해 여호와의 율법을 지키게 하고 범하는 자의 생명을 다룰 수 있는 권한 등이었다.

2차 귀환의 무리를 이끈 에스라의 주된 관심과 임무는 1차 귀환이나 3차 귀환 때와 같이 물질적으로 나라를 세우는 것이 아니라 백성을 사회적으로 그리고 영적으로 재건시키는 일이었다. 백성이 하나님의 눈에 들도록 하기 위해서는 고통이 따르는 과감한 개혁이 필요했기 때문이다.

귀환과 활약 스 8-10장

이스라엘로 귀환 스 8장

에스라는 유대 땅으로 돌아가고자 하는 사람들을 아하와 강에 집결시켰다. 모인 사람의 수는 1차 때보다 훨씬 적은 1,500명가량으로 기록되어 있다. 이 무리 중에 레위인이 없자 에스라는 38명의 레위인을 설득해 참가하게 했는데, 레위인을 시중들던 느디님 사람 220명도 귀환 행렬에 동참했다. 주전 458년(아닥사스다 재위 7년) 1월 12일에 출발한 귀환민들은 5월 1일에 예루살렘에 도착했다(스 7:9; 8:31). 아닥사스다 왕이 에스라의 귀환을 허락할 당시 페르시아는 공교롭게도 이집트의 반란에 직면한 시기였다(주전 460년). 이런 상황은 아닥사스다 왕이 제사장 가문의 탁월한 학자인 에스라에게 유대인 공동체를 맡기고 그들의 정체성을 강화하는 한편 이집트와 지리적으로 근접한 유다 땅에 친페르시아 공동체를 만들려는 정치적 의도를 갖고 있었음을 엿보게 한다.

이방인과의 결혼 문제 스 9장

예루살렘에 도착한 에스라가 해결해야 할 주요한 개혁은 이방인과의 결혼 문제였다. 유대인들은 오랫동안 이방 여자들과 자신의 아들들이 결혼하는 것을 허락했고, 심지어 제사장과 레위인, 백성의 지도자들도 이런 흐름에서 예외가 아니었다. 에스라는 도착 직후에 백성 사이에 만연한 죄악에 대해서 듣고 가책을 느꼈다. 그는 옷을 찢고 머리털을 뜯으며 기가 막혀 저녁때까지 앉아 있었다. 그리고 하나님께 고백의 기도를 드렸다. 기도를 끝마쳤을 때 옆에 서 있던 사람들이 크게 감동해 이방인과의 결혼이 취소

되어야 한다고 말했다. 에스라는 이 어렵고 비참한 임무를 어떻게 수행할 것인가를 놓고 연구해야 했다.

결혼의 취소 스 10장

이 문제를 해결하기 위해 각 마을에서 판사와 장로들이 임명되었다. 이들이 이방인과 결혼한 마을 사람들의 정황을 누구보다 잘 알고 있었기 때문이다. 이러한 결정이 이루어지자마자 재판이 시작되어 3개월 만에 종결되었다(스 10:16-17). 결혼 상대자들을 이렇게 대대적으로 분리시키는 일은 분명히 곤경과 상처를 가져다주었지만, 이러한 일은 유대 공동체 재건을 위해서 반드시 통과해야 할 과정이었다.

이스라엘 사람들이 하나님을 떠나 이방 신을 섬기지 않도록 하기 위해 하나님은 모세의 율법에서 이방인과의 결혼을 엄격히 금하셨다. 포로생활에서 돌아온 지 얼마 지나지 않은 상황에서 이방인과의 결혼이 이 정도에까지 이르렀다면 상황은 머지않아 심각한 파국으로 치달을 것이 뻔했다. 에스라는 내키지 않는 일이었지만 환부를 도려내는 마음으로 과감히 유대 공동체에 메스를 댄 것이다.

느헤미야가 이끈 3차 귀환: 영적 회복을 위해 마음과 힘을 다하다

느헤미야가 이끈 3차 귀환은 주전 444년, 즉 아닥사스다 왕 20년에 이루어졌다(느 1:1). 이때 돌아온 유대인들의 숫자에 대해서는 아무런 언급이 없지만 페르시아 왕이 호위병으로 '군대장관과 마병'을 보낼 정도의 숫자는 되었던 것 같다(느 2:9). 3차 귀환민을 이끌고 온 느헤미야의 주된 목적은 예루살렘 성벽을 재건하는 것이었다. 백성이 예루살렘으로 돌아온 지 거의 100년이 지났는데도 아직 예루살렘에는 성벽이 재건되지 못했기 때문이다.

준비된 하나님의 종 느헤미야 느 1:1-2:10

느헤미야는 페르시아 왕궁에서 아닥사스다 왕의 술잔을 올리는 사람이었다. 그가 예루살렘으로 돌아가는 일에 대해 왕께 나아가 은밀히 독대한 점, 왕이 그를 유다로 보냈을 때 유다의 총독으로 활약할 능력이 있다고 여긴 점, 그리고 왕이 느헤미야에게 임무를 마치면 다시 현 위치로 돌아오라고 요청한 점 등을 볼 때, 그는 아닥사스다 왕의 상당한 신임을 받는 신하였음에 틀림없다(느 2:4-6).

하나니가 예루살렘의 슬픈 소식을 갖고 그의 형 느헤미야를 찾아 페르시아의 수도인 수산에 온 것은 주전 445년 12월이었다. 느헤미야는 슬픔 속에 잠겨 며칠 동안 백성을 위해 기도했다. 넉 달이 지나기 전에 그는 왕에게 귀환 허락과 원조를 요청했다. 그는 요청 허락과 동시에 많은 혜택을 받고자 적당한 시기를 기다렸던 것 같다. 아마도 느헤미야는 사마리아인들의 요청으로 아닥사스다 왕이 예루살렘 재건을 금지한 사실을 기억하고 있었을 것이다(스 4:6-23).

그러나 이듬해인 주전 444년에 기회가 찾아왔다. 어느 날 왕은 느헤미야의 슬픈 안색을 눈치채고 그 이유를 물었다. 느헤미야는 예루살렘의 곤경을 말하고 나서 그곳으로 귀환할 것과 강 서편의 관리들에게 공문을 보내 자신의 안전 통행과 성벽 건축에 필요한 물질 원조를 하게 해달라고 요청했다. 왕은 기꺼이 허락함과 동시에 그가 요청한 모든 것을 들어줌으로써 자신의 신실한 종의 마음을 위로했다. 왕은 또한 먼 길 여행에서 느헤미야를 보호하기 위해 군대장관과 마병도 공급해 주었다.

느헤미야의 성벽 건축 느 2:11-6:19

느헤미야는 도착하자마자 예루살렘 성벽 건축 임무에 착수했다.

철저한 준비와 힘의 규합

그는 정확한 상황을 파악하기 위해 도착한 지 3일 후 밤에 몰래 나가 예루살렘 성 주변을 탐색했다. 이것은 분명 성벽을 재건하려는 자신의 의도가 대적들의 귀에 새어 나가지 않도록 하기 위함이었을 것이다. 느헤미야에게는 성벽 건축 계획을 효과적으로 짜기 위한 사전 지식이 필요했다. 어느 정도 정보를 모은 느헤미야는 예루살렘 지도자들을 불러 자신의 의견을 말했다. 이들의 긍정적인 호응을 얻은 뒤 예루살렘과 그 주위 성읍에서 일할 만한 사람들이 모아졌고, 이들은 모두 구체적인 노동 지역을 할당받았다.

주변의 방해 공작

작업은 급속도로 진전되었지만 동시에 외부로부터 심한 반대 속에서 진행되었다. 느헤미야는 아닥사스다 왕으로부터 전권을 위임받고 성벽 재건을 추진했지만, 그래도 적들은 이를 방해하려고 안간힘을 썼다. 이웃 국가들, 특히 사마리아는 유다의 쇠약함을 통해 반대 급부의 이득을 취해 왔기 때문에 이러한 기득권을 잃지 않으려고 발버둥을 쳤다. 느헤미야의 대

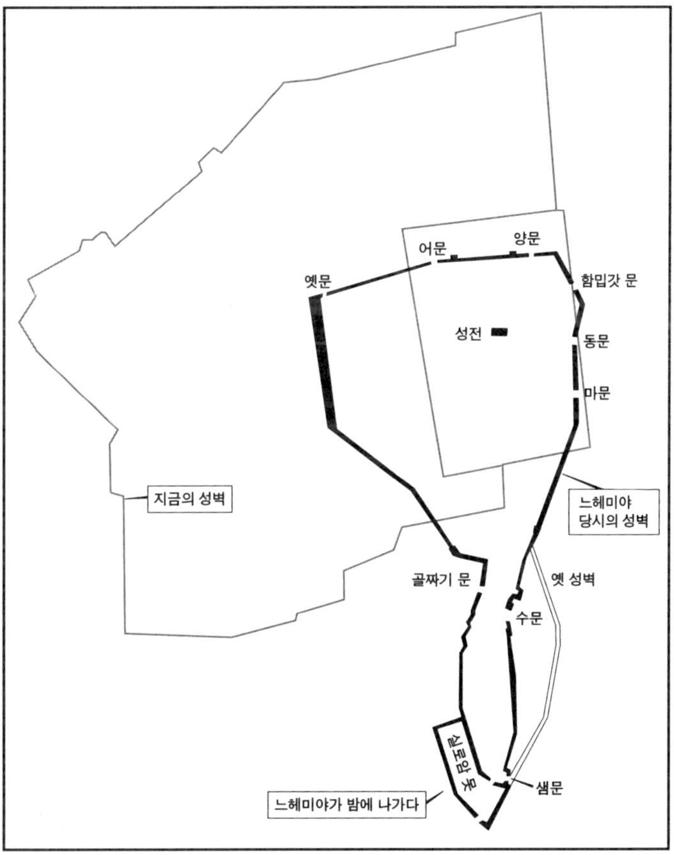

• 느헤미야 성벽

적자 무리 중 선두에 선 사람은 사마리아의 총독 산발랏이었다. 그의 딸은 후에 예루살렘의 대제사장 엘리아십 가문으로 시집왔다(느 13:28). 두 번째 대적은 암몬 총독인 도비야였다. 그리고 세 번째 대적은 아라비아 사람 게셈이었다(느 2:19; 6:2).

이 대적자들은 처음에는 단순히 비웃고 조롱하는 것에 만족했다(느 2:19-20; 4:1-3). 하지만 곧 예루살렘을 공격하는 도발을 감행했는데, 여기에는 암몬 사람 외에도 아라비아 사람과 아스돗 사람도 가담했다(느 4:7-8). 이러한 소식은 유대인들을 공포로 몰아넣었지만, 느헤미야는 이에 대항해 일하는 사람들을 둘로 나누어서 일부는 성벽 건축을 하고 일부는 무기를 들고 수비하게 했다. 이렇게 해서 비록 속도감은 떨어졌지만 성벽 재건 작업은 계속될 수 있었다. 대적자들은 예루살렘의 작업 현장에서 느헤미야를 네 번이나 꾀어내려 했지만 그는 이 음모를 미리 알고 가지 않았다(느 6:1-4). 그러자 그들은 페르시아 왕에게 느헤미야가 반란을 일으키려 한다고 고발하겠다는 말로 위협했다(느 6:5-6). 또한 그들은 거짓 선지자 스마야를 통해 백성 앞에서 느헤미야를 비난하고자 했다(느 6:10-14).

하지만 느헤미야는 대적자들의 모든 방해 공작을 지혜롭게 잘 넘겼다. 성벽 재건은 대적자들의 위협과 조롱 속에서도 불과 52일 만에 완성되었다.

총독이 된 느헤미야 느 7-12장

성벽이 완성된 후 느헤미야는 아닥사스다 왕의 임명에 따라 지역의 총독으로 계속 남았다.

유다의 규모

이 당시 유다의 규모는 실질적으로 포로생활 이전보다 더 작았다. 이것은 주로 남쪽 경계의 변화 때문인데, 이때 유다의 남쪽 경계선은 브엘세바에서 훨씬 북쪽에 있는 헤브론 바로 위에서 동서로 그은 선이었다. 북쪽 경계선은 기브온, 미스바를 포함해 이전과 같았고 동쪽은 적어도 여리고를 포함했다. 서쪽의 경계에 대해서는 아직도 의문으로 남아 있다.

전체의 지형은 대략 사각형 모양인데 남북으로 약 40km, 동서로 약 51km로서 대략 2,000km^2이었다. 이 지역은 느헤미야가 도착했을 때 이미 구획으로 나뉘어 있었는데, 느헤미야는 이것을 이용해 백성의 작업량을 할당했다(느 3:2-27).

빚을 사면하다 느 5:1-19

느헤미야의 첫 활동 중 하나는 가난한 백성의 빚을 사면하는 일이었다. 페르시아인들의 높은 세금과 계속적인 흉작으로 인해 유대 땅의 백성들은 경제적으로 극심한 빈곤에 처해 있었다. 이런 상황에서도 몇몇 부유한 사람들은 가난한 사람들에게 빚을 지우고 재산을 빼앗음으로써 이득을 취했다. 느헤미야는 이들의 양심에 호소해 그런 짓을 그만두고 빼앗은 것을 돌려줄 것을 하나님 앞에 맹세하도록 했다. 느헤미야 자신은 총독에게 지급되는 관례적인 보수를 거절함으로써 훌륭한 모범을 보였다.

도시로서 정체성을 갖다 느 7:1-4; 11:1-36

성벽이 완성되었기 때문에 더 이상 보안을 염려할 필요가 없어졌다. 느헤미야는 예루살렘 성의 지도자로 하나니와 하나냐를 지명했다. 성과 문

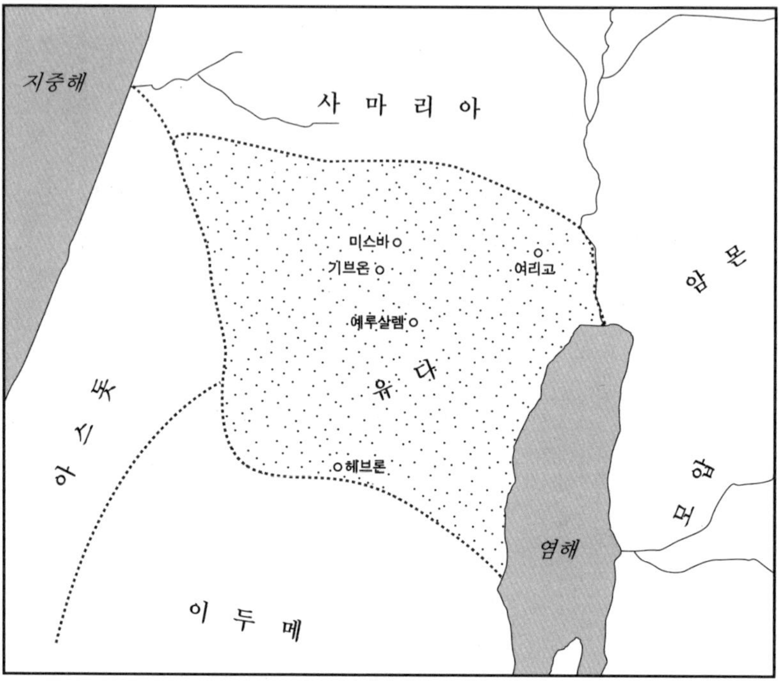

• 유다의 규모

을 지키는 문지기들을 돕기 위해 노래하는 사람과 레위인들을 뽑았다. 느헤미야는 다른 도시에서 10분의 1을 뽑아 성벽이 완성되어 보안에 대한 염려가 사라진 예루살렘으로 이주하도록 했다. 이 일을 마친 후 느헤미야는 주민등록을 실시했는데, 이로써 그는 이전에 세스바살과 함께 유다로 돌아온 사람들의 명단을 얻을 수 있었다. 이 명단은 에스라 2장 1-70절과 느헤미야 7장 6-73절에 반복되어 기록되어 있다.

율법의 낭독과 영적 회복 느 8-10장

느헤미야는 백성의 종교생활에 관심을 갖고 율법 낭독을 위해 백성을 모이게 했다. 이때는 주전 444년 가을로서 성벽을 완공한 직후였다. 율법 낭독은 유대 땅으로 돌아온 후 13년 동안 계속 활약하고 있던 에스라가 맡았다. 에스라와 레위인들은 백성을 적은 수의 무리로 나누어 율법의 뜻을 자세하게 설명해 주었다. 초막절에 대한 규례가 낭독되자 백성은 초막절이 바로 그즈음이었기 때문에 이를 지키고자 했다. 그래서 초막절이 철저하게 지켜졌다. 이어서 백성은 죄를 고백하고, 하나님께서 요구한 모든 것을 충실히 지키겠다는 언약이 느헤미야와 많은 백성 대표들 앞에서 서명되었다(느 10:1-39).

봉헌식 느 12:27-47

성벽 재건을 마친 후 봉헌식이 이루어졌는데 때는 주전 444년 말이었다. 각처에서 민간 지도자와 종교지도자들이 모여들었다. 이들은 두 행렬로서 성 주위의 양쪽에서 행진해 성전에서 함께 만나게 되어 있었다. 백성은 멀리서도 들릴 정도로 소리를 높여 열성적으로 노래를 불렀다. 봉헌식에 이어 제사장과 레위인을 조직했는데, 특히 백성의 십일조와 헌금을 수납하고 관리하는 데 힘쓰도록 했다(느 12:44-47).

느헤미야의 둘째 임기 느 13장

느헤미야는 예루살렘에서 두 기간 동안 봉직했는데 첫 번째 기간은 12년으로서 아닥사스다 왕 20년에서 32년까지였다(주전 444~433년). 그리고 페르시아 궁정으로 돌아갔지만 곧 왕을 설득해 다시 유다 총독으로 오게 되었다. 2차 임기에 대한 시기와 그가 다시 돌아오게 된 여건에 대해서는 성경에 아무런 언급이 없다. 아마도 그는 단순히 백성을 떠나는 것이 불안했을 것이고 왕도 그가 원하는 곳으로 돌아가도록 허락했던 것 같다.

종교적·정치적 개혁

다시 돌아온 느헤미야는 자기가 없는 잠깐 동안에도 백성이 율법에 해이해진 상황을 보고 슬퍼했다. 가장 놀라운 것은 대제사장 엘리아십이 느헤미야의 대적자였던 암몬 총독 도비야로 하여금 백성의 십일조를 저장하는 성전의 한 방에서 살도록 허락한 사실이었다.

느헤미야는 주저하지 않고 그 방에서 도비야의 물건들을 치우도록 명령했고, 본래의 목적대로 환원시켰다. 느헤미야는 레위인들이 자신의 분깃을 받지 못하고 생계를 위해 성전을 떠난다는 사실을 알고 십일조를 거두고 정직한 재무관을 임명해 이를 관리하도록 조치했다. 느헤미야는 안식일에도 관심을 가져서 안식일에는 성문을 온종일 닫아 두어 평일처럼 장사하지 못하도록 했다. 그런데도 상인들이 도성 밖에 시장을 차리자 그들을 체포하겠다고 위협해 쫓아 버렸다.

느헤미야는 이방인과의 혼인이 다시 만연해지자 이들을 범법자로 저주하고 구타하며 턱수염을 쥐어뜯은 다음 그들에게서 이방인들과 통혼하지 않겠다는 맹세를 받아냈다. 그는 대제사장 엘리아십의 손자가 산발랏의 딸과 혼인했다는 사실을 알고는 그를 국외로 추방해 버렸다.

느헤미야는 언제까지 예루살렘을 다스렸을까?

이 당시 느헤미야가 얼마나 오랫동안 유대 땅에 있었는지 그리고 임기를 마치고 페르시아의 수도로 돌아갔는지의 여부는 성경에 아무런 언급이 없어서 알 수가 없다. 아마도 그로부터 수년 내에, 그러니까 그의 든든한 후원자였던 아닥사스다 왕이 죽을 무렵인 주전 424년에는 그의 임기도 끝났을 가능성이 높다. 우리가 확실히 아는 것은 주전 411년에는 바고아스라는 페르시아인이 그의 자리를 대신했다는 사실이다.

크세르크세스 2세 & 다리우스 2세: 그리스 내전으로 인해 반사이익을 노리다

크세르크세스 2세 주전 423년

아닥사스다 1세와 황후 다마스피아 사이의 유일한 적자였던 크세르크세스 2세는 불과 45일간의 짧은 통치를 마치고 암살로 생을 마감했다. 크세르크세스 2세는 페르시아 제국의 왕좌를 계승했지만 그의 서자 출신 형제 두 명이 강력히 반발했다. 이들은 모두 후궁 소생으로 한 명은 소그디아누스였고 다른 한 명은 다리우스 2세였다. 크세르크세스 2세는 그의 이복 형인 소그디아누스에게 암살당했고, 그 역시 다리우스 2세에게 암살되고 만다.

다리우스 2세 주전 423~404년

아닥사스다 1세가 죽자 권력 이동이 이루어지는 과정에서 다시금 암살과 폭력이 수반되었다. 권력 투쟁 과정에서 승리를 거둔 사람은 히르카니아 총독인 오쿠스인데, 그가 다리우스 2세란 이름으로 즉위했다. 그의 통치기는 그리스의 도시국가들이 아테네와 스파르타를 중심으로 장기적인 내전을 벌이던 펠로폰네소스 전쟁(주전 431~404년)의 시기와 비슷하게 겹친다. 다리우스 2세의 정책 목표는 이 틈을 이용해 과거 그리스에게 빼앗긴 소아시아의 섬들에 대한 정치적이고 경제적인 지배권을 회복하는 데 있었다. 이 시기에 페르시아의 재정은 스파르타의 해군을 지원하는 데 집중 투자되었고, 30년에 가까운 그리스의 내전으로 인한 열매는 고스란히 페르시아의 차지가 되었다.

펠로폰네소스 전쟁 주전 431~404년: 자멸로 치닫는 그리스

원래부터 그리스 제일의 강국이던 스파르타와 페르시아 전쟁 이후 결성된 델로스 동맹으로 크게 강성해진 아테네는 에게 해 주변의 평화가 정착되자 억눌려 있던 알력이 표출되기 시작했다. 거대 제국인 페르시아의 침입이라는 국가적 위기 앞에서는 서로 힘을 합쳤지만 전쟁이 끝나자 '물과 기름처럼' 국가의 성격이 전혀 다른 스파르타와 아테네는 서로를 못마땅해하며 으르렁거렸다. 결국 아테네를 중심으로 한 델로스 동맹과 스파르타를 중심으로 한 펠로폰네소스 동맹 사이에 내전이 벌어지는데, 이 전쟁이 무려 27년간 지속되면서 그리스는 다시금 회복될 수 없는 쇠퇴기를 맞으며 한때의 영화를 추억으로만 곱씹어야 했다.

전쟁은 아테네로부터 압박을 받던 코린트(성경에서는 고린도)가 펠로폰네소스 동맹의 맹주인 스파르타에게 원조를 요청하고 스파르타가 이를 구실 삼아 아테네에 선전 포고를 하면서 시작되었다. 스파르타가 침입해 오자 아테네 사람들은 페리클레스의 지휘에 따라 이미 쌓아 둔 성벽 안으로 피신하고는 해군력으로 승부를 걸기로 했다. 그러나 주전 430년부터 시작된 전염병이 수년 동안 계속되는 바람에 인구의 4분의 1이 죽고 지도자인 페리클레스마저 이듬해인 주전 429년에 사망하자 아테네의 정치 기강은 뿌리째 흔들리기 시작했다. 그 뒤에 아테네의 정치는 어떤 대가를 치르더라도 스파르타와 강화를 하려는 귀족파와 어떤 희생을 치르더라도 전쟁을 계속해 승리하자는 민주파 사이에서 갈피를 잡지 못했다.

그러는 와중에 민주파의 지도자로 페리클레스의 조카요 소크라테스의 제자이기도 한 알키비아데스가 선출되면서 아테네는 확실히 반스파르타 노선을 걷기 시작했다. 권력을 잡은 알키비아데스는 스파르타와 동맹할 가능성이 있다는 이유로 시칠리아 섬의 시라쿠사를 공격했는데, 3년에 걸친 원정이 처참한 실패로 끝나자 그는 반대파에 의해 아테네에서 추방되었다. 이후 알키비아데스는 스파르타로 망명해 아테네의 적인 스파르타를 돕는 이적 행위를 했다.

이런 좋은 기회를 놓치지 않고 스파르타는 데켈레이아를 점령해 아테네로 들어가는 식량의 보급로를 차단했다. 그러자 아테네의 동맹국들은 하나씩 동맹을 탈퇴하기 시작했다. 그리스의 내전 상황에서 페르시아는 스파르타의 해군을 지원하며 개입했는데, 이것은 페르시아 전쟁 때 잃어버린 이오니아 해안 지역을 되찾기 위한 것이었다. 궁지에 몰린 아테네는 대대적

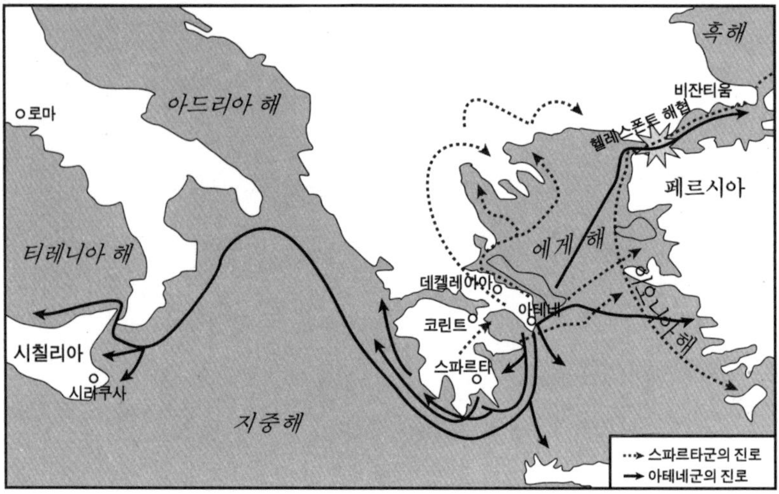

• 펠로폰네소스 전쟁

인 사면령을 내려 알키비아데스를 비롯한 해외 망명자들의 귀국을 허락했다. 아테네로 귀국한 알키비아데스는 몇 차례의 해전에서 승리를 거두었지만 스파르타의 명장 리산드로스가 새롭게 구축한 해군을 지휘하면서 점차 수세에 몰리기 시작했다. 리산드로스가 이끄는 스파르타 해군은 헬레스폰트 해협의 아이고스포타미에서 아테네 해군을 격파했고(주전 405년) 아테네를 포위하고 있던 스파르타 육군도 드디어 도시를 함락하는 데 성공했다(주전 404년). 이로써 27년에 걸친 지긋지긋한 내전은 막을 내리게 되었다.

전쟁에서 패배한 아테네의 성벽은 파괴되었고 스파르타에 의해 세워진 30인의 참주정은 정적들을 무참히 살육했다. 그 뒤 주전 402년부터 아테네에는 민주정이 다시 회복되기 시작했지만, 이미 제국으로서 경제적 기반을 모두 잃은 아테네가 다시 옛날과 같은 번영의 시대로 되돌아간다는 것은 꿈만 같았다.

아닥사스다 2세 주전 404~359년: 외교의 달인

다리우스 2세의 뒤를 이은 아닥사스다 2세의 통치기에 페르시아 제국은 중대한 시련을 맞아 전면적으로 붕괴될 위기에 처했다. 다루기가 가장 힘들던 이집트가 그의 등극 직후에 독립했고(주전 404년) 그러한 상태가 60여 년 동안 지속되었다(28~30왕조). 또한 그는 즉위와 함께 자기 형제 고레스의 반란에 직면했는데, 소아시아의 태수였던 고레스는 아닥사스다가 등극하던 날 그를 암살하는 데 거의 성공할 뻔했다.

그 후 아닥사스다의 용서를 받고 소아시아로 돌아갔으나 고레스는 1만 3,000명의 그리스인 용병들을 모아 동쪽 바벨론으로 진격해 다시 한 번 반란의 주모자가 되었다(주전 401년). 하지만 그의 군대는 쿠낙사에서 격파되고 고레스는 결국 살해되었다. 이후 아닥사스다는 소아시아에서 자신의 지위를 회복하기 위해 그리스인들에게 대항해야 했고 이것을 성공적으로 해냈다. 아닥사스다는 페르시아의 황금을 이용해 그리스인들끼리 서로 싸우도록 선동한 다음 마침내 그리스 전체가 힘을 소진해 버리자 이들에게 가혹한 조건을 강요할 수 있었다.

하지만 아닥사스다가 일찍이 다리우스 1세와 크세르크세스가 '무력'으로 성공해 내지 못하던 것을 '외교'를 통해 이루어 가고 있을 즈음, 페르시아 제국의 서부 지역은 태수들의 반란으로 동요하고 있었다. 이들은 명목상 태수였을 뿐 실질적으로는 세습적인 왕이었는데 이집트의 독립이 오래도록 지속되고 페르시아 왕궁이 수수방관하자 한껏 고무되었던 것으로 보인다. 이내 유프라테스 강 서부에 있는 전 지역이 반란의 소용돌이에 휩싸였다. 이들은 연합체를 형성했고 서로간의 연대감을 확인하기 위해 단일 화폐를 발행하기도 했다.

이집트의 파라오인 타코스가 서부 반란 연합체를 지원하기 위해 시리아로 진격해 오자(주전 360년) 반란군은 메소포타미아로 진격해 들어갔다. 그러나 마침 이집트 국내에서 폭동이 일어나 타코스가 중도에 포기하고 돌아가는 바람에 페르시아는 간신히 파국을 면할 수 있었다. 이후 서부 지역의 반란군들은 차례로 투항했다. 아닥사스다는 여전히 독립을 유지한 이집트를 제외하고 제국의 판도를 그대로 유지한 채 죽었지만 제국 내부의 약세는 이미 돌이킬 수 없는 지경에 이르렀다.

이집트: 60년의 영광

28왕조 주전 404~399년

주전 404년 다리우스 2세가 죽자 아미르테우스는 이집트에서 반역을 일으켰는데 의외로 성공을 거두어 사이스를 수도로 삼고 28왕조를 열었다. 그의 통치에 대해서는 알려진 바가 거의 없는데, 유일한 기록은 그가 신의 법을 위반했다는 이유로 고발당해 폐위되었고, 그의 아들은 그의 뒤를 계승하지 못했다는 것이다. 이집트 사람들은 페르시아의 반복적인 재정복 시도에도 불구하고 이후 30왕조까지 이어지며 60년 동안 독립을 유지하는

데 성공했다.

29왕조 주전 398~380년

주전 4세기의 이집트

주전 398년 네프리테스가 등장하면서 29왕조가 열렸다. 그의 왕조는 멘데스를 수도로 삼았는데, 그의 이름이 새겨진 제품이 이스라엘 땅 게셀에서 발견된 것을 볼 때 한때나마 그의 지배권이 가나안 지역까지 미친 것으로 보인다. 그의 뒤를 이은 아코리스(주전 393~380년)는 주전 391년 페르시아의 멍에를 벗어던진 키프로스와 신속하게 반페르시아 동맹을 맺었다. 하지만 전열을 가다듬은 페르시아 군대는 키프로스를 침공해 굴복시켰다(주전 381~379년).

30왕조 주전 380~343년

키프로스가 다시 페르시아의 멍에 속으로 들어갈 즈음인 주전 380년 이집트에서는 넥타네보(주전 380~362년)가 왕이 되면서 30왕조를 열었다. 그의 뒤를 이은 타코스(주전 362~360년)는 그리스 용병 1만 명을 포함하는 대군을 동원해 페르시아에 맞섰다. 그는 자신의 통치기에 있었던 페르시아 제국 서부 태수들의 반란을 배후에서 지원하며 실제로 페니키아의 시돈 땅에서 페르시아의 아닥사스다 2세와 전투를 벌이기도 했다. 하지만 그는 조카인 넥타네보 2세가 이집트 본국에서 반역을 일으키는 바람에 페르시아에게 굴복할 수밖에 없었다. 이후에 이집트는 넥타네보 2세(주전 360~343년)의 통치가 이어진다.

페르시아의 마지막 왕들 주전 359~330년

아닥사스다 3세 주전 359~338년

아닥사스다 3세의 통치기에 페르시아는 잠시나마 국력을 회복한 듯했다. 패기에 차 있었지만 잔인하고 무자비한 인물인 아닥사스다 3세는 자신의 경쟁자가 될 만한 형제자매들을 모조리 죽이고 그 시체들을 밟고 왕위에 올랐다. 그리고 도처에서 일어난 반란을 철권으로 진압한 후 이집트 재정복에 나섰다.

첫 번째 시도는 실패했지만 그 과정에서 시돈을 수천 명의 주민과 함께 불태워 버렸다. 주전 343년경에는 마침내 목적이 달성되어 이집트의 독립은 종지부를 찍었다. 페르시아 제국은 비록 겉보기에는 이전처럼 강해 보였지만 사실 안으로는 기진맥진해 있었고 멸망의 그림자가 강력하게 드리우기 시작했다.

여기에는 권력욕이 강한 환관 바고아스가 결정적인 역할을 했다. 바고아스가 주전 338년 아닥사스다 3세를 독살하면서 아르세스가 즉위했다. 하지만 그마저도 2년 후인 주전 336년에 바고아스에 의해 독살되었다. 바고아스는 자신이 마음대로 주무를 수 있는 사람을 왕위에 앉히기 위해 왕가에서 갈라져 나온 먼 친척뻘인 코도만누스를 지정해 왕에 임명했는데 그가 바로 페르시아의 마지막 왕 다리우스 3세였다.

아르세스 주전 338~336년

아닥사스다 3세의 아들인 아르세스는 불과 2년의 짧은 통치 후 환관 바고아스에 의해 독살된다.

다리우스 3세 주전 336~330년

다리우스 3세는 아닥사스다 2세의 형제의 손자였는데, 이것은 거듭된 참극으로 인해 왕가의 자손들이 거의 멸절된 페르시아 제국 말기의 상황을 잘 보여 준다. 어쨌든 다리우스 3세는 최후의 심판에 직면해야 했는데, 그가 통치하기 직전에 마케도니아의 필립 2세(주전 359~336년)는 기진맥진한 그리스의 도시국가들을 제압하고 점차 자신의 세력을 공고히 하고 있었다.

아닥사스다 3세가 독살된 해인 주전 338년에 필립 2세는 카이로네이아 전투에서 승리를 거둠으로써 그리스 전체를 장악했다. 페르시아의 마지막 왕인 다리우스 3세가 즉위한 주전 336년은 필립 2세가 살해되고 그의 아들 알렉산더가 왕위를 계승한 해이기도 했다.

주전 336년에 약관의 나이인 20세에 마케도니아의 왕이 된 알렉산더는 세계사에서 최초로 '대왕'이라는 칭호가 아깝지 않은 인물로 세계 정복을 시도한 인물이었다. 결국 같은 해(주전 336년)에 동방에서는 다리우스 3세가, 서방에서는 알렉산더가 즉위했는데, 이즈음 페르시아에서는 아무도 모르고 있었지만 멸망을 알리는 불길한 손가락 글씨가 이미 벽에 씌어져 있었던 것이다.

※알렉산더 대왕의 등장과 함께 《역사 드라마로 읽는 성경》의 신약 편이 이어집니다!

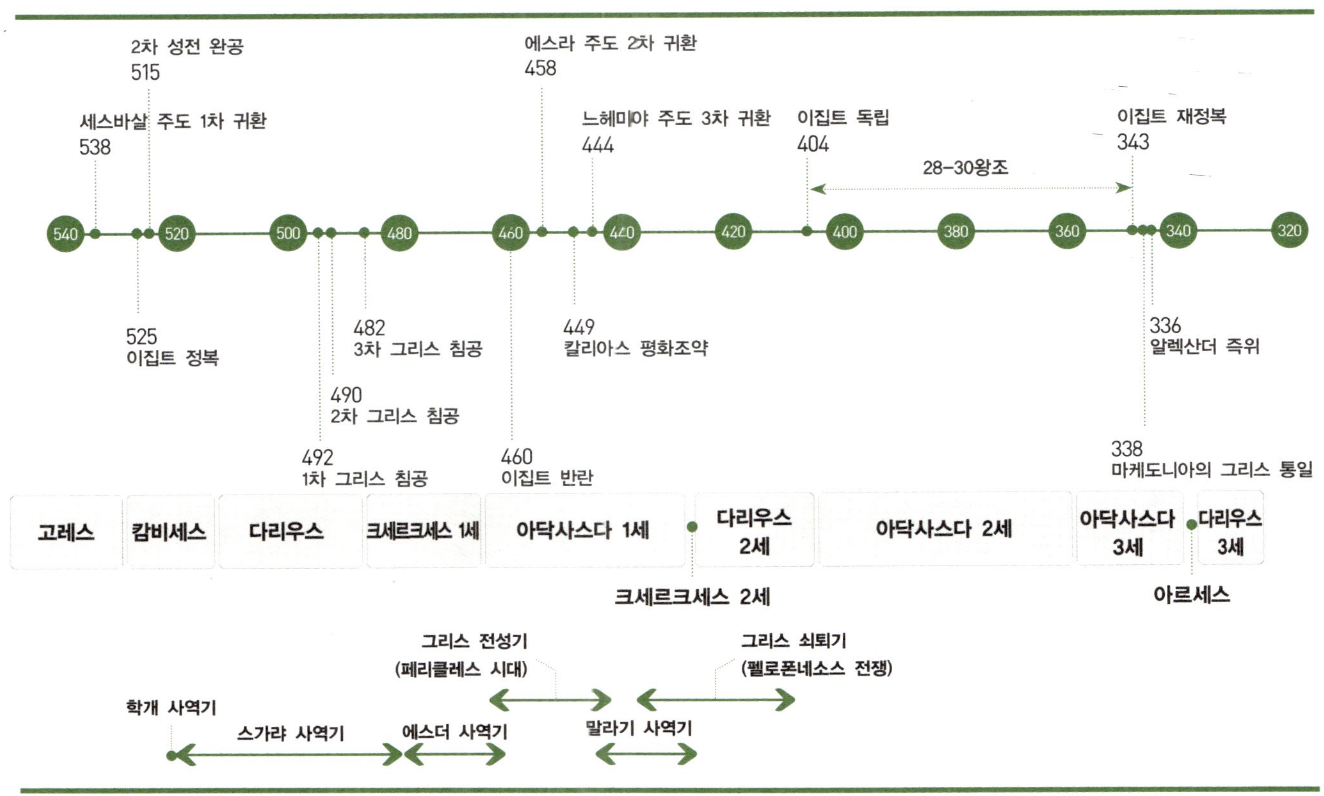

2차 성전 완공
515
세스바살 주도 1차 귀환
538
에스라 주도 2차 귀환
458
느헤미야 주도 3차 귀환
444
이집트 독립
404
이집트 재정복
343
28-30왕조
540
520
500
480
460
440
420
400
380
360
340
320
525
이집트 정복
482
3차 그리스 침공
490
2차 그리스 침공
492
1차 그리스 침공
460
이집트 반란
449
칼리아스 평화조약
336
알렉산더 즉위
338
마케도니아의 그리스 통일
고레스
캄비세스
다리우스
크세르크세스 1세
아닥사스다 1세
다리우스 2세
아닥사스다 2세
아닥사스다 3세
다리우스 3세
크세르크세스 2세
아르세스
그리스 전성기
(페리클레스 시대)
그리스 쇠퇴기
(펠로폰네소스 전쟁)
학개 사역기
스가랴 사역기
에스더 사역기
말라기 사역기

단원 평가 문제

01. 다음 중 메대 제국의 마지막 왕은?
(1) 키약사레스 (2) 아스티게스
(3) 프라오르테스 (4) 데이오케스

02. 다음 중 고레스와 아스티게스의 관계는?
(1) 외할아버지 (2) 친할아버지
(3) 아버지 (4) 형

03. 다음 중 리디아 왕국의 마지막 왕은?
(1) 미다스 (2) 크로이소스
(3) 기게스 (4) 아스티게스

04. 다음 중 고레스 왕이 관용 정책을 펴는 데 중요한 역할을 한 그리스 철학자는 누구인가?
(1) 소크라테스
(2) 아리스토텔레스
(3) 솔론
(4) 탈레스

05. 다음 중 느헤미야의 주도로 이루어진 3차 귀환은 언제인가?
(1) 주전 538년 (2) 주전 458년
(3) 주전 444년 (4) 주전 410년

06. 다음 중 2차 성전이 기초만 놓은 채 다시 공사를 하기까지 방치되어 있었던 기간은 얼마인가?
(1) 10년 (2) 16년
(3) 35년 (4) 41년

07. 다음 중 최초로 이집트를 정복해 페르시아의 속주로 만든 왕은 누구인가?
(1) 고레스 (2) 아닥사스다 1세
(3) 아닥사스다 2세(4) 캄비세스 2세

08. 다음 중 '그리스 애호가'란 별명을 가지고 있는 이집트 26왕조의 왕은 누구인가?
(1) 아마시스 (2) 프삼메티쿠스 1세
(3) 네코 2세 (4) 아프리에스

09. 다음 중 페르시아에게 멸망당할 때 이집트의 마지막 왕은 누구인가?
(1) 아마시스
(2) 프삼메티쿠스 2세
(3) 프삼메티쿠스 3세
(4) 아프리에스

정답

01. 2, 02. 1, 03. 2, 04. 3, 05. 3, 06. 2, 07. 4, 08. 1, 09. 3,

10. 다음 중 2차 성전이 완공되어 봉헌된 해는 언제인가?
(1) 주전 520년 (2) 주전 515년
(3) 주전 444년 (4) 주전 410년

11. 다음 중 마라톤 전투가 일어날 때 페르시아의 왕은 누구인가?
(1) 고레스 (2) 다리우스 1세
(3) 다리우스 2세 (3)캄비세스 2세

12. 다음 중 에스더서의 배경이 되는 페르시아의 왕은 누구인가?
(1) 다리우스 1세
(2) 캄비세스 2세
(3) 크세르크세스 1세
(4) 아닥사스나 1세

13. 다음 중 느헤미야가 3차 귀환민을 이끌고 유다 땅으로 올 때 페르시아의 왕은 누구인가?
(1) 다리우스 1세
(2) 캄비세스 2세
(3) 크세르크세스 1세
(4) 아닥사스다 1세

14. 다음 중 살라미스 해전이 일어날 때 페르시아의 왕은 누구인가?
(1) 고레스
(2) 다리우스 1세
(3) 다리우스 2세
(4) 크세르크세스 1세

15. 다음 중 펠로폰네소스 전쟁으로 그리스가 쇠퇴기를 맞을 때 열매를 고스란히 따먹은 페르시아의 왕은 누구인가?
(1) 고레스 (2) 다리우스 1세
(3) 다리우스 2세 (4) 크세르크세스 1세

16. 느헤미야는 얼마 만에 예루살렘 성벽을 완공했나?
(1) 30일 (2) 42일 (3) 52일 (4) 1년

17. 다음 중 느헤미야의 대적자가 아닌 사람은 누구인가?
(1) 에스라 (2) 산발랏
(3) 도비야 (4) 게셈

18. 스가랴 선지자에 의해 거의 메시아적 인물로 추앙받은 사람은 누구인가?
(1) 세스바살 (2) 스룹바벨
(3) 여호수아 (4) 에스라

19. 다음 중 말라기 선지자의 사역 기간과 가장 동시대에 활동한 사람은?
(1) 에스더 (2) 에스라
(3) 느헤미야 (4) 학개

20. 다음 중 마라톤 전쟁 당시 그리스의 대승을 이끈 그리스 총사령관은 누구인가?
(1) 밀티아데스 (2) 페리클레스
(3) 알키비아데스 (4) 리산드로스

---

10. 2, 11. 2, 12. 3, 13. 4, 14. 4, 15. 3, 16. 3, 17. 1, 18. 2, 19. 3, 20. 1

참고문헌

· 《두란노 성서지도》, 토머스 브리스코, 두란노, 2008
· 《아가페 성서지도》, 미카엘 아비요나, 요하난 아하로니 지음, 문창수 옮김, 아가페, 1988
· 《성경역사, 지리학, 고고학 아틀라스》, 앤슨 레이니, 스티븐 나틀리 지음, 강성열 옮김, 이레서원, 2010
· 《어, 성경이 읽어지네》, 이애실, 성경방, 2008
· 《성경의 맥을 잡아라》, 문봉주, 두란노, 2007
· 《그 땅이 주는 복음》, 이문범
· 《성경배경주석, 구약》, 존 월튼,빅터 매튜스,마크 체바라스 지음, 정옥배 옮김, IVP, 2001
· 《성경과 5대제국》, 조병호, 통독원, 2011
· 《성경과 고대전쟁》, 조병호, 통독원, 2011

·《성경과 고대정치》, 조병호, 통독원, 2011
·《이야기 세계사》, 김경묵, 우종익 공편, 청아출판사, 1985
·《이집트와 성경 역사》, 찰스 에일링 지음, 신득일, 김백석 옮김, CLC, 2010
·《페르시아와 성경》, 에드윈 M. 야마우찌 지음/박응규 옮김, CLC, 2010
·《고대 근동 역사》, 마르크 반 드 미에룹 지음/김구원 옮김, CLC, 2010
·《구원 그 즉각성과 점진성》, 박영선, 새순출판사, 1992
·《이스라엘 역사》, 존 브라이트, 크리스찬 다이제스트, 1993
·《이스라엘 역사》, 김영진, 이레서원, 2006
·《이스라엘 역사》, 레온 우드 지음, 김의원 옮김, 기독교문서선교회, 1985
·《이스라엘의 선지자》, 레온 우드 지음, 김동진 옮김, 기독교문서선교회, 2007
·《한 권으로 보는 이집트 역사 100장면》, 손주영, 송경근 공저, 가람기획, 2001

역사 드라마로 읽는 성경은
성경의 땅 이스라엘에서 11년간 사역한 류모세 선교사가 제시하는
새로운 패러다임의 '성경일독학교' 교재입니다.
《역사 드라마로 읽는 성경》은 다음 세 가지 로드맵을 통해 진행됩니다.

Bible Experience

01 일반인 과정 성경 세미나 **7주 코스**

대상 성경을 더 깊이 알기 원하는 일반 성도들

진행 《역사 드라마로 읽는 성경》을 교재로 7주 동안 매주 2시간씩 총 14시간의 성경 세미나를 통해 창세기부터 말라기까지의 구약성경을 역사적 관점에서 관통합니다. 또는 2박 3일 일정의 수련회를 통해 단기간 집중 세미나로 진행되기도 합니다.

문의 ryush_2000@yahoo.co.kr

02 지도자 과정 성경 세미나 **10주 코스**

대상 《역사 드라마로 읽는 성경》을 교재로 하여 소그룹을 대상으로 성경을 직접 가르치기 원하는 목회자, 성경교사, 그리고 평신도 리더십

진행 두란노바이블칼리지 주최로 매년 봄학기와 가을학기에 두 번 진행합니다. 매회 3시간씩 10주 동안 총 30시간의 공부를 통해 《역사 드라마로 읽는 성경》을 가지고 성경을 직접 가르칠 수 있는 지도자를 양성하고 훈련합니다.

문의 두란노바이블칼리지 02-2078-3456

03 이스라엘에서 진행하는 〈현장체험 성경일독학교〉 **8박 9일 또는 15박 16일**

대상 단순한 성지순례가 아니라 바이블 스터디를 겸한 업그레이드된 성지 여행을 원하는 성도들

진행 8박 9일 일정(또는 15박 16일)으로 성경의 땅 이스라엘 구석구석을 누비며 성경일독 삼매경에 빠지는 〈현장체험 성경일독학교〉는 매일 아침 1시간 30분씩 성경을 공부하고 현장을 답사하는 형태로 진행됩니다.

문의 ㈜SNCO, 02-540-8965, 070-7528-8965(이혜진 대리)
www.israeltoday.co.kr